Wellness Tourism

건강한 삶을 위해 힐링과 치유를 추구하는

웰니스 관광학

김지현 · 김경란 · 여순심 · 박지훈 공저

(주)백산출판사

본 웰니스 관광학 교재는 2021년도 교육부의 재원으로 한국연구재단의 지원을 받아 수행된 지자체-대학 협력 기반 지역혁신사업의 결과입니다.(재단 과제고유번호: 1345356235, 세부과제번호: 2021RIS-002, 과제명: 광주전남지역혁신플랫폼)

This results was supproted by "Regional Innovation Strategy (RIS)" through the National Research Foundation of Korea(NRF) funded by the Ministry of Education(MOE)(2021RIS-002)

머리말

『힐링치유기반 웰니스(Wellness) 관광 전문 인력양성』

디지털 기술의 발전과 코로나 팬데믹으로 관광산업은 뉴노멀(new normal) 시대로 패러다임이 전환되었으며 지역 관광산업은 더욱 고도화되어 가고 있다. 지역의 관광활성화를 위해서는 경험 중심의 과거형 마케팅 지원보다는 실시간 관광수요와 공급을 측정, 분석, 예측할 수 있는 스마트 관광산업 육성이 필수적인 요소이다. 또한 변화하는 시대에 따라 관광소비자가 추구하는 관광의 트렌드는 안전, 청정, 휴식, 건강지향형으로 더욱 뚜렷해지고 있으며, 힐링과 치유를 주요 속성으로 하는 웰니스 관광 시장이 확산되고 있다.

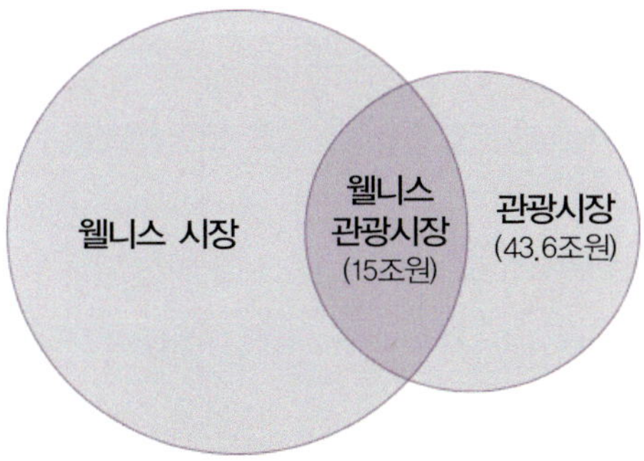

자료 : 한국관광공사(2019), 「웰니스 관광 산업 통계 구축」

〈국내 웰니스 관광시장 규모〉

웰니스는 Wellbeing + Happiness + Fitness의 합성어로 '육체적, 정신적, 감성적, 사회적, 지적 영역에서 최적의 상태를 추구하는 것'이다. 웰니스 관광은 웰니스와 관광이 결합된 개념으로 웰니스 활동을 통하여 건강한 삶과 웰빙을 추구하는 목적의 여행'을 의미한다. 웰니스 관광자원은 '뷰티/스파', '힐링/명상', '자연/숲치유', '한방', '종합형', '프로그램형' 등으로 분류하고 있다. 웰니스 관광은 건강증진과 삶의 질 향상을 추구하는 관광의 새로운 트렌드라고 할 수 있다.

웰니스 관광은 관광시장이 지향하는 가치가 다양화됨에 따라 메디푸드와 고령친화 식품, 질환 맞춤형 신소재 발굴, 식사요법 설계 연구가 포함되어 관광상품, 관광 서비스를 통해 다양한 체험과 소비, 효용을 모두 포함하는 영역으로 확장하였다.

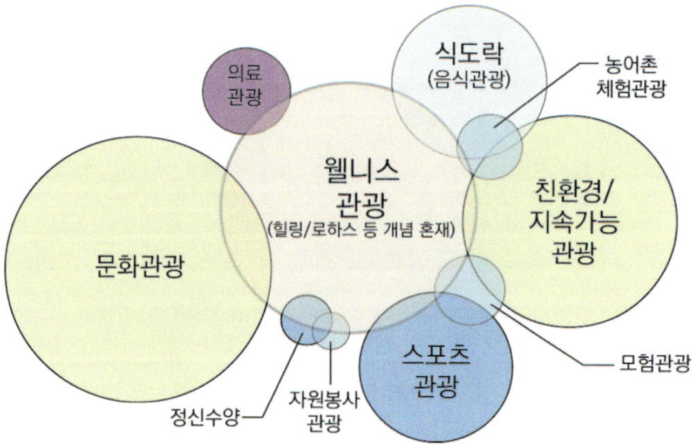

자료 : 한국관광공사(2021), 「웰니스 관광자원 디렉토리북」

〈웰니스 관광 유형〉

광주여자대학교 힐링치유 기반 웰니스 관광 인력양성 교과목 신설

광주여자대학교는 마음교육 분야와 웰니스 뷰티(Wellness-Beauty) 분야 특성화 대학으로, 힐링, 명상, 뷰티와 식품 및 관광의 융합을 통해 떠오르는 웰니스 관광 인재양성을 위한 탁월한 교육 인프라를 갖추고 있어 힐링과 치유 기반의 융합적 전문능력을 갖춘 관광 인재를 배출하기에 충분한 자격을 갖추었다.

광주여자대학교는 광주・전남형 스마트 관광 인력양성의 토대를 마련하고, 웰니스 산업의 상생발전과 지역관광 활성화를 위해 웰니스 관광, 뷰티, 음식, 명상의 내용을 담은 스마트 관광 프로젝트 교과목 「웰니스 관광학」을 개발하였다. 웰니스 관광학은 미용, 음식, 명상 등을 중심으로 웰니스를 추구하는 소비자의 욕구를 충족시키기 위하여 다양한 관광서비스 실무 내용을 구성하여 기업 수요 맞춤형 교육을 시행할 수 있도록 하였다. 2022학년도부터 '웰니스 관광학', '웰니스 관광 PT 실무' 등 교육과정을 운영하며 선도적으로 웰니스 관광 분야를 이끌어 나아가고 있다.

이 자리를 빌려 오늘의 훌륭한 결과가 있기까지 물심양면으로 지원해 주신 광주・전남지역혁신플랫폼 사업단, KWU지역혁신플랫폼 사업단에 진심으로 감사드립니다.

2022년 12월 광주여자대학교 저자 일동

차례

PART 1 웰니스 관광의 개념 및 특성

PART 2 웰니스 뷰티관광

PART 3 웰니스 음식관광

PART

1

웰니스 관광의 개념 및 특성

웰니스(Wellness)는 신체적인 건강에 국한되는 협의적 개념이 아니라 건강한 생활의 모든 영역을 포괄하는 광의적 개념의 건강으로서 영양, 휴양, 운동을 통합하여 추구해 나가는 것이다. 특히 웰니스는 인간의 몸과 마음, 정신의 균형과 조화를 이루는 최적의 건강상태를 추구하기 위해 자신의 생활방식을 바꾸어 궁극적으로 삶의 질을 향상시키는 과정이다. 이 장에서는 웰니스 관광이 심신의 인정과 힐링, 웰빙에 도달하기 위해 스스로가 생활방식을 바꿔나가고 끝없이 발전시킴으로써, 현재 건강과 행복이 있음을 경험해 볼 수 있도록 돕는다.

학 습 목 적

관광의 개념과 웰니스(Wellness) 관광의 정의, 종류, 특성 등 웰니스 관광이 무엇인지 학습하고 웰니스 관광의 유사개념을 살펴보면서 여러 가지 형태로 웰니스 관광이 이루어지고 있음을 학습한다.

학 습 목 표

1. 웰니스 관광의 정의와 목적에 서술한다.
2. 웰니스 관광의 특징과 장점을 설명한다.
3. 국내 · 외 힐링관광, 의료관광, 헬스관광, 농촌체험관광 등을 비교한다.
4. 국내 · 외 행사에 관심을 갖고 웰니스 관광의 유사개념 행사를 비교한다.
5. 웰니스 관광의 종류와 효과에 대해 학습한다.
6. 힐링과 치유 가능한 여행 계획서를 작성한다.
7. 힐링관광을 통해 자신의 변화된 모습을 찾아본다.
8. 스마트 관광을 통해 자신의 변화된 모습을 찾아본다.

1 Chapter 관광의 이해

1. 관광의 어원

가. 동양에서의 관광의 어원

오늘날 우리가 일상적으로 사용하고 있는 동양에서의 관광(觀光)이란 용어의 어원은 기원전 8세기경 중국 고대국가인 주(周)나라 때 편찬된 역경(易經)에서 비롯되었다고 한다. 당시 중국인의 사상적 배경을 담고 있는 역경의 관괘(觀卦)의 하나인 풍지관(風地觀)에 보면, "觀國之光 利用賓于王(관국지광 이용빈우왕)"이라는 표현이 있는데, 이 구절 속의 "觀國之光"에서 '觀光'이라는 용어가 유래되었다고 전해지고 있다.

관국지광(觀國之光)의 설명에 대해서는 학자들마다 해석이 다르고 또 어느 시기에 어느 학자가 관광(觀光)이라는 말로 옮겨 놓았는지 지금까지의 연구로는 알려져 있지 않다. 그러나 당시의 '나라의 빛을 본다'는 관국지광(觀國之光)은 그 나라의 정치 · 경제 · 사회 · 문화 등 백성을 다스리는 정치제도를 살피는 것으로 해석, 「유람시찰일국지정책풍습위관광(遊覽視察一國之政策風習爲觀光)」, 즉 한 나라의 정책과 풍습을 유람하면서 시찰하는 의미로서의 '관국지광'임에는 이론이 없는 것 같다.

예를 들어 3세기경 중국의 삼국 시대에 위(魏)나라 조조(曹操)의 아들로서 문재(文才)였던 조식(曹植)이 "시이준걸래사 관국지광"(是以俊傑來仕 觀國之光: 이로써 재주와 슬기가 뛰어나고 어진 사람이 와서 벼슬을 살며 나라의 풍광을 본다)이라는 문구를 남겼다. 또 중국 당나라 시대에 오언율시(五言律時)에 뛰어났던 맹호연(孟浩然: A.D 688~740)은 그의 저서 『맹호연집(孟浩然集)』에서 "하신우휴명 관광래상경"(河辛遇休明 觀光來上京: 어찌 다행히 시간을 내어 관광차 경성으로 올라왔다)이라는 현대적 의미에 가까운 관광용어를 사용하였다고 한다.

나. 한국에서의 관광의 어원

관광이라는 용어는 언제 우리나라에 들어왔으며, 언제부터 친숙한 용어로 자주 인용되었는가에 대하여는 이제까지 별로 알려진 바 없다. 또한 언제 이 어구가 현대적 의미로 관광현상을 지칭하는 뜻으로 바뀌어졌는가에 대해서도 밝혀진 바 없다. 단지 역사 기록을 참조해 볼 때 삼국 시대부터 지식인들 사이에서 이 어구가 사용되었을 것이라고 짐작을 할 뿐이다. 특히 14세기 말, 즉 여말선초(麗末鮮初)의 문헌에 자주 등장하고 있는 점에 주목할 따름이다.

우리나라에서의 기록을 살펴보면 신라 말기, 대학자인 최치원(崔致遠)의 『계원필경(桂苑筆耕)』 속에 "人白已千之觀光六年銘牓尾"(인백이천지관광육년명방미: 남이 백 번 하면 나는 천 번 해서 관광 6년 만에 과거급제자 명단에 오르게 되었다)라는 구절이 기록되어 있는데, 여기서 '觀光六年'이란 '중국에 가서 선진 문물을 살피며 체류한 지 6년'이란 뜻으로 해석하고 있으며, 관광이라는 말을 최초로 사용한 것으로 보인다.

고려시대에 들어와서는 두 건의 용례가 발견된다. 그 하나는 『고려사절요(高麗史節要)』인데, 고려 예종 11년(1115년)에 중국 송(宋)나라 임금이 우리나라 사신에게 "…觀光上國盡損宿習…"(관광상국 진손숙습: 우리나라를 관광하여 낡은 관습을 전부 버리도록 하고…)이라고 교시하였다는 기록이 있다. 다른 또 하나는 고려 말인 우왕 10년(1385년)에 당시의 유명한 문사(文士)였던 정도전(三蜂 鄭道傳)도 '觀光'이라는 용어를 사용한 것으로 밝혀졌다. 정도전은 당시 그의 친구인 이숭인(李崇仁)이 중국 북경에 하정사(賀正使: 신년하례 단장)로 떠난 뒤 그의 문집에서 이르기를, 명나라의 명을 받아 중국으로 간 그의 친구 이숭인이 그곳의 선진문물을 돌아보고 귀국하게 되면 자신은 그의 견문록 제목을 '관광집(觀光集)'이라고 붙여주겠노라고 서술하였다고 한다.

이러한 사료(史料)로 미루어 볼 때 중국과 교류하던 당시 고려 지식인들, 그리고 더 거슬러 올라가 최치원 등 신라 지식인들 사이에서 관광이라는 용어가 이미 보편적으로 통용되고 있었음을 짐작할 수 있으며, 그런 의미에서 그 어원은 적어도 8~9세기 통일신라 때까지 거슬러 올라간다고 볼 수 있다.

그 후 조선 시대에 들어와서는 관광이라는 용어는 지식인 사회에서 아주 일반화된 용어로 자리 잡은 것 같다. 조선 건국 직후인 태조 5년(1396년)에 도읍을 개경으로부터 지금의 서울인 한성으로 옮기면서 정도전, 조준 등은 신도읍지(新都邑地)의 지명을 정하였는데, 서울 북부에 지금의 동(洞)에 해당하는 10개의 방(坊)을 설치하면서 그중 한 방(坊)의 명칭을 "觀光"으로 정하였다고 『조선왕조실록』에 기록되어 있다(朝鮮王朝實錄, 太祖 卷九 및 世宗 卷一八).

우리나라에서는 관광이라는 말이 오늘날과 같은 뜻으로 사용된 것은 제2차 세계대전 이후의 일이지만, 당초에는 국제관광만을 뜻하는 경향이 있었으나, 지금에 와서는 국제뿐만 아니라 국내도 관광이라 부르고 있다.

다. 서양에서의 관광의 어원

우리가 사용하고 있는 관광이라는 말은 영어의 투어리즘(tourism)에 해당된다고 할 수 있다. 서양에서는 18세기 후반부터 19세기 초반까지 유럽, 특히 영국에서 교육적·문화적 목적으로 행해졌던 상류층 젊은이들의 유럽여행을 두고 '그랜드 투어(grand tour)'라고 칭하였다. 이 시기 영국 귀족들은 자신들의 자녀를 국제적인 신사로 키우기 위해 개인교사와 함께 프랑스, 독일, 오스트리아, 스위스, 이탈리아 등지를 여행하도록 하였다. 이러한 그랜드 투어에 참여한 여행자를 의미하는 '투어리스트(tourist)'리는 용어는 1800년경에 사용되기 시작했다. '투어리즘(tourism)'이라는 용어는 1811년에 스포츠 잡지인 「The Sporting Magazine」에 최초로 언급된 것으로 옥스퍼드 영어사전(Oxford Dictionary)은 밝히고 있다.

Tourism이라는 말은 영어로 '짧은 기간의 여행'을 뜻하는 tour의 파생어이고, tour라는 말은 '도르래'를 의미하는 라틴어 'tornus'에서 유래한 것으로서 처음에는 순회여행(巡廻旅行)을 의미했다고 한다.

따라서 tourism은 주유(周遊)를 의미하는 'tour'에 행동이나 상태 혹은 ~주의(主義) 등을 나타내는 접미어 '-ism'이 붙어 만들어진 말로서, 문맥에 따라서는 관광, 관광대상, 관광사업을 의미하기도 한다. 또 'tour'에 접미어 '-ist'가 붙어서 만들어진 tourist는 관광객을 의미한다. 이와 같은 투어(tour), 투어리스트(tourist), 투어리즘(tourism) 등의 용어가 일반적으로 사용된 것은 1930년대 이후의 일이라고 한다. 그 후 1975년부터는 모든 국제기구에서 관광의 영어적 표현을 tourism으로 통일하였다.

한편, 독일에서는 제2차 세계대전 이전에는 관광을 뜻하는 용어로서 'Fremden(외국의, 외국인)'과 'Verkehr(왕래 또는 교통)'의 합성어인 'Fremdenverkehr'를 사용하였는데, 전후에는 'Tourismus'로 바뀌었으며, 프랑스에서도 'tourisme'이라는 용어를 사용하고 있다.

2. 관광의 개념

관광은 여러 가지 인간의 욕구 중 변화를 추구하려는 일탈의 욕구가 이동이라는 행위를 토대로 자기의 생활범주를 벗어나 새로운 환경 속에 놓임으로써 심신의 변화를 추구하고 그런 변화를 즐기는 인간 활동의 일체라고 할 수 있다.

관광의 정의를 보면 〈표 1-1〉과 같다. 먼저 외국 학자들이 정의한 관광의 개념을 살펴보면 관광이란 관광을 하는 사람이 복귀할 의사를 가지고 일시적으로 거주지를 떠나지만, 1년 이상을 넘지 않는 기간 동안에 관광지에서 경제 소비를 하되, 그 경제 소비를 하기 위해 여행하면서 돈을 벌어들인 것이 아닐 것이라고 하였다. 관광과 기타 방문객들을 흡인, 접대하는 과정에서 관광객, 사업공급자, 접대국, 접대지역 사이에서의 상호작용으로부터 야기되는 상호관계와 현상들의 총체라고 하였다. 또한 관광이란 일상주거지를 떠나 인간에 관한, 그리고 인간의 욕구에 대응하는 산업에 관한 인간과 산업이 관광 대상지의 사회적, 문화적, 경제적, 물리적 환경에 미치는 여행의 총체라고 하였다.

국내학자들의 정의를 살펴보면 관광이란 일상생활권을 떠나 다시 돌아올 예정으로 여행하여 새로운 사실을 발견하고 경험하는 과정을 통해 궁극적으로는 인간의 미적 욕구를 충족시켜 주는 활동과 이러한 활동으로 인해 발생되는 여러 현상들의 총체라고 하였다. 가계소득 등 잉여가 발생하고 여가시간이 주어질 때, 또는 정책적, 제도적 지원혜택으로 여가비와 여가시간이 주어질 때 재노동 의욕고취와 궁극적인 국민복지 증대를 위해 국민 스스로가 주거지의 위락과 관광활동에 자발적 또는 계도적으로 참여해 가는 대중문화 속의 사회현상과 문화현상의 복합현상이라고 하였다. 또한 관광이란 자기의 자유시간(여가) 중에서 감상, 지식, 체험, 활동, 휴양, 참가정신의 고무 등 생활의 변화를 찾는 인간의 기본적 욕구를 충족하기 위한 행위 중 생활권을 떠나서 다른 자연 문화 등 환경하에서 행하는 일련의 행동이라고 하였다.

〈표 1-1〉 관광의 정의

학자	정의
Ogilvie	관광을 하는 사람이 복귀할 의사를 가지고 일시적으로 거주지를 떠나지만, 1년 이상을 넘지 않는 기간 동안에 관광지에서 경제 소비를 하되, 그 경제 소비를 하기 위해 여행하면서 벌어들인 것이 아닐 것
McIntosh	관광과 기타 방문객들을 흡인, 접대하는 과정에서 관광객, 사업공급자, 접대국, 접대지역 사이에서의 상호작용으로부터 야기되는 상호관계와 현상들의 총체
Jafari	일상주거지를 떠나 인간에 관한, 그리고 인간의 욕구에 대응하는 산업에 관한, 인간과 산업이 관광대상지의 사회적, 문화적, 경제적, 물리적 환경에 미치는 여행의 총체
이선희	일상생활권을 떠나 다시 돌아올 예정으로 여행하여 새로운 사실을 발견하고 경험하는 과정을 통해 궁극적으로는 인간의 미적 욕구를 충족시켜 주는 활동과 이러한 활동으로 인해 발생되는 여러 현상들의 총체
이장춘	가계소득 중 잉여가 발생하고 여가시간이 주어질 때, 또는 정책적, 제도적 지원혜택으로 여가비와 여가시간이 주어질 때 재노동 의욕고취와 궁극적인 국민복지 증대를 위해 국민 스스로가 주거지의 위락과 관광활동에 자발적 또는 계도적으로 참여해 가는 대중문화 속의 사회현상과 문화현상의 복합현상
오정환	자기의 자유시간(여가) 중에서 감상, 지식, 체험, 활동, 휴양, 참가정신의 고무 등 생활의 변화를 찾는 인간의 기본적 욕구를 충족하기 위한 행위 중 생활권을 떠나서 다른 자연 문화 등 환경하에서 행하는 일련의 행동
세계관광기구(WTO)	즐거움, 위락, 휴가, 스포츠, 사업, 친구/친지 방문, 업무, 회합, 회의, 건강, 연구, 종교 등을 목적으로 방문국을 적어도 24시간 이상 1년 이하의 기간 동안 체류하는 행위
국제관광전문가협회(AIEST)	생업과의 지속적인 관련 없이 다시 돌아올 예정으로 타지를 여행하고, 체재함에 따라 일어나는 모든 관계 또는 현상의 총체
한국관광공사	즐거움, 위락, 휴가, 스포츠, 사업, 친구/친지 방문, 업무, 회합, 회의, 건강, 연구, 종교 등을 목적으로 방문국을 적어도 24시간 이상 1년 이하의 기간 동안 체류하는 행위

한편 세계관광기구(WTO)와 한국관광공사는 관광이란 즐거움, 위락, 휴가, 스포츠, 사업, 친구/친지 방문, 업무, 회합, 회의, 건강, 연구, 종교 등을 목적으로 방문국을 적어도 24시간 이상 1년 이하의 기간 동안 체류하는 행위라고 규정하였다. 국제관광전문가협회(AIEST)에서는 관광이란 생업과의 지속적인 관련 없이 다시 돌아올 예정으로 타지를 여행하고, 체재함에 따라 일어나는 모든 관계 또는 현상의 총체라고 하였다.

이상에서 소개한 관광에 대한 정의(定義)를 통해서 볼 때, 관광은 한마디로 요약(要約)할 수 없는 복잡한 사회현상이다. 여러 학자들의 정의를 종합해서 관광개념을 규정한다 하더라도 가급적 일상적인 용어법에서 어긋나지 않도록 해야 하며, 일반적으로 누구나 쉽게 이해할 수 있는 현실적 감각에 따른 개념 정의가 바람직하다.

사실 관광이 '인간생활의 여러 가지 요소들이 종합된 사회 · 문화적 현상'으로 인식되고, 그에 따라 하나의 사회과학으로 인정받기에는 많은 부문에서 미진한 점이 있으며 위에서 소개한 바와 같이 한마디로 정의를 내릴 만큼 학자들 간에 합의도 도출되어 있지 않다. 그러나 지금까지 학자들에 의해 논의된 관광의 정의를 종합해 보면, 관광은 변화를 추구하려는 인간의 욕구로 인하여 자기의 생활범주를 벗어나 새로운 환경 속으로 이동하는 행위로서 심신의 변화를 추구하고 다시 일상생활로 돌아올 때까지 변화된 여러 환경을 즐기는 인간 활동의 일체를 의미한다고 하겠다.

다시 말해서 관광은 인간이 일시적으로 반복되는 일상생활을 벗어나지만, 다시 그 일상생활로 복귀할 것을 전제로 다른 지역의 제도 · 풍습 · 자연 등을 감상하며 배우고 견문하는 행위를 총칭한다. 그리고 넓은 의미에서는 여기에서 파생되는 여러 산업적 효과와 정치 · 경제 · 사회 · 환경 · 문화 · 기술 등의 여러 효과를 관광의 범주에 포함시키기도 한다.

따라서 관광이란 개념이 가져야 할 요건이 있는데, 첫째, 관광행위자들의 관광욕구를 충족시키기 위한 다양한 목적을 가져야 하며, 둘째, 일상생활 영역을 떠나는 공간적인 범위와 이동행위가 요구되고, 셋째, 제한된 시간적 범위를 가져야 한다.

결론적으로 관광은 다음과 같은 내용이 포함되어야 한다. 첫째, 일상생활을 떠난다는 것으로 일상탈출성을 의미하고, 둘째, 다시 일상생활권으로 돌아온다는 회귀성을 가지며, 셋째, 개인의 자유의지에 따른 여행으로 생활에 어떤 구속을 받지 않는다는 것으로 자율성이 보장되어야 하고, 넷째, 오락적인 요소와 함께 지식적 요소가 있고, 정신적 만족감을 추구한다는 것으로 위락성이 필요하며, 다섯째, 관광지에서 소비 경제적 행위를 하는 소비성이 이루어져야 하고, 여섯째, 기타 여러 지역의 풍물, 풍습, 자연 등을 감상하는 행위라는 것으로 학습성을 갖추어야 한다.

3. 관광의 중요성

관광은 현대사회에서 국민 모두가 관심을 가지고 있고 또 실제로 참여하고 있는 여가문화 활동의 하나로서 점차 그 중요성을 더해가고 있다. 예를 들어 국민들이 주말이면 관광을 위해 도시를 탈출하여 고속도로를 메우는 승용차 행렬을 통해서도 알 수 있듯이, 이러한 현상은 현대인에게 관광이 차지하는 비중이 매우 크다는 것을 입증한다. 따라서 '관광이 인간의 삶 속에서 중요한 이유는 무엇일까?' 하는 의문은 관광이 가지는 기본적 성격을 이해했을 때 더욱 명확히 이해될 것이다.

일차적으로 관광은 외래 관광객이 소비하는 관광외화 획득이라는 경제적 효과의 측면에서 이해하는 것이 필요하다. 이 때문에 세계 각국은 관광을 국가전략산업으로 육성하고 있다. 더불어 관광은 국제화 · 세계화로 가는 우리나라 국가사회 발전에 핵심적인 역할을 수행하는 국제교류활동으로서, 국민적 참여를 통해 한국과 세계를 하나로 연결시키는 문화행동이다. 오늘날 관광은 국제교류를 통한 국제친선 도모 및 세계평화에 기여하는 민간 외교적 효과까지도 창출한다.

그래서 오늘날 서양 사람들은 관광산업을 '굴뚝 없는 수출산업', '교실 없는 교육', '언론 없는 통신', '의전 없는 외교'라고 국민들에게 홍보하면서 일석사조(一石四鳥)의 효과를 갖는 주요한 산업이라고 홍보하고 있는 것이다.

이와 같은 중요성을 지니는 관광의 이념으로서는 자유성, 평등성, 행복성, 평화성, 교육성, 인간성 회복 등으로 예거할 수 있다. 관광은 구속에서 해방되고 자유롭게 이동하는 차원에서 자유성에 기초한다. 따라서 거주 · 이전의 자유는 일반적 자유권으로서 인간의 자유로운 이주 및 이동을 보장하는 자유권적 기본권이다. 따라서 이동뿐만 아니라 자유롭게 휴식할 수 있는 여가의 자유가 보장되어야 하고, 미래의 사회복지관광에 따른 공공복리에 적합한 자유의 분배 또한 있어야 한다. 이는 모든 국민의 행복권(幸福權)과 자유롭게 여행할 수 있는 자유권(自由權) 및 여행권(旅行權)을 보장하고 이를 위하여 국가는 지원을 아끼지 않음을 뜻한다.

또한 관광은 모든 사람에게 기회가 균등하게 주어진다는 차원에서 평등성에 근거하여 행해지고 있다. '관광헌장'에서는 "모든 국민은 관광할 수 있는 권리를 가진다. 관광할 수 있는 여행의 권리는 어떤 조건에 있어서도 평등한 기회와 이용의 기능을 가진다"라고 규정하고 있다.

한편, 구속에서 해방되어 빛을 본다는 것은 인간이 추구하는 지고지선(至高至善)의 행복을 의미한다. 또한 관광이 교류를 통하여 상호 이해를 증진시킨다고 하는 것은 관광을 통해 인류평화에 기여할 뿐만 아니라 남을 이해하고 또 교류함으로써 상호 배우는 교육성(教育性)을 가진다. 따라서 관광이라는 여가활동을 통하여 균형된 삶을 찾을 수 있으며, 심신을 단련시키므로 결국은 인간성 회복에도 기여하게 되는 것이다.

4. 관광의 구성요소

관광은 일반적으로 주변 환경에 의해 영향을 주고받는 관광주체, 관광객체, 관광매체라는 3대 범주에서 이루어지고 있으며, 이들 세 가지의 요소들이 연속적 · 지속적으로 상호 의존관계를 통하여 발생하는 하나의 체계(system)라고 말할 수 있다. 이러한 관광체계는 정치적 환경, 경제적 환경, 사회적 환경 및 생태적 환경과 밀접한 상호작용 관계에 있으며, 관광체계를 구성하는 관광매체인 관광시장, 관광교통, 관광기업, 그리고 관광행정 등 네 가지 요소간의 연속적 · 기능적 통합을 통하여 현상화하는 것이다.

이와 같이 관광의 구성요소는 첫째, 관광수요의 유발자이자 이동의 주체인 관광객(관광주체)과, 둘째, 관광객의 욕구를 충족시키는 관광대상(관광객체), 셋째, 관광객과 관광대상을 연결해주는 각종 서비스(관광매체) 간의 상호작용인 관광활동의 체계라고 볼 수 있다. 그리고 이러한 관광체계는 상호 매우 밀접한 연관성을 지니고 있어 구성요소 중 한 가지라도 정상적이지 못할 경우 온전한 관광현상이 이루어질 수 없다.

일반적으로 관광주체, 관광객체, 관광매체를 관광의 3요소라 한다. 먼저 세 요소를 살펴보고 관광체계의 성격을 규명해보고자 한다.

가. 관광주체

관광주체란 관광행동의 주체자인 관광객을 의미하는데 이들은 각기 관광에 대한 다양한 욕구를 가지고 있으며 관광수요를 구성하는 요소이다. 관광객은 일상생활로부터의 변화를 추구하는 욕구가 있는데, 이는 심리적 발생이며 본능적이다. 관광시장수요는 시장가격과 관광객의 선호패턴의 변화, 인구의 규모, 소득분포에 의해 영향을 받게 되고 관광수요를 구성하는 중요한 결정요인이 되는 것이다.

나. 관광객체

관광의 주체인 관광객은 관광욕구나 동기에 따라 관광대상을 찾게 된다. 관광대상은 관광소재로서의 관광자원과 관광객의 욕구를 충족시키는 관광행동의 대상물 전체를 의미하며 관광지나 관광자원과 관광시설 그리고 인적서비스로 구성되는 복합체이다.

관광객체는 관광자원과 그 자원을 살려서 관광객의 욕구충족에 직접적으로 기여하는 관광시설로 대별된다. 전자인 관광자원은 유형적 자원(자연 · 인문), 무형적 자원(인적 · 비인적), 문화적 자원(유형문화재 · 무형문화재 · 기념물 · 민속자료) 등으로 구성되며, 후자인 관광시설은 하부시설(항만 · 공항 · 주차장 · 통신시설 등의 기반시설)과 상부시설(여행 · 행정 · 숙박시설 · 레크리에이션 시설 등)로 이루어진다.

관광주체인 관광객이 관광행위를 위해 관광지를 결정하는 일은 관광에 있어서 가장 기본적인 선행조건이다. 그런데 관광지가 충분한 흡인력과 매력을 갖지 못하면 훌륭한 관광대상이라고 할 수 없으며 관광대상이 흡인력과 매력을 충분히 갖고 있더라도 관광객이 이를 포착하지 못하였을 경우 이 또한 관광객의 의사결정 영역에 속하지 못하여 관광을 하지 못하는 결과를 초래한다.

다. 관광매체

관광매체는 관광주체인 관광객과 관광대상인 관광객체와의 매개역할을 하는 것으로 관광주체인 관광객과 관광대상인 관광자원과 관광시설이 결부된 행동이며 현상이고, 관광주체와 관광객체를 연결시켜 관광행위를 완성시키는 것이다.

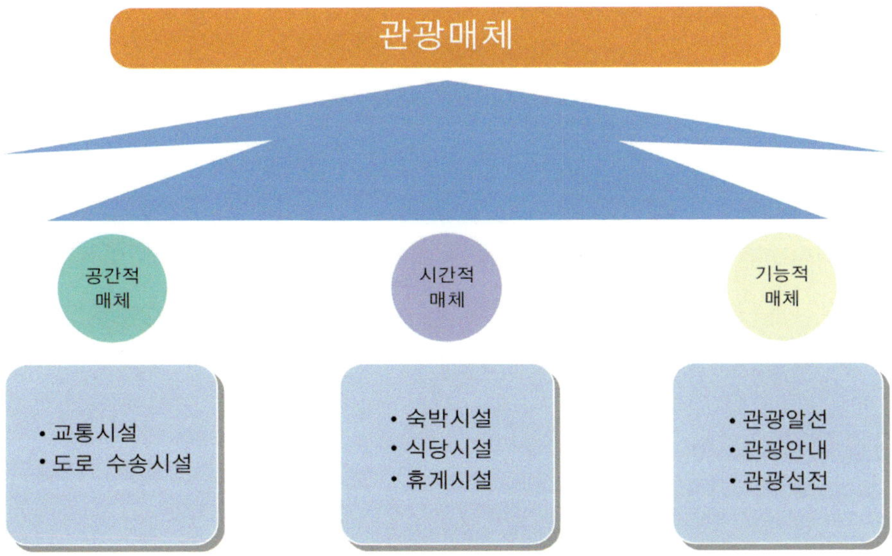

[그림 1-1] 관광매체의 분류

관광매체는 [그림 1-1]과 같이 공간적 매체, 시간적 매체, 기능적 매체로 구분할 수 있다. 여기에서 교통시설과 도로 운송시설은 공간적 매체이고 숙박시설, 식당시설, 휴게시설 등이 시간적 매체이며, 관광알선, 관광안내, 관광선전 등과 관련된 여행업, 기념품판매업 등 각종 관광서비스가 기능적 매체에 해당한다.

5. 관광의 효과

가. 관광의 경제적 효과

관광은 즐거움을 위한 여행이지만, 관광객은 일련의 소비활동으로 이루어지는 복합적인 현상이기도 하다. 관광객은 관광행위를 수행하면서 여러 가지 소비활동을 수반하게 되는데, 이러한 과정에서 발생하게 되는 경제적 효과에는 국제수지 개선과 외화획득, 경제발전의 기여, 지역개발의 촉진 등이 있다.

1) 외화획득과 국제수지의 개선

국제관광에 의한 외화획득은 국제수지를 개선하는 데 커다란 역할을 한다. 외래관광객의 소비가 관광수용국에는 외화수입이 되며, 외국인 관광객의 증가가 외화획득의 증대에 직결되기 때문이다. 더욱이 부존자원과 자본이 빈약하고 공업제품의 수출이 곤란한 나라에게 국제관광객을 받아들이는 것은 외화를 획득하는 데 매우 유효한 수단이 되고 있다.

관광으로 획득한 외화는 일반 수출에 비해 외화가득률이 훨씬 높은 것이 특징이다. 여기서 '외화가득률'이란 획득한 외화수입에서 그 외화를 얻기 위해 지출된 외화를 뺀 나머지가 실질적인 외화수입이며, 이 순외화수입이 획득한 외화수입 가운데 몇 %인가를 비율로 나타내는 것을 말한다.

그리고 관광에 의한 외화획득은 제품 수출 등의 상품무역에 의한 외화획득과는 다른 유리한 특징이 있다. 즉 상품무역은 각 나라의 보호무역주의에 의한 관세장벽, 민족자원주의에 의한 원자재의 수입곤란, 수출시장의 환경 악화 등의 문제를 항상 안고 있고, 경우에 따라서는 수출대상국 국민의 민족감정, 국제경제정책 등의 영향을 받아 상품배척이라는 문제가 일어난다. 반면에 관광은 오히려 국제친선이나 문화교류에 기여하면서 외화를 얻을 수 있다.

2) 고용증대 및 경제발전의 기여

국제관광, 국내관광 어느 것이든지 관광은 관광객과 관광대상을 결부시킴으로써 국가 또는 지역의 경제발전에 기여한다. 특히 관광 특유의 상품이나 서비스에 대한 수요의 증대가 가져오는 경제적 효과는 대단히 크다고 할 수 있다.

관광소비의 구조는 교통비, 숙박비, 식사비, 오락비, 상품구입비 등으로 구성되는데, 이들의 관광소비는 곧바로 국가나 지역의 수입으로 이어진다. 관광소비의 증대는 관광객을 직접적인 이용자로 하는 관광사업의 성립 · 발전을 촉진한다. 예를 들면, 숙박시설의 건설, 오락시설의 신설, 교통기관의 정비, 전문적 서비스 사업의 성립 등은 관광객 왕래의 증대에 기인하는 투자활동의 결과라고 생각할 수 있다.

관광사업의 발전은 이와 관계가 있는 모든 사업의 발전을 촉진시킴과 동시에 새로운 고용의 기회를 제공한다. 더욱이 고용기회의 증대는 새로운 구매력을 낳게 하고, 수요를 확대시키며, 이른바 승수효과를 일으킨다.

이러한 것들이 관광의 경제적 활동을 자극하는 기본적 구조이며, 관광경제를 지배하는 법칙과 그 자체는 일반경제의 그것과 같다. 즉 수요와 공급의 관계나 시장원리 등을 적용하는 점은 같지만, 관광경제의 경우에는 수요자(관광객)가 공급자 측에 직접 찾아옴으로써 경제 활동이 성립한다는 점에 특색이 있다.

3) 지역개발의 촉진

국제관광에 비해 국내관광의 경제적 효과는 일반적으로 가볍게 인식되기 쉽다. 그것은 국제관광이 외화의 수입에 직결되어 있는 데 비해 국내관광은 화폐의 국내이동과 재배분을 가져올 뿐이라는 평가가 있기 때문이다. 그러나 국내관광이 지역경제의 발전에 크게 이바지한다는 점은 두말할 필요도 없거니와 재화의 지역적 이동이 미치는 영향을 가볍게 생각해서는 안 될 것이다.

국제관광의 경우에도 숙박, 토산품 구입이라고 하는 구체적인 소비활동은 특정한 지역을 중심으로 이루어지는 것이며, 그러한 의미에서 볼 때 국내 · 국제를 불문하고 관광의 경제적 효과는 우선 지역경제의 발전으로 이어진다고 볼 수 있다.

지역에서 관광에 관한 소비가 증대하면 관광에 관련된 여러 가지 사업이 성립되고, 다음과 같은 경제적 효과가 파생된다.

첫째, 고용의 기회를 증대시킨다. 관광에 관한 사업은 비교적 단순한 서비스노동이 많이 필요하고 그렇기 때문에 노동력을 빠른 시간에 활용할 수 있다는 점에서는 다른 산업보다 직접적인 유효성을 지니고 있다.

둘째, 관광소비의 증대와 관광사업의 활성화는 직 · 간접적으로 지방자치단체의 세수를 증대시키는 것과 관련된다. 세수의 증대가 공공서비스의 향상, 즉 지역사회의 발전에 이바지함은 말할 필요도 없다.

셋째, 관광사업의 발전이 도로, 상하수도, 전력공급 등의 생활기반시설의 정비에 관계되는 것을 들 수 있다. 즉 관광사업이 그 주변 일대의 생활환경을 근대화하는 데 이바지하게 되는 것이다.

나. 관광의 사회 · 문화적 효과

관광의 비경제적 효과를 총칭하여 관광의 사회 · 문화적 효과라 부르는데, 그것은 '인간의 정신활동에 미치는 영향'을 말한다. 매스 투어리즘(mass tourism)의 시대에 있어서 관광의 사회 · 문화적 효과는 경제적 효과 이상으로 주목받게 되었다. 사람과 자연과의 접촉, 사람과 사람의 만남이라는 일들이 사람에게 미치는 영향은 매우 큰 것으로 이해되고 있다.

관광의 효과는 기본적 의미에서는 직접체험과 문화의 전달을 매개하는 기능을 가진 것이라고 할 수 있는데, 일반적으로는 교육적 효과, 문화적 효과, 국가홍보효과, 국제친선효과 등으로 나누어 고찰할 수 있다.

1) 교육적 효과

관광은 직접적 체험을 통해서 풍물을 보고 사물에 접한다는 점에 있어서 뛰어난 교육적 효과를 가지고 있다. 관광을 통하여 새로운 지식의 획득이 이루어지지만, 무엇보다 '변화욕구'의 충족이 중요하며, 이러한 과정에서 파생되는 지적 욕구의 구체적 실현이라고 하는 교육적 효과는 관광객들의 가장 높은 관심을 보여야 할 요인이다.

인간은 업무나 여가활동을 통하여 욕구의 충족을 도모함으로써 인간적 성장을 지향하고 사회변화의 영향을 받아 파생되는 여러 가지 현대적 욕구의 대부분은 평소와는 다른 환경과 체험으로 충족한다. 궁극적으로 관광의 교육적 효과는 관광객이 직접적 체험을 통해서 얻는 것에 대한 평가이며, 견학이나 시찰여행 등의 교육적 목적을 달성하기 위해 시도하는 직접적 체험에 의한 지식의 증대이다. 따라서 관광은 '교실 없는 교육(Education without a class room)'이라고도 말한다.

요약하면, 관광의 교육적 효과란 관광을 통해 다양한 문물을 접하고 경험을 축적하는 것을 뜻한다. 역사유적 탐방, 박물관 · 미술관 탐방 및 동 · 식물원의 관람, 그리고 다도관광, 전적지관광, 도자기 만들기, 성지순례, 수학여행, 보이스카우트 캠프 참가 등 교육목적에 따라 다양한 체험을 경험함으로써 관광객은 역사적 통찰력과 문화적 가치를 보다 깊이 이해하게 된다.

2) 문화적 효과

관광이 지니고 있는 또 한 가지의 사회 · 문화적 효과는 관광이 서로 다른 문화를 전달하는 매개로서 기능을 다하는 데서 나타난다.

관광을 통해 습득한 지식과 체험은 다른 여러 사람들에게 자연스럽게 전해짐으로써 사회에 대하여 커다란 영향을 미치게 된다. 오랜 역사를 통틀어 보면 다른 나라의 문화나 산물은 여행자와 함께 건너간 경우가 많았다.

예전에는 다른 나라나 다른 지방의 문화는 상인이나 순회연예인과 같이 여행하는 것을 일거리의 일부처럼 여기는 사람들에 의하여 전해졌다고 할 수 있다. 실크로드(silk road)가 교역뿐만 아니라 동서 문화의 교류에 크게 이바지한 것은 잘 알려진 사실이며, 이탈리아의 여행가 마르코 폴로(Marco Polo)의 체험담에 바탕을 둔 『동방견문록』은 당시로서는 최초의 상세한 동양의 소개서였고, 유럽 사람들의 동양에 대한 관심을 높여, 신항로나 신대륙 발견의 원인이 되었다고 한다.

관광은 즐거움을 위한 여행이고 여행하는 그 자체가 목적이지만, 그 여행으로 얻은 지식과 경험은 다른 사람들에게 전해질 수 있으며 또 내방한 여행자를 통하여 서로 다른 문화에 접촉할 수 있다.

커뮤니케이션 수단이 발달한 현대에는 관광이 문화를 전달하는 기능은 상대적으로 감소하였다고 할 수 있으나, 사람들의 행동양식 등은 기본적으로 사람과 사람 간의 접촉을 통해 전해진다.

우리나라에서도 해외여행을 경험한 사람은 여러 가지 지식이나 체험을 가지고 돌아와 다른 사람들에게 적잖은 영향을 미쳤으며, 이는 오늘날까지도 계속되고 있다. 또한 우리나라를 방문한 외국인 여행자를 통해서 다른 나라의 문화가 도입되고 있으며, 한국인 관광객에 의해 한국의 문화가 해외에 소개되고 있다.

3) 국제친선효과

관광은 국제교류를 통하여 국가 간의 친선을 도모할 수 있다. 오늘날 관광에 부과된 기본적 사명 중에서 국제친선의 증진은 국가 간의 상호 이해를 꾀할 수 있어 매우 중요시되고 있다. 이에 따라 각국의 국민이 될 수 있는 한, 많은 기회를 만들어 해외여행을 하여 그 나라 국민과 광범위하게 접촉하고, 또한 모든 사정을 관찰하는 것이 요망된다.

이처럼 관광의 국제친선효과는 매우 광범위하게 나타나며, 특히 인적 교류를 통한 상호 이해의 증진, 한국을 이해하고 도와주는 친한 인사 증가, 국제화시대에 있어 국제활동의 원활화 등에 크게 기여하게 된다. 아울러 관광종사원과 해외여행자는 민간외교관의 역할을 수행하게 된다.

이로써 관광산업은 평화산업으로 인식되고 있으며, 실제로 관광을 통해 세계평화에 이바지한다고 볼 수 있다. 무엇보다도 이해집단 간의 분쟁은 서로에 대한 오해와 불신에서 비롯된다는 점을 고려할 때, 국제관광은 세계를 하나의 우호적인 공동체로 만드는 데 기여하게 될 것이다,

4) 국가홍보효과

관광의 활성화는 관광지 국가를 내·외국인에게 홍보하는 효과를 꾀할 수 있다. 이는 오늘날 관광 발전의 목적이 단순히 경제적 효과에만 있는 것이 아님을 의미한다. 특히 관광을 통한 국가홍보효과는 자국의 민족적 우수성을 세계에 알리는 역할을 담당한다. 지난 70년대 정부에서 실시한 참전용사 유치사업은 6.25전쟁의 폐허와 가난의 참상에서 놀랍게 발전한 우리나라의 재건모습을 세계적으로 유감없이 홍보하였다고 할 수 있다. 따라서 '언론 없는 통신(Communication without a press)'이라고도 말한다.

이와 같은 국가홍보효과를 달성하기 위해서는 무엇보다도 우리나라를 찾는 외국인

에게 우수한 전통문화와 문물을 체계적으로 소개해야 한다. 고려자기, 거북선, 인쇄(금속활자)기술 등 다양한 한국의 전통문화는 관광상품 개발에도 유용하게 활용될 수 있으며, 이와 같은 전통문화를 효과적으로 외래 관광객들에게 소개할 수 있는 관광수용태세를 정비해야 할 것이다.

아울러 국가의 발전상, 친절, 미풍양속 등을 보여줌으로써 국위선양을 도모해야 한다. 한강의 기적을 이룩한 우리나라의 발전모습은 한국보다 경제적으로 낙후된 지역에서 온 관광객들에게는 주요한 관광매력이 될 수 있다. 이처럼 관광자원은 단순히 역사유적 및 전통문화에 국한되는 것이 아니라 관광객의 호기심을 자극할 수 있는 모든 것들이 관광자원으로 활용될 수 있는 것이다. 또한 외국인 관광객들을 맞이하는 모든 국민과 관광종사원은 우리나라를 선전하는 홍보요원이 되어야 하며, 내국인의 해외여행을 통해서도 국가홍보를 꾀할 수 있어야 한다. 하지만, 해외를 방문하는 내국인이 해외에서 모범적인 행동을 하지 못하고 현지인과 관광객들에게 좋지 못한 행동을 한다면, 우리나라의 이미지에 부정적인 영향을 미치게 되어 한국의 전반적인 이미지를 흐리게 한다. 따라서 외국을 여행하는 내국인들은 자신의 행동이 우리나라의 국익에 영향을 미친다는 점을 명심해야 할 것이다

다. 관광의 환경적 효과

1) 관광자원의 개발과 보전

관광자원의 효율적인 개발을 통해 방치되어 있던 관광자원을 개발하여 활성화시키고, 기존의 자원을 보호 및 보존하며, 또한 이에 부합된 편의시설을 확충함으로써 관광자원의 가치를 제고시킬 수 있다. 그 예로서 National Trust 운동(국민신탁운동) 그리고 쇠락했던 현충사를 1960년대에 재건한 경우를 들 수 있다. 이와 같이 관광은 제도적으로 자연자원을 보호하고 보존한다.

2) 자연환경의 정비와 보전의 계기

관광객들을 유치하기 위해서는 관광과 관련된 환경을 정비하는 것이 필수이므로 자연경관을 효과적으로 정비하고 조성해야 한다. 이에 따라 환경에 대한 인식이 증대되는 효과가 있다. 그 예로서, 1963년 프랑스 정부가 랑그독 루시옹 계획을 통하여 남부 지중해의

황무지 해변 200km를 6개의 쾌적한 휴양도시로 변화시킨 사례를 들 수 있다.

3) 관광 제반 시설의 확충

관광객들이 이용하는 제반 시설의 편의성을 보장하기 위해 지역의 물리적 환경을 개선하는 것은 물론, 공공환경도 정화하고 접근이 용이하도록 시설을 확충함으로써 관광객뿐만 아니라 지역주민에게도 그 편익이 돌아갈 수 있도록 기회를 제공할 수 있다.

라. 관광의 부정적 효과

1) 여러 효과의 관련성

관광의 여러 가지 효과에 관해서, 앞에서 편의상 경제적 효과와 사회 · 문화적 효과로 대별하여 설명했지만, 본래 이것들은 서로 관련되는 것으로서, 한편으로는 바람직한 영향인 플러스 효과를 가져오는가 하면, 다른 한편에서는 바람직하지 못한 영향인 마이너스 효과를 동시에 발생시킨다는 문제가 있다. 외화획득을 위한 국제관광객의 수용은 국제수지를 개선하는 경제적 효과와 함께 국제친선이라고 하는 사회 · 문화적 효과를 높이는 것이나, 반면에 예의를 갖추지 못한 관광객의 언행 때문에 그 나라에 대한 평가가 나빠지는 경우가 있다. 또 경제적으로도 관광객이 상품이나 서비스의 수요를 급격히 증감시킴으로써 물가상승의 국민경제에 부정적 효과가 생기는 경우도 있다.

이와 같은 경우에 전체적인 평가는 어느 쪽의 가치를 보다 중시하는가와 어느 것이 기본적인 사항이고 또 어느 것이 파생적인 사항인지에 대한 인식에 따라 내려지겠지만, 마이너스 되는 측면만 문제 삼는다면 관광 그 자체는 부정적 효과를 가져오는 것으로만 부각되어 비판의 대상이 되기 쉽다.

2) 자연환경의 훼손

관광개발은 필연적으로 자연의 훼손을 동반하게 된다. 한편으로는 무조건적인 보호가 인간 생활의 풍요(豐饒)에 도움을 준다고 하는 견해는 문제가 있다고 본다. 때로는 자연조건을 인위적으로 개선하는 것이 오히려 환경의 보호에 도움이 될 수도 있기 때문이다. 예를 들어 홍수 때에 자주 범람하는 하천의 폭을 넓혀 홍수 피해를 예방하는 것은 자연환경에 적극적으로 대응함으로써 환경을 관리하는 방안이 될 수도 있기 때문이다.

이처럼 자연에 대한 개발은 개발 자체가 문제가 된다기보다는 개발자의 개발 방향에 따라 문제가 될 수도 있고 자연보호에 도움이 될 수도 있다. 이와 같은 개발방식을 보전적 개발(sustainable development)이라 한다. 그러나 관광개발 시 관광개발 주체가 지나치게 자신의 이익만을 고집하게 되면 실제적으로 많은 부작용이 표출되며, 이로 말미암아 나타나는 대표적인 환경파괴의 요인은 크게 두 가지로 요약한다.

첫째, 경제적 이유만을 추구하는 개발은 많은 환경파괴를 일으키게 된다. 관광개발자들은 경제적 이익에 몰두하고 환경보전을 등한시하여 개발지역 주민과 주변지역에 피해를 주는 사례가 종종 발생한다. 이에 따라 행정 당국의 적절한 통제가 요구된다.

둘째, 자연의 무분별한 이용은 생태계의 질서를 파괴한다. 이를 예방하기 위해서는 보전적 개발을 전제로 관광지가 개발되어야 한다. 이는 환경친화적인 개발을 의미하며, 향후 환경친화적인 개발만이 개발자뿐만 아니라 지역주민에게도 이익이 될 것이다.

따라서 생태계를 보호할 수 있는 개발, 지역적 특성을 고려한 개발, 기후 및 풍토에 기초한 지역적 특성을 고려한 개발, 환경보호를 위한 제도적인 장치구축 등의 조건을 충족시킬 수 있는 여건이 마련되어야 한다.

3) 인문환경의 훼손

관광개발은 자연적 환경파괴 외에도 미풍양속 등의 전통문화를 파괴하여 지역정서를 왜곡시키고 현지인들의 가치관을 혼돈에 빠지게 할 우려가 있다. 이는 폐쇄적인 전통사회가 갑작스럽게 외부세계에 노출되어 주민생활 침해가 발생하고 관광객들의 퇴폐적인 행태가 현지인들에게 악영향을 미침으로써 전통문화 파괴현상이 발생한다.

이에 따라 세계의 주요 관광지들은 관광지의 전통적인 문화를 보존하기 위해 다각적인 노력을 기울이고 있다. 예를 들어 하와이에 가면, 폴리네시안 문화센터가 있는데, 이는 하와이 및 주변 섬나라들의 문화를 인공의 특정 공간에 전시함으로써 현지인들의 삶을 보호할 뿐만 아니라 관광객과 현지인과의 마찰을 없애기 위한 조치이다. 아울러 이와 같은 문화의 무대화는 관광객에게 관련 문화를 한 장소에서 관람하고 이해하게 함으로써 관광객의 시간적 · 경제적 손실을 줄이는 효과도 기대할 수 있다.

궁극적으로 전통문화를 중심으로 하는 인문환경의 보존은 현대관광에서 매우 중요하게 대두되는 요인이다. 또한 전통문화는 관광객이 탐구하기 위해 관심을 고조시키는 중심적 관광매력이므로 관광개발자, 현지 주민, 정책적 지원 등이 효과적으로 조화를 이루어야 한다.

4) 호화사치 및 과소비 조장

한편으로 관광은 호화사치와 과소비를 조장할 수도 있다. 관광객은 일상생활을 벗어나 신비감과 해방감, 그리고 미지의 세계가 제공하는 환상적인 분위기 속에서 경제적 소비의 위험성을 망각하기 쉽다. 특히 한국과 같이 여가에 대한 체계적인 교육이 이루어지고 있지 않은 상황하에서 관광객들은 자신의 일상적인 통제능력을 상실하여 충동적 구매에 몰입할 수 있다.

또 한편으로 관광객들의 소비 형태가 일상생활권보다 더 과감하게 나타나는 것은 일상생활에서의 경쟁 환경이 없으며, 위락행위가 제공하는 환상체험의 마력성과 자유를 만끽하는 과정에서 향유하는 현실도피적인 형태에서 비롯된다. 무엇보다도 위락에의 지나친 탐닉은 인생을 파멸로 몰고 갈 수도 있다. 최근 들어 청소년들이 유흥비를 마련하기 위해 범죄를 저지르는 경향이 나타나고 있는데, 이는 일부 청소년들이 쾌락적인 유흥문화에 빠져들고 있음을 의미한다. 아울러 위락에의 지나친 탐닉은 근로의욕을 저하시킬 수도 있다. 노동과 여가생활은 모두 인간이 살아가는 데 있어서 매우 소중한 시간이다. 그러나 지나치게 균형을 상실하여 여가생활은 전혀 하지 않은 채 노동에만 몰두한다든가, 아니면 노동은 일절 하지 않은 채 여가생활에만 몰두하는 것은 매우 위험하다. 가장 이상적인 것은 노동과 여가생활의 조화이다. 이 양자는 상호보완적인 성격을 지니고 있으므로 균형 잡힌 시간배분이 필요하다.

또한 관광지에서의 지나친 소비 형태는 일상생활에까지 영향을 미쳐 소비성향을 부채질할 수도 있다. 따라서 여행자들은 관광을 할 때 알뜰하고 가치 있는 시간계획을 수립함으로써 계획 있는 소비 형태를 확립하고 비용은 최소화하면서 관광편익은 최대화하는 노력이 요구된다.

Chapter

2 웰니스의 개념

1. 웰니스의 개념 및 정의

웰니스(wellness)는 신체적인 건강에 국한되는 협의적 개념이 아니라 건강한 생활의 모든 영역을 포괄하는 광의적 개념의 건강으로 세계보건기구(WHO)가 규정한 웰니스의 3요소인 운동, 영양, 휴양을 통합하여 추구해 나가는 것이다. 이러한 맥락에서 우리나라에서는 웰니스를 건강관리라는 개념으로 받아들이고 있다. 웰니스라는 용어는 1961년 미국에서 출간된 던(Duun)박사의 저서 『High Level Wellness』에서 사용된 개념으로서 사람이 건강(health)에 비해 보다 적극적이고 창조적인 높은 수준의 건강을 유지 · 발전시키고자 하는 실천적 생활 활동의 통합을 의미한다. 따라서 웰니스는 개인의 책임을 중시하는 것으로 자신이 할 수 있는 가장 높은 수준의 웰니스를 향해 나아갈 수 있도록 자신의 잠재력을 향상시키려고 노력하는 과정이다.

이와 같이 웰니스는 인간이 건강을 만들어 가는 총체적 과정으로서 건강에 대한 예방과 증진의 개념을 의미하는데, 건강이라는 목표에 도달하기 위해 능동적으로 대처하는 과정으로 질병의 예방이나 치료 이상을 의미한다. 즉 웰니스는 건강과 관련하여 자기책임을 핵심으로 하여 자신의 생활방식을 변화시키고 건강을 유지하고 증진하고자 하는 적극적 활동이라고 할 수 있다. 웰니스는 인간의 몸과 마음, 정신의 균형과 조화를 이루는 최적의 건강상태를 추구하기 위해 자신의 생활방식을 변화하는 과정으로 궁극적으로 삶의 질을 향상시키는 과정이다.

따라서 웰니스는 웰빙에 비해 보다 적극적으로 건강한 삶을 지향하는 개념이라고 해석할 수 있으며, 이를 극대화하여 삶의 질을 높이는 행위와 사회 전반적인 흐름을 높일 수 있다. 웰니스는 신체적 뿐만 아니라 정신적으로 더 나아가 사회적으로 최적의 건강상태를 추구하기 위한 건강한 생활양식을 포함하는 광의적 개념으로 받아들여지고 있는 것이다. 즉 웰니스는 건강보다 더욱 적극적인 개념으로 신체적, 정신적, 사회적 건강을 유지하고 증진시키고자 하는 실천적 행동방식을 의미하며, 건강에 대한 새로운 패러다임으로 이전의 질병을 치료하거나 예방을 하는 차원을 넘어 일상생활 속에서 자신이 도달할 수 있는 최적의 건강 수준을 향상시키는 것으로 그 개념이 확장되고 있다.

웰니스적 삶은 신체활동의 피로를 회복하고 휴식을 통해 일상생활에서의 활력을 제공하며 사회생활에서의 스트레스, 갈등, 좌절감이나 정서적 불안을 감소시키고 자기개발을 통해 궁극적으로 자아실현과 삶의 질을 향상시키는 데 기여한다. 웰니스는 최상의 건강을 유지하기 위한 생활습관의 개선, 규칙적인 운동 및 적극적인 여가활동 등에서 생활방식의 올바른 변화와 매우 밀접하게 관련되어 있다. 따라서 웰니스란 우리 인간들이 건강한 삶을 지향하기 위해 만들어 낸 건강의 새로운 개념으로 몸과 마음을 최적의 상태로 만드는 노력의 일환이다.

웰니스(wellness)는 높은 건강에 대한 잠재능력의 극대화와 삶의 질을 높이기 위한 행위나 태도와 관계되며, 신체와 정신적 안녕(well-being)을 직접적으로 관련시켜 한 개인의 삶의 질을 높이기 위한 주된 개념이다. 웰니스에 대한 변화를 일으키려면 개인의 신념(믿음)체계가 영향을 받아야 한다. 이러한 웰니스는 우리들이 살아가는 데 있어서 삶의 질을 높이는 다각적인 접근방법 중에 하나가 될 것이다. 웰니스는 인간들이 거주하고 있는 환경 내에 개인의 건강에 대하여 잠재되어 있는 기능들을 극대화하기 위한 통합적 방법을 의미한다. 그러한 삶을 살기 위해 보다 적극적으로 행동하는 모든 것들을 말한다. 즉 웰니스는 어떻게 건강하고 행복하게 살 것인가에 대한 문제뿐만 아니라 일상생활 속에서 당면한 과제를 어떻게 효과적으로 해결하고 미래를 개척해 나갈 것인가에 대한 능력을 포함하는 개념이다.

또한 이러한 웰니스에 대한 정의는 학자마다 다양하게 정의하고 있는데, 선행연구자들의 웰니스에 대한 정의를 요약·정리하면 〈표 1-2〉와 같다.

〈표 1-2〉 웰니스의 정의

연구자	정의
Myers, Sweeney & Witmer(2000)	최고 상태의 건강과 웰빙을 추구하는 삶의 방식으로 몸과 마음, 정신이 통합되어 자연과 함께 자신의 지역사회에서 완전한 삶을 영위하는 것
김상국(2000)	삶의 질을 높이기 위한 일련의 총체적 행위이며 몸과 마음이 잘 균형을 이루는 상태를 의미
김태윤 · 문용(2001)	질병의 예방과 치료 그리고 정기 의료검진 이상을 의미하는 것으로 자기 자신과 환경을 조절하며 능동적으로 생활하여 나아가는 능력을 얻기 위한 과정을 의미로 정의함
박종선(2013)	관광활동의 측면에서 사람들이 정신적인 즐거움과 더불어 최적의 건강상태 유지와 행복한 삶을 추구하려는 주된 목적을 갖고 행하는 일체의 생활양식
최문종 등(2015)	건강의 개념에 신체적, 정신적, 영적 건강이 서로 유기적으로 통합된 웰빙(well-being)과 최적의 건강을 향한 삶의 방식
유숙희(2018)	신체적, 정서적, 지적, 정신적, 사회적 건강이 통합된 상태로 최적의 웰빙 상태에 도달하기 위한 생활방식
유지윤(2019)	건강에 대한 자기책임을 중심으로 신체적, 정서적, 지적, 정신적, 사회적 건강 상태에 도달하기 위한 생활방식

결론적으로 웰니스(Wellness)란 웰빙에 도달하기 위해 자신의 잠재력을 발휘하여 스스로가 설계한 생활방식이며, 끝없이 인식을 발전시키고 지금 현재 건강과 행복이 있음을 아는 과정이라고 할 수 있다. 따라서 웰니스는 개인의 건강에 대한 잠재력을 극대화하여 삶의 질을 높이는 행위와 태도와 관련된다. 특히 관광활동의 측면에서 웰니스란 사람들이 정신적인 즐거움과 더불어 최적의 건강상태 유지와 행복한 삶을 추구하려는 주된 목적을 갖고 행하는 일체의 생활양식이라고 할 수 있다.

2. 웰니스의 구성 영역

웰니스는 건강한 삶의 새로운 개념이자 몸과 마음을 최적의 상태로 만드는 노력으로 신체적 웰니스(physical wellness), 사회적 웰니스(social wellness), 정서적 웰니스(emotional wellness), 지적 웰니스(intellectual wellness), 정신적 웰니스(spiritual wellness)로 구분할 수 있으며, 이들 간에 잘 조화된 완전한 상태를 의미한다.

인간을 최적의 건강한 삶의 상태로 변화시키는 데 있어 필요한 웰니스의 구성요인들을 살펴보면, [그림 1-2]와 같이 5가지의 영역이 이론적 토대를 이루고 있다.

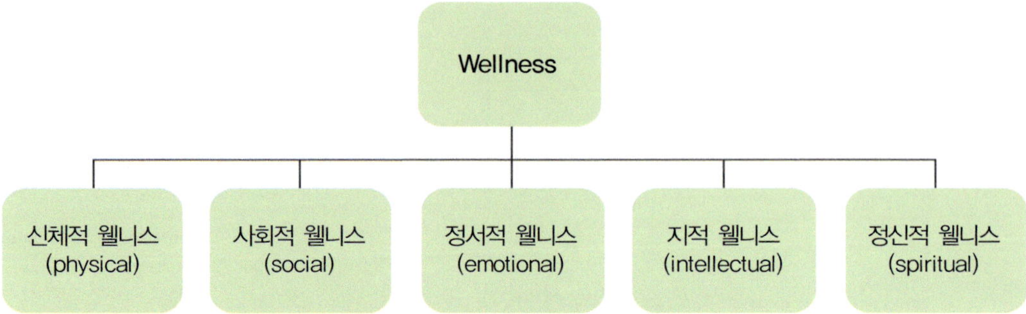

[그림 1-2] **웰니스 5가지 영역의 이론적 모형**

보다 구체적으로 웰니스의 5가지 영역에 대해 살펴보면 다음과 같다. 첫째, 신체적 웰니스는 건강한 신체활동 및 생활방식을 유지하는 것에 초점을 두는 것으로 영양상태, 신체적 활동 및 안전 등으로 자신에게 맡겨진 일과 업무를 수행할 수 있는 몸의 기능적 능력을 의미한다. 신체적 웰니스는 유전적 요인이나 건강위험에 대한 회피행동에 초점을 두는 신체활동으로 건강한 생활방식의 추구, 근력이나 유연성을 유지하기 위한 운동, 식이조절 등이 핵심적인 활동이라 할 수 있다. 따라서 신체적 웰니스는 신체적 활동의 최적의 수준을 유지하고 영양에 초점을 맞추며 자신에 대한 관리와 건강한 생활방식을 선택하고 유지하려는 적극적인 노력을 의미한다. 더불어 신체적 웰니스는 인체의 생리적인 상태를 가리키며, 심혈관을 적절히 조절하고, 적당한 영양상태와 신체 지방량의 상태를 유지하여 약물이나 알코올, 담배 등과 같은 제품의 사용을 자제하는 수준 정도를 말한다.

둘째, 사회적 웰니스는 나와 나를 둘러싼 사람들(가족, 친구, 동료, 이웃)과 주위환경이 성공적으로 상호작용할 수 있도록 하는 능력을 의미한다. 이는 다른 사람과 친밀함을 유지하고 발전시키는 능력이며, 다른 견해와 믿음을 가진 사람을 존중하고 관용을 가질 수 있는 능력을 의미한다. 더불어 사회적인 규범은 생활양식에 막대한 영향을 주며, 사회적인 지지는 질병의 회복과 재활을 용이하게 하고, 신체적 · 정서적 웰니스에 영향을 주고 스트레스를 감소시키고 질병과 사망률을 감소시키는 데 있어 매우 중요한 요소이다. 따라서 사회적 웰니스는 개인과 사회 또는 자연과의 상호작용으로 자신을 둘러싼 환경과의 조화롭고 통합된 상호의존을 강조한다.

셋째, 정서적 웰니스는 우리 인간이 건강하고 행복한 삶을 영위하는 데 있어 개인의 감정 상태를 의미하며, 스트레스를 조절하고, 감정을 적절하고 편안하게 표현할 수 있는 능력을 말한다. 더불어 정서적 웰니스는 외부의 환경과 조건을 인지하고 받아들이는 능력이며, 실패와 좌절에 무너지지 않는 능력을 의미한다. 또한 개인의 삶에 대하여 열정적이며 긍정적인 느낌의 정도를 포함하고 있다. 따라서 정서적 웰니스는 자신의 삶에 대한 긍정적인 자아상을 가지고 타인과 긍정적인 대인관계를 유지하며 미래에 대한 낙관적인 태도를 가지는 것을 의미한다. 즉 정서적 웰니스는 긍정적이고 현실적인 자아개념, 정체성, 자존감 등 자아와 삶에 대한 태도와 신념이며 감정을 조절하고 그에 따라 행동하는 능력이다.

넷째, 지적 웰니스는 개인, 가족과 직업적 발전을 위하여 정보를 효과적으로 배우고 사용할 수 있는 능력을 의미한다. 또한 습득된 지식을 다른 사람들과 나누는 것을 포함하며 창조적이고 자극적인 정신적 활동 일체를 의미한다. 지적 웰니스는 개인이 지속적으로 발전을 추구하며 효과적으로 새로운 도전을 하는 것을 익혀 가는 것을 뜻한다. 지적 웰니스는 직장, 학교, 지역사회, 봉사, 취미 또는 교양 탐구 등을 통해서 얻어지는 삶의 성취와 관련이 있으며, 교육과 건강한 생활습관, 실직과 질병, 사회경제적 상태와 의료 이용, 자존심, 자신감과 건강실천 사이의 관계를 통해서 총체적으로 건강에 영향을 미친다. 따라서 지적 웰니스는 자신의 지식을 확장하기 위해 자원을 활용할 뿐만 아니라 창의적인 활동에 몰두하는 것으로 개인이나 가족 및 직업에서의 발전을 위해 정보를 더욱 효과적으로 습득하거나 사용할 수 있는 지적 능력을 의미한다. 즉 직장이나 학교, 지역사회의 봉사활동, 취미나 교양 탐구를 위한 문화행사에 참여하고 독서나 여행 등 교육과 건강한 생활습관을 통해 삶에 대한 성취감을 얻는 것을 말한다.

다섯째, 정신적 웰니스는 인간을 결속시키는 어떠한 초월적 힘에 대한 믿음을 의미한다. 이는 자연뿐만 아니라 과학이나 종교를 통해 인간의 존재와 의미를 찾는 과정에서 세상의 이치를 깨달으며 우주의 깊이를 이해하는 것을 말한다. 모든 사람들은 개인적인 정신적 인지능력을 갖고 있다. 정신적 요소는 삶의 방향과 의미를 제공해 주며, 성장하고 배우고 새로운 도전을 할 수 있도록 해준다. 때문에 최적의 정신은 삶의 기본적인 목적을 발견하고 분명하게 해주어서 행동을 할 수 있도록 하는 능력을 의미한다. 웰니스의 관점으로 볼 때 정신적 웰니스는 더욱 우수한 삶의 질을 추구하는 것과 상당 부분 관련되어 있다. 또한 정신적 웰니스란 삶의 목적의식, 사랑을 주고받는 능력, 그리고 타인들에 대한 자비와 호의를 갖는 감정 등을 지닌 정신적인 상태를 의미한다. 정신적 건강은 인간이 삶을 영위하는 감정 상태를 의미하며, 스트레스를 조절하고 감정을 적절하고 편안하게 표현할 수 있는 능력을 말한다. 즉 정신적 웰니스는 삶에서의 의미와 목적에 대한 긍정적인 지각으로서 존재의 의미나 목적을 추구하는 과정으로 자신의 생각과 행동을 통일하고 삶의 의미와 목표를 찾는 것을 말한다. 따라서 인간의 몸과 마음을 다스리는 영적 존재로부터 삶의 대한 방향과 의미를 찾는 과정에서 스스로 배우고 성장하며 새로운 도전을 할 수 있게 한다.

이처럼 웰니스는 사람이 신체적, 사회적, 정서적, 지적, 정신적인 부분들에서 최적의 상태를 유지하기 위해 매일 필요한 수행능력이다. 즉 정기적인 운동, 적절한 영양과 최적의 신체 구성도를 유지하고, 개인적인 필요에 따른 자각과 긍정적인 방법으로 이들 필요량을 충족하려는 노력이며, 총체적으로 건강한 행동을 수반하는 것을 의미한다. 사람들은 또한 웰니스를 달성하는 과정에서 그들이 보고, 느끼는 방법을 개선한다. 웰니스가 가져다주는 가장 큰 혜택은 각자 사람들이 인생의 가능성을 보고 개인적으로 성취해야 할 가장 중요한 것 한 가지를 위하여 열중하도록 하는 태도를 갖게 하는 것이다.

높은 수준의 웰니스를 달성하도록 하는 것에 있어서 가장 중요한 것은 개인의 동기유발이다. 이러한 동기유발 없이 단순한 원리나 사건으로 변화를 만들고 긍정적인 생활양식 습관을 유지하는 데 필요한 만큼의 자극을 줄 수는 없다. 웰니스 형성에 막대한 영향을 미치는 것은 생활 가운데 어우러진 태도와 지식들이다. 또한 건강한 습관을 변화시키기 위해서 사람들은 건강에 대한 정보를 완전히 이해하고 가치 있는 것으로 인식해야 한다. 이러한 건강과 관련된 지식에 대한 완전한 이해는 건강에 좋은 것이 무엇인지에 대해 인지하고 있는 것과 실제로 행동하는 것이 다르기 때문에 사람마다 건강에 대한 행동 격차가 발생하게 된다.

3. 웰니스의 유사개념

가. 웰빙의 개념

웰빙(well being)은 건강에 대한 패러다임이 단지 질병이 없는 상태를 의미하는 것에서 건강이 사회적, 환경적 영향을 받는 사회적 개념으로 변화하면서 등장한 개념이다. 웰빙(well being)이란 용어는 1948년 세계보건기구(WHO)에서 개최한 건강 관련 국제회의에서 건강의 정의를 '질병이 없을 뿐만 아니라 육체적 · 정신적 · 사회적으로 양호한 상태(well-being)'라고 정의하면서 공식적으로 사용된 용어이다. 우리나라에서는 2000년 이후 대중매체를 통하여 웰빙이라는 개념이 도입되었고, 이 시기에 발생한 광우병, 황사 등의 환경재해에 대한 공포로 급속히 확산되었다. 유럽과 미국 등지에서 복지와 관련된 사회적 웰빙이 상소되어 왔다면 한국에서는 복지와는 무관하게 개인적 웰빙을 위한 상품구매에 집중되는 경향으로 나타났다.

오늘날 웰니스나 힐링의 근간을 이루는 기본적인 가치관은 이미 오래전부터 존재해 왔다. 미국과 유럽에서는 여성들의 건강관리를 위한 복지정책으로 웰빙이라는 개념이 구체화되기 시작하여 1978년 미국 펜실베이니아의 웰빙 센터(Center for Well Being), 아일랜드 더블린의 웰 우먼(Well Woman)센터 등이 생겨났고, 1986년 로마의 안티 맥도날드 운동으로부터 시작된 Slow Food Movement와 같이 일상 속에서 느림을 실천하고자 하는 움직임이 시작되었다. 미국과 유럽 등지에서는 친건강, 친환경성을 지향하는 사회 대안운동의 뿌리가 깊어 1990년대 이후 웰빙이 자연스럽게 생활 속에 스며들기 시작하였다([그림 1-3] 참조).

[그림 1-3] 웰니스 트렌드의 변화 추이

웰빙(well being)은 말 그대로 건강하게 잘 먹고, 잘 살자는 뜻으로 몸과 마음 모두 건강하자는 의미를 담아 정신 건강과 육체 건강의 조화를 통한 행복하고, 아름다운 삶을 추구하고자 하는 라이프스타일이나 또는 그 문화를 일컫는 개념이라 할 수 있다. 또한 육체적 · 정신적 건강의 조화를 통해 행복하고 아름다운 삶을 추구하는 삶의 유형이나 문화를 통틀어 일컫는 개념으로 몸과 마음이 풍요롭고 모든 것이 조화를 이루어 풍요롭고 아름다운 삶을 위한 심리적 · 사회적 안녕감을 포함하는 포괄적 개념이라 할 수 있다.

즉 웰빙(well being)은 행복, 삶의 만족 및 질병이 없는 상태를 모두 포괄하는 개념으로 안녕, 행복, 복지 등 삶의 질을 강조하는 용어로 궁극적인 최선의 상태를 의미하며, 사람의 삶이 자신을 위해 얼마나 건전한 상태인가를 의미한다. 따라서 웰빙은 단순한 행복 이상의 수준을 의미하며, 삶의 만족을 느낄 뿐만 아니라 인간으로서 발전하며 성취감을 느끼고 자신이 소속된 지역사회에 기여하고 있음을 의미한다.

웰빙의 개념을 살펴보면, 웰빙이란 나와 이웃 그리고 내가 살아가는 환경을 위해 여유롭고 안정적인 마음가짐을 가지고 이에 가치를 부여하여 투자하는 삶이라고 할 수 있다. 또한 웰빙을 자신과 가족의 건전하고 건강한 삶을 위한 생활방식이라고 하였으며, 건강하고 여유로운 삶이라 보고, 항노화 · 친환경의 개념으로 확대한 개념이라고 할 수 있다. 나의 정신과 육체적인 건강이 서로 합일점을 찾아 가장 최선의 조화를 이루고, 이러한 조화가 친환경적인 성격을 띨 때 비로소 진정한 웰빙이 시작된다고 할 수 있으며, 건전한 라이프스타일을 추구하는 바로미터(barometer)가 된다고 하였다.

또한 웰빙이란 신체적 · 정신적 건강 가치를 추구하기 위한 소비생활을 포함한 다양한 생활을 통해서 얻게 되는 만족감이라 할 수 있으며, 자신과 가족의 건전하고 건강한 삶을 위한 소비라고 할 수 있다. 이러한 측면에서 웰빙을 행복감, 생활만족도, 자긍심, 생활 통제감, 우울증세 및 신체적 건강을 개인적 웰빙의 지표로 보았고, 웰빙을 행복, 삶의 만족, 질병이 없는 상태를 모두 포괄하는 개념으로 보았다. 즉, 행복과 삶의 만족은 육체적 · 정신적 건강과의 조화를 뜻하며, 질병이 없는 상태는 건강한 생활양식을 추구하는 형태이다. 이와 같이 웰빙의 개념은 조금씩 다르고, 다양한 의미를 내포하고 있다.

웰빙의 개념을 자아실현적 관점에서 보면 인간의 진정한 행복이란 단순한 쾌락적 행복이 아니라 가치 있는 삶 또는 진정한 자아와 일치하는 삶에서 얻어진다는 입장이다. 이 관점에서 웰빙은 개인이 완전히 기능하는 정도로 규정하며 자신의 진정한 잠재력을 깨닫고 자아성장을 통해 도전하고 노력하는 삶이라고 할 수 있다. 이러한 자아실현적 관점에서는 웰빙이 단순히 행복을 의미하지는 않으며 사람들이 가치가 있다고 생각하는 모든 결과가 반드시 웰빙을 가져오지는 않는다고 한다. 따라서 웰빙이란 부정적인 감정이나 경험이 없는 상태가 아니라 도전과 어려움에 직면했을 때 어떻게 대처하고 변화시킬 수 있는지에 달려 있다.

웰니스와 웰빙의 차이를 살펴보면 〈표 1-3〉과 같다. 즉 웰니스는 건강하고 행복한 삶을 추구하는 것이며 웰빙은 건강하고 행복한 상태에 도달하는 것이라고 할 수 있다.

〈표 1-3〉 **웰니스(wellness)와 웰빙(well-being)의 차이**

웰니스(wellness)	웰빙(well-being)
건강하고 행복한 삶을 추구하는 것	건강하고 행복한 상태에 도달하는 것
• 나도 모르게 큰 소리로 웃는다. • 즐기는 운동이 있다. • 주말에는 진정한 나를 찾는다. • 즐겁고 행복한 식사가 건강에 좋다. • 내 감정에 충실하다. • 타인과 어울리는 것을 좋아한다. • 건강은 생활 속에 나온다.	• 웃으려고 노력한다. • 건강해지려고 운동한다. • 매일 규칙적인 생활을 한다. • 음식을 가려 먹는 것이 건강에 좋다. • 나는 긍정적인 사람이다. • 혼자만의 여유를 즐긴다. • 건강해지려면 시간과 돈이 든다.

나. 로하스의 개념

로하스(LOHAS)는 'Lifestyle Of Health And Sustainability'의 약어로 건강과 지속가능한 사회를 위해 배려하는 것을 의미하며, 친환경적이고 합리적인 소비패턴을 지향하는 사람들이 여기 포함된다. 로하스는 신체적, 정신적, 환경과 사회의 지속 가능한 소비에 가치를 두며, 개인과 사회의 공동체적인 삶을 중시하는 다음 세대가 건강과 지속가능성을 영위할 수 있도록 배려하는 삶의 방식이다.

로하스 소비자의 최대 특징은 가격이 조금 비싸더라도 자신의 가치에 부합되는 제품에 대해서는 금액을 지불할 준비가 되어있고, 제품 하나를 선택하더라도 친환경적인 방식으로 재배되었는지, 로하스 소비자의 가치를 공유하는 기업이 생산하였는지와 같은 지속가능성의 여부를 파악하고자 한다. 여기서 지속가능성이란 사회지속성을 의미하는 것으로, 현재 세대에서 개인의 욕구가 미래 세대를 침해하면서까지 충족되어서는 안 되며, 미래 세대도 현재 세대와 같은 수준에서 자연환경을 이용하고 혜택과 욕구를 누릴 수 있도록 하는 통제적인 개발에 의한 전략적 패러다임으로서 현존하는 자연환경과 문화유산을 잘 유지하고 보존하여 후손들에게 훼손 없이 물려줄 수 있는 형태를 말한다.

로하스(LOHAS)는 단시 자신의 건강과 환경보호만을 추구하는 것이 아니라 의식주에서 의료, 금융, 문화, 교육 등, 생활을 둘러싼 모든 측면과 밀접한 관계가 있다. 즉 로하스는 살아가는 모든 측면에서 자신과 가족의 건강은 물론, 사회와 지구환경의 건강과 지속가능성까지 고려하는 생활방식이라고 할 수 있다. 정신과 육체가 조화를 이룬 삶, 자연친화적인 사람, 여유 있는 삶을 추구하면서 의 · 식 · 주 전반에 걸친 소비로 나타나 모든 생활용품 생산의 전 과정을 친환경적으로 주도하면서 사람과 지구가 함께 건강한 삶을 사는 생활트렌드를 부각시키고 있다. 따라서 로하스는 자신의 건강을 광범위한 관점에서 생각하는 것으로부터 출발할 수 있다.

자신과 가족이 건강하고 행복하게 살기 위해서는, 단기적 대응뿐 아니라 보다 넓고 장기적인 틀에서 지역적 · 지구적 차원의 건강과 지속가능성도 고려해야 한다는 것이 로하스의 기본적인 가치관이다. 따라서 로하스 가치관에서는 개인의 건강뿐 아니라, 지구적 건강까지 동시에 고려한 제품과 서비스를 중요시한다. 비로하스적인 제품과 서비스를 멀리하고, 진정한 의미의 로하스 제품과 서비스를 의식적으로 선택하는 행동을 다수 반복함으로써 사회를 바람직한 방향으로 변화시킬 수 있다고 믿는다. 로하스 가치관에서는 사물 간의 연계도 중요시한다. 일상생활에서 사용하는 제품과 서비스 하나하나에 포함되어 있는 다양한 사회적 연계 관계를 고려한다. 매일매일 내가 선택하는 수많은 제품과 서비스에는 저마다의 생산과 유통 등을 둘러싼 스토리가 내재되어 있으며, 나의 행동이 그러한 연계 관계에 영향을 미친다는 것을 생각하고 보다 신중한 선택을 하려고 한다. 또한 로하스에는 자기 성장의 요소가 포함되어 있다. 정신적으로 안정되고 스트레스 관리를 할 수 있는 요가와 명상, 자기계발 프로그램 등에 열중한다. 자신의 재발견, 좋아하는 일과 라이프스타일의 재발견, 이를 실행하기 위한 선택들, 이것이 로하스적인 삶의 방식이다. 또 기존의 소비자들과 다르게 정보에 밝으며, 상품 광고에 현혹되지 않고, 독자적 · 비판적 시각으로 소비생활을 영위하며 건강이나 환경의 지속가능성, 사회적 책임 등 자신의 가치관에 부합되는 상품을 구매하는 데 앞장선다.

미국에서 시작된 로하스(LOHAS)에 대한 본격적인 연구에서, Natural Business Communication의 보고서는 미국 내 전체 소비자를 〈표 1-4〉와 같이 4개의 집단으로 구분하였다. 첫 번째는 자신의 가족과 건강, 지구의 지속가능성, 자기계발, 사회의 미래를 걱정하는 소비자인 로하스족(lohasians), 두 번째는 주요 이슈에 대해 생각이 왔다 갔다 하는 사람으로 일부 로하스적인 소비자인 방황주의자(nomadics), 세 번째는 주요 이슈에 대해 중립적인 입장을 취하는 사람으로 전혀 로하스적이지 않은 소비자인 중립주의자(centrists), 마지막은 하루하루 생활을 영위하기에 급급한 사람으로 로하스에 아예 신경을 쓰지 않는 소비자인 무관심주의자(indifferents)이다.

〈표 1-4〉 **로하스 소비자의 분류**

유형	정의
로하스족 (lohasians)	자신의 가족과 건강, 지구의 지속가능성, 자기계발, 사회의 미래를 걱정하는 소비자
방황주의자 (nomadics)	주요 이슈에 대해 생각이 왔다 갔다 하는 사람으로 일부 로하스적인 소비자
중립주의자 (centrists)	주요 이슈에 대해 중립적인 입장을 취하는 사람으로 전혀 로하스적이지 않은 소비자
무관심주의자 (indifferents)	하루하루 생활을 영위하기에 급급한 사람으로 로하스에 아예 신경을 쓰지 않는 소비자

다. 힐링의 개념

힐링(healing)은 그리스어 'therapeai'(도움이 되다, 의학적으로 돕다, 병을 고쳐주다)에서 시작된 것으로 육체의 병을 고치는 것뿐 아니라 정신적인 병을 고치는 것도 포함하며 인격의 완전한 성숙을 저해하는 정신적, 육체적, 영적인 억압으로부터 자유롭게 하여 모든 삶의 영역에서 정상적인 상태로 회복하는 것이다. 힐링은 인간을 구성하거나 인간이 속한 신체적, 정신적, 영적, 사회적 및 환경적 차원들이 모두 온전하게 되는 것이다. 즉 힐링은 개인과 가족을 중심으로 육체적인 건강과 함께 정신적 건강, 영적인 치유를 통해 개인의 삶의 질 향상과 자아실현 활동이라고 할 수 있다.

사전적 의미로 '치유하다'라는 뜻을 지닌 힐링은 맑은 에너지를 연결하여 어두운 잠재의식과 마음속 부정적인 감정들, 몸속 나쁜 습관들을 일깨워 몸과 마음을 정화시키는 것이며 무한한 관심과 사랑의 마음으로 상대방 혹은 내 자신의 심신을 되살리는 치유법이라는 측면에서 '사랑 주기'라고 표현하기도 한다.

힐링은 인간으로 하여금 그 육체가 물질적인 세계에서, 정신이 참된 이상의 영역에서 온전히 작용할 수 없게 왜곡된 상태로부터 벗어나 조화로운 삶을 되찾을 수 있도록 해주는 과정을 의미한다. 또한 힐링이란 전 존재를 온전하게 하는 것으로 인간을 구성하거나 인간이 속한 신체적 · 정신적 · 영적 · 사회적 및 환경적 차원들이 모두 온전하게 되는 것이라고 하였다. 이에 반해 모든 생물체는 스스로 항상성(恒常性: homeostasis)을 통하여 안정화(安定化)하고 안정화를 저해하는 물질에 대하여 저항력과 면역력을 가지고 있는데 이는 생명체 스스로의 자연치유력이라 하여 인간의 질병 원인은 자연으로부터 멀어져 자연의 파괴와 질서에 반하는 과학과 문명에 있다는 주장도 있다.

힐링(Healing)의 대상이 되는 질병을 다음과 같은 세 가지로 분류하고 있다. 첫째, 영(靈)의 질병으로 개인적인 죄로 인하여 영혼이 병드는 것을 의미하며, 둘째, 감정의 질병은 과거의 고통스러운 상처로 인하여 상한 감정과 정서적 문제를 겪는 것을 의미하고, 셋째, 육체의 질병은 질병이나 사고가 원인이 되어 신체에 병이 생기는 것을 의미한다.

지금까지 웰니스와 관련된 유사이론들에 대해 살펴보았다. 유사이론들의 공통점과 차이점을 살펴보면, 웰니스, 웰빙, 로하스, 힐링은 모두 건강과 행복을 추구한다는 공통점이 있다. 웰빙은 환경의 중요성은 인지하고 있어도 실제로 친환경 제품 구매까지는 연결이 되지 않으며, 로하스는 환경보호를 위해서라면 생활의 불편을 감수할 뿐만 아니라 더 높은 비용이 들더라도 친환경 제품을 사용하려는 의지가 있는 사회적 웰빙으로 소비패턴이 확장되었음을 의미한다. 힐링은 웰빙과 로하스의 개념에 자아실현욕구가 더해진 보다 고차원적인 생활양식이며, 웰니스는 개인의 신체적, 사회적, 정서적, 지적, 정신적인 부분까지 고려한 개인적인 삶의 질에 초점이 맞춰져 있다.

3 Chapter 웰니스 관광의 현황

1. 웰니스 관광의 정의

여행은 건강증진을 목적으로 이루어져 오면서 이미 기원전부터 시작된 오래된 관광 활동으로, 해수나 온천수, 진흙, 스파 등에서 휴식과 피로 회복뿐만 아니라 미용과 피트니스를 위한 신체활동에 초점을 맞추는 활동이 크게 증가하고 있다. 특히 현대인들은 생활수준 향상과 여가 욕구의 증대 및 라이프스타일의 변화 등으로 관광 활동이 대중화로 이어지면서 대중관광(mass tourism)을 통하여 관광수요의 확대를 가져왔다. 또한 핵가족화가 뚜렷해지고 가족 중심주의로 가치관이 변화하면서 여가 활동이 크게 증가하였으며, 가족 단위의 관광과 삶의 방식에 있어서도 풍요로운 삶을 즐기기 위해 자연친화적인 생활방식을 지향하는 다양한 형태의 관광수요를 창출하고 있다.

다양한 산업분야에서 주5일 근무제의 시행과 더불어 1인당 국민소득의 증대는 다양한 여가 수요로 이어지고 있다. 구체적으로 살펴보면 과거 테마파크나 리조트, 유명 관광지로 몰려가던 요란한 휴가 프로그램들은 시들해진 반면, 제주 올레길이나 지리산 둘레길 등 전통 옛길을 찾아 직접 체험하거나 혹은 산사체험이나 슬로시티 등을 찾아 조용히 나를 돌아보며 자연과의 교감 속에서 건강도 챙기고 삶의 여유를 찾는 웰니스 관광 프로그램들이 확대되고 있는 추세이다.

웰니스 관광은 전체 관광산업의 질적 성장과 더불어 산업 전반에 활력을 불어 넣을 수 있는 고부가가치 산업으로서, 2000년대 이후 국내외에 등장한 개념으로 관광활동을 통해 건강을 증진하고 궁극적으로 삶의 질을 향상시키는 관광의 새로운 트렌드를 의미한다. 최근 건강에 대한 패러다임이 질병의 치료 및 예방을 넘어 건강증진 및 삶의 질 향상을 위한 건강한 생활방식의 추구로 전환됨에 따라 웰니스 관광에 대한 수요는 크게 증가할 것으로 예상된다. 이와 같은 측면에서 보면 웰니스 관광은 전통적인 관광보다 더 많은 비용을 지출하는 프리미엄 관광이며, 고수익 및 고부가가치를 창출할 수 있는 유망산업이라고 할 수 있다.

사람들은 스스로가 조절할 수 있는 삶의 질적인 측면과 개인이나 가족, 친구, 동호회와 같은 활동을 통하여 삶의 질 향상을 위해 웰니스 관광을 추구하는 것이다. 즉 웰니스 관광은 건강유지 또는 증진을 주된 목적으로 하는 사람들이 여행하고 체류하는 결과로부터 나타나는 모든 관계성과 현상으로서 전문적인 노하우와 개별적 케어를 제공하는 특화된 호텔에 머무르고, 신체적 피트니스/뷰티케어, 건강한 영양/다이어트, 이완/명상과 정신적 활동교육 등으로 구성하는 종합적인 서비스패키지가 필요하다.

웰니스 관광은 관광객이 평소에 체험하지 못하는 것을 경험할 수 있으며 이러한 체험을 통해 삶의 행복감을 높일 수 있는데, 의료 관광객들이 이용하는 것들과 매우 유사한 치료를 하지만 주된 목적은 의료관광과는 달리 건강유지에 있다. 웰니스 개념이 잠재적인 건강문제를 체크하고, 특별한 활동을 통해 문제점들을 예방하기 위해 적극적인 방법으로 활동하고 휴가기간 중에 레크리에이션, 조깅, 명상 등 다양한 활동에도 참여하기 때문에 관광은 웰니스 증진을 위한 완벽한 활동이 된다.

웰니스 관광은 기존의 웰빙 문화와 관광이 결합된 개념으로 관광을 통해 개개인의 삶의 질 향상을 추구하는 관광의 새로운 트렌드로 활성화되고 있다. 따라서 웰니스 관광은 관광산업 내부의 질적 성장뿐만 아니라 우리나라 산업 전반에 활력을 불어넣은 고부가가치 산업이므로 향후 중요성이 더욱 확대될 것으로 예상된다. 자연경관을 토대로 한 웰니스 관광이 지속적으로 확대되고 있는 추세이다. 이와 같이 웰니스 관광은 웰니스와 관광이 결합함으로써 일상을 떠나 관광을 통해 질병의 예방, 건강의 유지 및 향상에 기여하는 개념으로 형성되고 있고, 일상생활에서 대처할 수 없는 스트레스 관리, 자아성찰 및 성장, 사회적 관계의 의미를 충족시켜주는 중요한 역할을 한다.

이와 같은 변화에 따라 웰니스 관광은 관광활동을 통해 건강을 증진하고 궁극적으로 삶의 질을 향상시키는 관광의 새로운 트렌드로 자리 잡아 왔다. 최근 건강에 대한 패러다임이 질병의 치료 및 예방을 넘어 건강증진 및 삶의 질 향상을 위한 건강한 생활방식의 추구로 전환됨에 따라 웰니스 관광에 대한 수요는 크게 증가할 것으로 예상된다. 국내에서도 웰니스 관광은 시장규모가 큰 고부가가치 산업으로 주목받고 있다. 즉 자연친화적이고 직접 체험하거나 자연과의 교감, 자신의 건강과 미를 추구하는 뷰티관광, 의료관광 등 자신의 건강도 챙기고, 삶의 여유를 찾는 웰니스 관광지가 활성화되고 있는 추세이다.

웰니스 관광은 건강과 웰빙을 유지하거나 증진할 목적으로 여행자의 신체적, 심리적, 사회적, 영적 경험을 결합하여 건강에 대한 적극적이고 총체적인 이해를 포함하는 형태의 관광이다. 웰니스 관광은 넓은 범위에서 건강증진을 목적으로 떠나는 건강관광의 하위 영역으로 볼 수 있으며, 좁은 범위로는 건강관광의 하위 영역에서 질병 치료를 목적으로 하는 의료관광을 제외한 신체적, 정신적, 사회적 건강의 증진을 추구하는 관광활동이라고 볼 수 있다. 즉 웰니스 관광동기와 산업적 측면을 연결하여 여행의 동기가 전체적 또는 부분적으로 건강과 웰빙을 유지하거나 증진하는 것으로서 신체적, 심리적, 영적 및 사회적 웰빙이 향상할 수 있는 시설에서 적어도 1박 이상을 체류하면서 관광활동에 참여하는 것이라고 할 수 있다.

실제로 웰니스 관광은 건강과 관련된 모든 것에 적용시키는 경향이 있지만 웰니스를 질병의 반대 개념뿐만 아니라, 인간이 건강을 추구하는 최적의 상태로 도달하기 위한 행위 및 노력 등을 포괄하는 개념으로 이해하여야 한다. 특히 웰니스 관광이란 관광을 통해 삶의 질 향상을 추구하는 관광의 새로운 트렌드라고 할 수 있는데 건강한 삶의 구현을 위해 질병의 예방과 건강관리에 초점이 맞춰져 있다. 기존 관광객들의 관광 동기가 단순한 휴식이나 현실도피 등이었다면 웰니스 관광객들의 관광 동기는 능동적으로 개인의 건강과 행복을 추구하기 위한 관광이라고 할 수 있다.

특히 웰니스 관광은 기존의 웰빙 문화와 관광이 결합된 개념으로 관광을 통해 개개인의 삶의 질 향상을 추구하는 관광현상이며, 웰빙 문화와 관광이 결합된 개념으로서 관광을 통해 삶의 질 향상을 목적으로 하는 관광의 새로운 트렌드라고 할 수 있다. 또한 웰니스 관광은 의료관광, 뷰티관광, 보양관광 등 건강증진을 위한 관광, 전통문화, 농어촌 및 사찰 체험을 통한 체험관광 등 다양한 형태의 관광활동을 포함하고 있다. 즉 온천, 스파, 미용, 뷰티, 치유, 명상, 요가, 힐링 및 건강관리 등을 즐기는 관광이라고 할 수 있다. 관광객 개인이 몸과 마음의 온전한 건강을 적극적으로 유지하여 웰빙에 이르기 위해 유료로 유·무형의 관광자원을 체험하고 시설들을 이용하는 일련의 총합을 의미한다.

결론적으로 웰니스 관광은 전통적인 관광 및 의료관광과 함께 건강과 웰빙, 힐링, 행복, 뷰티, 명상, 지속 가능성 등 다양한 가치를 추구하는 모든 활동을 뜻하고 개인의 신체적 건강뿐 아니라 온천, 스파, 미용(뷰티), 치유 · 힐링, 명상, 요가, 여가, 피트니스, 의료 등과 같은 활동을 통해 정신적 · 사회적 · 영적인 건강 증진과 회복을 목표로 하는 통합적인 관광이라고 할 수 있다. 따라서 웰니스 관광은 질병의 예방과 치료 혹은 건강하고 행복하며 여유로운 삶을 목적으로 한적한 자연경관을 찾거나 관련 프로그램을 체험함으로써 삶의 질 개선을 추구하는 보다 구체적이고 적극적인 형태의 관광이다.

웰니스 관광에 대한 연구자들의 정의를 살펴보면 〈표 1-5〉와 같다.

〈표 1-5〉 **웰니스 관광의 개념**

연구자	정의
Muller & Kaufmann(2001)	건강을 유지하거나 증진하고자 여행을 떠나고 체류하는 것으로부터 비롯된 모든 관계와 현상의 총합
Carrera & Bridges(2006)	정신과 신체의 개인적인 웰빙에 대한 유지, 증진, 회복을 위해 거주 환경을 벗어나 떠나는 여행
Wray, Laing & Voigt(2010)	여행의 주된 동기가 건강과 웰빙을 유지하거나 증진하기 위한 것으로 신체적, 정서적, 사회적, 영적 경험을 결합하는 건강에 대한 총체적 이해를 포함
Voigt, Brown & Howat(2010)	건강과 웰빙을 유지하거나 증진하고자 신체적, 정신적, 사회적 건강을 향상할 수 있는 시설에 체류하는 것과 관련된 활동의 총체
박종선(2013)	기존의 웰빙 문화와 관광이 결합된 개념으로 관광을 통해 개개인의 삶의 질 향상을 추구하는 관광현상
손은미 · 정란수 · 정철(2014)	고객의 건강상태에 맞게 다양하고 폭넓은 서비스를 제공하는 관광 활동
한국관광공사(2014)	웰니스와 관광이 결합된 개념으로 관광을 통해 건강증진과 삶의 질 향상을 추구하는 관광의 새로운 트렌드
최석남 · 이종헌 · 채일순(2018)	관광객 개인이 몸과 마음의 온전한 건강을 적극적으로 유지하여 웰빙에 이르기 위해 유료로 유 · 무형의 관광자원을 체험하고 시설들을 이용하는 일련의 총합
허향진 · 홍성화(2018)	관광을 통하여 삶의 질 향상을 추구하고 정신적, 신체적 건강유지와 건강관리에 초점을 맞춘 새로운 고부가가치 관광
신미영 · 나주몽(2020)	개인의 신체적 건강과 함께 온천, 스파, 미용, 뷰티, 치유, 명상, 요가, 힐링 등과 같은 활동을 통해 정신의 건강 증진과 회복을 목표로 하는 통합적인 관광
정경균(2021)	건강과 힐링(치유)를 목적으로 스파, 휴양, 뷰티, 건강관리 등을 즐기고 건강증진과 삶의 질 향상을 추구하는 여행

2. 웰니스 관광의 유사개념

웰니스 관광과 유사한 관광개념으로 의료관광, 힐링관광, 헬스관광, 농어촌체험관광 등이 있는데, 이들의 관광유형 공통점은 직접적인 체험을 통해 신체적인 질환이나 질병을 치료하거나 예방하며 더 나아가 삶의 만족으로 이어지는 것이다.

가. 의료관광

의료관광의 중심에는 웰니스(wellness)에 대한 관심이 자리 잡고 있다. 따라서 의료관광과 웰니스 관광은 매우 밀접한 관련성이 있다. 의료관광은 인간이 일시적으로 일상생활을 일탈해서 다시 복귀할 것을 전제로 의료서비스와 휴양 · 레저 · 문화 활동 등 다양한 관광활동이 결합되어 이루어지는 특수목적 관광(SIT: special interest tourism)의 일종이라고 할 수 있다.

의료관광은 자신의 건강상태를 개선시킬 목적으로 집을 떠나 목적지에서의 관광활동과 결합하여 저렴한 비용으로 효과적인 의료서비스를 제공받는 것이다. 즉 의료관광은 일상적인 거주지를 벗어나 질병을 치료하거나 치유하고자 떠나는 건강관광의 한 유형으로, 수술이나 비수술적 치료 등 필수적 의료시술과 건강검진, 미용성형, 성전환이나 생식관광 등 선택적 의료시술로 나누어진다. 따라서 의료관광은 건강증진, 치료, 건강회복, 미용 등의 목적으로 떠나는 여행으로 여행지의 관광목적 중에 건강 관련 서비스를 포함하는 관광형태를 의미한다. 수술, 치과치료 등 의료서비스를 받는 동시에 휴가를 즐기기 위한 장거리 여행으로 의료서비스와 관광서비스가 결합된 관광서비스를 동시에 체험하는 새로운 관광형태가 의료관광이다.

이러한 의료관광은 의료서비스의 고부가가치 산업화를 위해 추진하고자 하는 것으로 현재 세계 많은 국가에서 민간주도로 부가가치가 높은 의료서비스 및 건강증진 식품을 관광사업과 연계하여 발전시키고 있다. 선진국과 비교하여 비용이 저렴하면서 동시에 선진국 수준의 의료서비스와 휴양시설을 갖춘 아시아 국가들(싱가포르, 태국, 말레이시아, 인도 등)을 중심으로 활발히 추진 중이다.

의료관광은 관광객의 체류기간이 길며, 특히 미용이나 성형, 건강검진, 간단한 수술 등으로 찾는 환자의 경우 관광을 연계하여 머물기 때문에 체류비용이 높아 21세기 새로운 고부가가치 관광산업으로 성장하고 있다. 단순히 Sight-Seeing에 그치던 과거의 관광행태에서 적극적으로 직접 참여하여 체험함으로써, 보람 있고, 심신을 풍요롭게 하며, 모험성을 내포하고, 학습적 경험을 얻고자 한다.

의료관광 서비스는 침습적(invasive) 의료관광과 진단적(diagnostic) 의료관광, 라이프스타일(lifestyle) 의료관광 등 총 세 가지 범주로 연구가 진행되고 있다. 보다 구체적으로 살펴보면 다음과 같다.

첫째, 침습적(invasive) 의료관광은 비전염성 질병을 가진 환자들을 위해 전문의가 시행하는 시술을 의미한다. 가장 성행하는 침습적인 시술은 치과 치료이다. 치과 치료는 시간이 절약되고 회복이 빠르기 때문에 외국인 환자들이 이국적인 휴가를 즐기기 위한 시간과 에너지를 충전할 수 있으므로 더욱 성행하고 있다. 또한 치과 치료비용이 환자의 보험으로 처리되지 않기 때문에 본국에서 치료를 받는 것보다는 가격이 저렴한 국가에서 치료를 받는 것이 더욱 비용을 절감할 수 있다. 치과치료가 보험 처리되는 경우에도 1년에 방문횟수나 시술의 종류에 제한이 있기 때문에 치과치료를 위한 의료관광이 유행하게 된다. 성형외과도 활발히 이루어지는 침습적인 시술범주에 포함된다. 성형외과 시술도 보험처리가 되지 않기 때문이며, 이에 따라 치료비가 저렴한 국가에서 시행하는 침습적 시술이 확산되어 섬세한 눈 수술, 암 치료, 관절을 인공관절로 대체하는 수술까지 포함하고 있다. 대부분의 침습적인 시술은 하이테크적이며 최첨단 기술의 기계장비에 의존하게 된다.

둘째, 진단적(diagnostic) 의료관광에는 혈관검사, 고밀도검사, 심장 스트레스 검사, 지질분석(lipid analysis), 심전도 등의 검사를 받기 위해 다른 나라로 여행하는 것이 포함된다. 이러한 검사 서비스를 제공하는 국가가 글로벌 경쟁력을 가지고 있다면 하이테크적 설비에 대한 이해와 능력을 구비하고 있을 것이며, 가장 선진화된 지역으로 인식될 수 있는 잠재력을 가지게 될 것이다. 해외환자들, 특히 서구에서 온 환자들의 경우 오래된 기술이나 장비를 사용하는 건강검진을 신뢰하지는 않을 것이다. 검진 이후 치료를 원하는 환자는 남아서 치료까지 받고, 나머지는 본국으로 돌아가 자신의 진단결과를 토대로 친숙한 의사에게 조언을 구하게 될 것이다. 예방적인 건강검진은 휴가기간을 이용하여 진행한다.

셋째, 라이프스타일 의료관광에 포함되는 서비스도 광범위한 영역에 걸쳐 있다. 라이프스타일 의료관광에는 웰니스, 영양섭취, 스트레스 감소, 몸무게 감량, 안티에이징(antiaging) 그리고 단순하게는 자기만족에 초점을 두고 있다. 라이프스타일 치료를 위해 요가와 같은 전통적인 기법과 운동기계와 같은 최신식 기술을 조합하고 있다. 전형적인 웰니스 방문객은 고소득이며 나이가 많고, 휴식, 휴양, 건강, 원기회복, 일상탈피 등에 대한 욕구를 가진 사람들로 나타나 고소득 고령자의 라이프스타일에 대한 이해가 필요하다.

의료관광객이 의료관광을 떠나는 이유를 살펴보면, 첫째, 의료관광 목적지에서 이용하는 것이 자국보다 의료비용이 더 싸거나, 시간 또는 비용 차원에서 적절한 시기 또는 비용으로 이용할 수 있기 때문이다. 둘째, 휴가와 관련하여 상대적으로 이국적인 곳에서 의료서비스를 이용할 수 있다. 셋째, 이민이나 해외 이주 노동자의 경우 문화적 차이나 언어적 이유로 자신의 모국으로 이동하여 의료서비스를 받을 수 있다. 넷째, 의료관광 목적지 국가에서 가능한 의료서비스가 자국에서는 위법이거나 제한될 경우 이용할 수 있다.

〈표 1-6〉 **의료관광과 웰니스 관광의 비교**

구분	의료 관광(medical tourism)	웰니스 관광(wellness tourism)
성격	반응적(reactive)	선제적/예방적(proactive)
목적	질병, 영양, 상태에 대한 치료 및 개선	건강 및 웰빙의 유지, 관리 및 개선
동기	낮은 치료 비용, 높은 수준의 치료, 용이한 접근성, 자가 치료의 불가능	건강한 생활, 질병 예방, 스트레스 감소, 나쁜 생활습관 관리, 진정한 경험
활동	수술 치료 등 의사의 처치가 의료적으로 필요한 질병에 대한 반응	예방적, 자발적, 비외과적, 자연적 치료
고객만족(캐어 방법)	표준화된 방법	개인화된 방법
종사자 자격	학위보유 전문가(의사, 간호사 등 표준 자격 규정 엄격)	자격증 소지자(주로 의료전문가가 아닌 다양한 자격 소지자)
서비스 형태	전문성	경험성
서비스 성격	물질적인	무형적인
서비스 내용 규제	규칙과 규정	가이드라인
서비스 판매사	퍼실리테이터	여행사
클레임 한계	책임성	저책임성

결과적으로 관광의 한 분야인 의료관광은 일상과 단절되어 질병의 치료와 관리를 중심으로 의학적 의무가 발생하는 영역임에 비해 웰니스 관광은 건강 증진과 유지를 목적으로 예방적 활동을 하며, 생활방식의 변화로 일상으로 돌아가서도 지속적으로 영향을 미치는 등 개인의 의무를 강조한다는 차이가 있다. 특히 의료관광은 전통적인 의료적 관점으로 접근하여 환자(patients)를 대상으로 문제해결을 하는 것으로 복고적(reactive)이다. 웰니스 관광은 통합적이며 웰니스적인 관점으로 접근하여 고객(guests)을 대상으로 삶의 질의 향상을 추구하며, 질병 예방을 위한 것으로 선제적(proactive)이다. 따라서 의료관광과 웰니스 관광의 세부적인 차이를 보면 〈표 1-6〉과 같다.

나. 힐링관광

힐링(healing)은 치유 및 심리적인 안정과 정신적인 위로 등의 의미를 포함하는 육체적, 정신적 회복의 의미를 갖는다. 치유란 일반적으로 육체적, 정신적 건강의 회복과 증진을 도모하는 것으로 병을 치료하여 낫게 한다는 의미를 가지고 있다. 즉 신체적인 측면보다는 정서적인 측면에 주목하여 정신적 스트레스를 해소하고, 내면에서부터의 치유를 통해 긍정적 사고를 가지고 건강을 증진시키는 것을 말한다.

최근에 관광객은 관광활동을 통한 단순한 체험 자체보다는 체험을 통해 몸과 마음을 개선하고자 하는 욕구가 점차 강해지고 있으며 나아가 관광을 통해 삶의 질을 향상시키고자 하는 욕구가 증가되고 있다. 특히 요즘 사회적 트렌드인 힐링의 개념에 관광을 접목시킨 힐링관광은 건강 · 치유서비스와 휴양 · 레저 · 문화활동 등과 같은 관광활동이 결합된 새로운 관광형태로 각광을 받고 있다.

따라서 힐링관광은 단순히 보고 걷는 수동적인 관광에서 벗어나 자연을 느끼고 경험하는 체험관광에서 함께 더 나아가 신체적 · 정신적 성장과 치유를 목적으로 하는 자연휴양림 체험, 템플스테이 같은 휴식형 관광자원을 제공하는 것이 특징이다. 힐링관광은 특정한 시설이나 힐링 프로그램 등을 관광객들이 지정한 일정에 맞춰 획일적으로 같은 프로그램이나 시설을 단순히 체험하거나 이용함으로써 힐링이라는 목적을 달성하는 것이다. 즉 힐링관광은 반드시 힐링시설이나 의료시설 등이 갖춰진 곳에서만 이루어지는 것이 아니라 장소와 관계없이 힐링을 목적으로 떠나는 관광활동은 모두 힐링관광의 범주에 포함할 수 있다. 따라서 힐링관광은 건강한 삶을 위해 긴장을 완화하고 스트레스 감소를 통한 신체적 · 정신적 건강 추구와 나아가 궁극적으로는 삶의 질 향상을 추구하기 위한 관광으로 몸과 마음의 회복을 목적으로 행하여지는 모든 관광활동이라고 할 수 있다.

힐링관광은 정신적 안정 및 치유를 목적으로 하는 관광형태로 관광객이 자신의 정서적, 심리적 상태가 긍정적으로 변화하는 체험을 하는 활동으로 자연기반의 관광 목적지에서 치유를 목적으로 하는 건강추구와 관련된 관광활동이다. 즉 힐링관광은 신체적 · 정신적인 치유를 목적으로 힐링시설을 갖춘 목적지를 방문하여 체험하는 관광활동으로 치유서비스와 휴양 · 레저 · 문화활동 등 관광활동이 결합된 새로운 관광형태이자 개인 또는 가족과 같은 단체가 자신의 신체적 · 정신적 상태를 긍정적으로 향상하는 체험을 제공하는 것으로서 건강 추구형 라이프스타일의 변화에 따라 지속적으로 확대될 것이다.

특히 관광객은 힐링관광을 통해 기분전환, 스트레스 해소, 삶에 대한 열정의 회복 등 정신적 성장과 치유가 가능하다면 자연기반의 아웃도어 레크리에이션뿐만 아니라 명상센터, 템플스테이 등도 힐링관광 영역으로 볼 수 있다. 힐링관광은 관광 여행에 적용된 힐링의 형태 혹은 힐링의 한 영역이나 한 부분으로 이해하는데, 즉 힐링에 가장 적합한 수단의 하나가 관광 여행이라는 인식이다. 관광 여행은 그 자체로 힐링과 밀접한 연관이 있으며, 이미 치유와 위로의 의미가 내포되어 있기 때문에 힘들고 지친 일상을 떠나 여행을 하는 행위는 그 자체로 삶의 위안이고 치유의 한 과정이라고 할 수 있다. 따라서 힐링관광은 단순히 보고 걷는 관광에서 벗어나 자연을 느끼고 경험하는 체험관광과 함께 더 나아가 신체적 · 정신적 성장과 치유를 목적으로 한다. 또한 힐링을 위해서 여행을 하는 것으로 웰니스 관광과 비슷한 목적이 있으며, 건강한 삶을 목적으로 긴장완화와 스트레스 감소를 통한 심신의 건강추구와 더불어 궁극적으로 삶의 질 향상을 위하여 떠나는 관광이다.

결과적으로 힐링관광은 몸과 마음을 치료 · 치유하며, 정신적 안정과 자아실현의 목적을 두고 행하는 관광이라고 할 수 있으며 의료관광, 헬스관광 등의 유사 개념을 포괄하는 광의의 개념으로 이해하고 있다. 여기에는 육체적 병뿐만 아니라 정신적인 병도 치유하는 것이 포함되며, 신체적, 정신적, 영적인 억압으로부터 자유로운 정상적인 상태로 회복하는 것으로 시설, 프로그램, 관광자원을 활용하여 신체적 · 정신적 치유를 목적으로 개인이나 단체가 집을 떠나 행하는 관광의 형태이다.

특히 힐링관광은 최근의 여가 문화 트렌드에 맞춰 자연 휴양림(산림욕장), 도보 여행길과 갯벌 · 농촌체험마을, 사찰체험 템플스테이처럼 휴식형 관광자원을 제공하는 것이 특징이기도 하다. 따라서 힐링관광은 힐링관광 프로그램, 힐링관광 시설, 힐링관광 목적성으로 구성된다.

힐링관광에 대해 충청북도 제천에 오픈한 우리나라 최초의 힐링 리조트인 리솜 포레스트 사례를 살펴보면, 이곳은 리조트 부지(21만m^2)의 70%가 수백여 종의 수목과 야생화 군락지로 둘러싸여 있어 숲에서 나오는 음이온, 피톤치드, 세로토닌 등과 같은 천연 치료제를 통해 별도의 프로그램 없이도 자연 속에서 몸과 마음이 스스로 정화되고, 힐링의 효과를 체험할 수 있는 환경이 조성되어 있다. 에코 힐링프로그램, 에코가든, 아쿠아 힐링센터 등이 리솜 포레스트가 보유한 대표적인 힐링 콘텐츠이다.

프랑스 남부의 온천 도시 비쉬는 고대 로마시대부터 치료의 효능이 잘 알려졌던 온천지역으로 유명한데, 15가지 온천수의 서로 다른 효능을 갖고 있는 곳으로 현재 비쉬는 온천욕과 스킨케어, 피트니스를 모두 누릴 수 있는 세계적인 휴양지로 각광받고 있다. 이곳은 음료 치료에 사용되는 온천수, 마사지를 위한 온천수, 그리고 피부병 치료, 화장품 사용 등 15가지 테마형 온천수가 나오는 곳이다.

독일 바트 뵈리스호펜 마을은 건강을 테마로 매년 100만 명 이상의 관광객을 유치하는 산촌요양 마을이다. 또한 물을 이용한 자연요법인 크나이프 요법의 발상지로서 숙박시설, 의료기관, 방문자 센터, 식당 및 기타 관광시설들이 위치하는 마을과 치유정원 그리고 배후 산림 등으로 구성되어 있다.

다. 헬스관광

오늘날 건강에 대한 관심이 높아지면서 건강과 관광을 연계한 다양한 활동을 통해 건강여행, 즉 헬스관광에 대한 관심도 높아지고 있다. 즉 볼거리와 먹을거리라는 전통적인 여행요소에 허약한 몸을 되살리려는 건강이 새로운 요소로 추가된 것이 헬스관광이다. 따라서 헬스관광이란 양질의 의료서비스에 관광을 접목시켜 관광 상품화하여 인간의 건강과 삶의 질을 향상시키는 총체적 활동이라고 할 수 있다.

일반적으로 소득수준이 높은 집단일수록 그렇지 못한 집단보다 더 높은 수준의 헬스에 대한 욕구를 갖고 있다. 따라서 소득수준이 높은 집단일수록 더 자주 다양한 방법으로 예방적 치료를 받고 싶어 한다. 이는 고소득층이 저소득층에 비해 건강한 라이프스타일에 대해서 훨씬 더 잘 알고 있으며, 나이가 들어갈수록 더 건강한 라이프스타일을 추구하려는 경향이 강하기 때문이다. 이러한 측면에서 헬스관광 또는 헬스케어관광은 예방의학적 측면에서 매우 중요한 요소로 자리 잡아가고 있는 실정이다.

헬스관광은 주로 건강관광, 보양관광, 보신관광, 보건관광 등 다양한 용어로 사용하고 있다. 헬스관광은 헬스서비스 시설과 숙박시설 등과 같은 특수 인프라 시설을 기반으로 한 공급자 측면과 의료 관광객과 웰니스 관광객의 욕구를 기반으로 한 수요자 측면에서 구분할 수 있다. 헬스관광은 일반적으로 건강증진(보건의 습관, 영양, 운동, 휴양 등), 질병의 발견과 치료(건강진단, 치료, 간호 등), 질병의 예방(전염병 예방, 환경위생관리 등)을 포괄하는 개념으로 사용한다. 헬스관광은 일상생활권을 떠나 자유의사로 자유재량 시간을 활용하는 여가활동인 기존 관광의 정의 중, 특히 보건자원을 통하여 보고, 듣고, 느끼고, 참여하여 영리를 목적으로 하지 않고 풍물을 즐기는 관광의 기본 정의 중 특화된 영역을 의미한다.

헬스관광은 육체적 · 정신적 정화를 위해 자연으로 여행하고, 건강상의 이유로 따뜻한 곳으로 여행하고, 특수건강치료를 제공하는 크루즈여행을 하고, 국제 방문객들에게 제공하는 정부의 의료서비스를 위해 여행하고, 질병뿐만 아니라 숙박, 스트레스 감소 프로그램을 제공하는 병원과 해양 치유센터를 방문하고, 메디컬치료나 건강관련 활동을 위한 건강리조트를 방문하는 여행 등을 모두 포함한다. 결국 헬스관광은 전적으로 새로운 것을 추구하는 것뿐만 아니라, 의미 있는 경험을 추구하려는 여행자들의 수요가 증가함으로써 빠르게 성장하고 있다.

결론적으로 헬스관광은 건강과 관련한 서비스나 시설을 의도적으로 촉진(홍보)함으로써 보다 구체적으로 관광객을 끌어들이는 관광시설이나 목적지라고 할 수 있으며, 특별한 흥미가 있는 관광 중 하나로서 주요 동기가 건강과 관련 있는 관광이고, 건강상태를 개선시킬 목적을 가진 사람이 집을 떠나 행하는 레저 형태이다.

라. 농어촌체험관광

세계적으로 농촌체험관광의 의미와 중요성이 높이 평가되고 있는데, 농촌체험관광이란 도시민들이 농촌에 머물고 체험하면서 여가를 즐기고 가치를 추구하는 것을 의미한다. 이는 환경친화적인 체험관광 및 지역활성화 전략과 같은 복합적인 의미가 담겨 있다. 농촌지역을 방문한 관광객들이 농촌체험활동에 대한 관심이 점점 더 고조되면서 전국적으로 농촌관광마을이 주요 관광목적지로서 인기가 높아지고 있으며, 이는 체험형 관광의 형태를 더욱 선호한다는 의미로 보고 있다. 나아가 농촌체험관광의 지향점은 단순한 관광 활동이 아니고 관광객을 농촌에 방문하도록 하여 농촌지역에 활력을 되찾게 하고 관련된 모든 사업을 육성하여 지역경제에 보탬이 되어야 한다는 것이다.

도시민들에게 향수와 웰니스적인 체험을 제공하는 대표적인 관광유형 중 하나인 농촌체험관광은 농촌의 자연경관과 전통문화, 생활과 산업을 매개로 한 도시민과 농촌주민 간의 체류형 교류활동이며, 도시민에게는 휴식, 휴양과 새로운 체험공간을 제공하고 농촌에는 농산물 판매(1차 산업), 가공 산업(2차 산업), 숙박·음식 서비스(3차 산업) 등 소득원을 제공하는 농촌지역 활성화 운동을 말한다. 이는 농업(1차 산업)과 관광(3차 산업)이 결합하여 새로운 부가가치를 창출할 수 있는 관광유형이다. 즉 농촌에 남아있는 소박한 인정, 전통문화, 자연경관 등이 도시민들의 여가 욕구를 충족시키고 농촌의 성격이 농업생산 공간에서 생산·정주·휴양 공간으로 변화하는 것을 말한다.

농촌체험관광은 관광농업을 지나 치유농업으로 전환되고 있다. 급속한 산업화의 발달과 무한 경쟁체제의 환경 속에서 도시인들은 과도한 스트레스를 받고 있으며 이는 심각한 사회 부조리와 함께 개인 심신의 건강에도 악영향을 미치고 있다. 이러한 상황에서 농업 활동과 개인의 건강 사이에는 긍정적인 관계가 존재한다는 증거들이 속속 증가하고 있으며, 국민들의 스트레스를 치료하는 의사(醫師)로서 그 역할이 새롭게 주목받고 있다.

치유농업은 농업을 활용하여 정신 및 육체적인 활동으로 농업, 농촌의 관련된 자원이나 치유 서비스를 통해 개인의 심리적, 사회적, 인지적, 신체적 건강을 위한 활동 1차, 2차, 3차의 융복합화를 의미하며, 정신적, 신체적으로 고통을 받는 사람들을 대상으로 농업과 관련된 자원으로 건강과 사회적 교육적 혜택을 제공하는 것이다. 치유농업이 가장 먼저 시작된 유럽 전역에는 요양기관과 농장이 결합된 3,000여 개 이상의 치유농장이 있다. 네덜란드, 이탈리아, 프랑스, 노르웨이, 벨기에, 오스트리아, 독일 순으로 치유농장을 운영하고 있다.

산림치유는 산림이 가지고 있는 치유요소들을 활용하며 숲 해설 프로그램과 같은 질적인 서비스와 함께하는 활동으로 자연경관 감상과 휴양 활동을 통해 전문가 숲 해설가가 진행하는 숲 해설 프로그램에 참여하는 것은 치유의 목적을 위한 것이다. 산림치유는 산림의 다양한 자연환경 요소를 활용한 것인데, 경관, 소리, 향기, 피톤치드, 음이온, 물, 광선, 기후, 지형 등의 자연환경 요소들이 신체조직과 생리적, 감각적, 정신적으로 교감이 되어 심신건강을 증진시키는 숲속 활동이다. 산림 속에서 향기로운 피톤치드를 마시며 자연경관과 함께 심신을 치유하는 자연 건강법이라 하였다. 즉 자연환경인 숲을 활용한 자연요법이다. 산림치유는 산림환경을 이용하여 심신의 상태를 증진시키는 활동으로 산림 피톤치드 효능을 활용한 산림환경이 가지고 있는 다양한 요소들이 심신의 건강을 예방 및 증진시키는 효과가 있다.

농촌체험관광과 유사한 개념으로 슬로 투어리즘(slow tourism)이 있다. 슬로 투어리즘은 농촌관광, 슬로푸드, 슬로 무브먼트 운동 등의 개념과 연관되어 시작되었다. 도시가 아닌 바다나 산 그리고 농촌지역을 무대로 전개되는 관광 전체를 농촌관광이라고 하며, 슬로 투어리즘은 slow food에서 앞 단어인 slow를 가져왔고, rural tourism에서 뒷 단어인 tourism을 가져와 slow tourism이 합성되었다.

슬로 투어리즘은 새로운 패러다임의 관광형태로 현재 시행 중인 관광형태인 농촌관광의 일부이다. 우리나라 고유의 발효음식을 기본으로 하는 전통 건강음식을 슬로푸드라 하는데, 슬로관광이란 관광객들이 슬로푸드를 눈으로 직접 보고, 손으로 만들어 보고, 먹어 보고, 구입하고, 느끼고, 생각하는 모든 행위와 농업을 중심으로 한 농촌문화와 인근 지역의 전통 문화재 탐방을 비롯한 일체의 활동을 현장에서 직접 체험하는 모든 관광을 포함하는 관광을 말한다. 인간사회의 진정한 미래를 위한 두 가지는 자연과 전통문화의 보호이며, 이를 구현하기 위해 철저한 자연생태 보호, 전통문화에의 자부심, 슬로푸드 구현, 특산품·공예품 지킴이, 충분 조건적 주민 참여와 태도가 필요하다. 이는 슬로시티의 이념 철학이며 이에 부응하는 관광이 슬로 투어리즘이다. 획일적인 세계화에 편승하는 대량관광에서 벗어나 고유성, 진정성, 다양성을 느끼게 하는 관광이 슬로 투어리즘(slow tourism)이다.

3. 웰니스 관광경험과 관광인식

가. 웰니스 관광경험

경험은 매우 개인적이고 주관적이며 지속적인 과정으로 관광에서의 경험은 과거 사건을 회상하고 평가하는 경험으로 두 가지 방식의 접근이 가능하다. 첫째, 관광경험의 주체인 관광객의 심리적 차원에 대한 접근이고, 둘째, 관광경험의 과정에서의 영향요인과의 관계에 대한 접근이다. 따라서 관광객의 심리적 차원으로 본다면 관광경험은 관광객이 느끼는 주관적인 마음의 상태이며, 관광경험의 과정에 영향을 미치는 요인과의 관계로 본다면 관광경험은 관광활동 중에 관광객이 느끼는 신체적, 정서적, 정신적, 지적 경험이라고 할 수 있다.

관광객들은 관광행동에 앞서 관심 있는 관광자원을 탐색하고, 관광지가 가진 속성을 비교하여, 자신이 선호하는 경험을 제공해 줄 수 있는 곳을 최종 관광목적지로 선택하기 때문에 관광행동을 이끌어 낼 수 있는 주요 경험 속성을 파악하고 이를 활용한 전략을 수립하는 것은 매우 중요하다.

현대인들은 바쁜 생활패턴으로 점점 더 스트레스에 노출되고 있고, 감정 상태에도 부정적인 영향을 미치고 있어 이를 극복하기 위한 대안으로 웰니스 관광이 주목받고 있으며, 웰니스 관광객들이 해당 관광형태를 통해 어떤 요소를 경험하고 집중하는지를 보다 체계적으로 분석할 필요가 있다. 웰니스 관광의 경험요소는 단순 웰니스 프로그램 형태에 집중하여 도출하기보다는 웰니스와 관광의 개념적 연결, 웰니스 관광의 구성, 방문 동기, 경험요소 등과 같이 복합적이고 포괄적인 범위를 고려한 분석을 통해 이해될 수 있다. 웰니스 관광이 점차 이론화되고는 있지만 사회적, 문화적, 심리적 측면에서 보다 확장된 탐구가 이루어져야 한다.

웰니스 관광의 주요 경험은 웰니스 관광객들이 웰니스 관광 목적지를 선택하게 하는 주요 요소 및 동기요인으로부터 도출될 수 있다. 웰니스 관광을 구성하고 있는 주요 요소 및 목적지 선택 속성은 뷰티(미용) · 스파, 힐링(치유) · 명상, 자연 · 숲 치유, 한방, 종교 순례, 리조트, 웰니스 시설 등 다양한 관점에서 〈표 1-7〉과 같이 구분될 수 있다.

관광경험은 일반적으로 관광활동에서 비롯된 최고의 또는 순수한 경험으로 이해된다. 관광의 경험적 특성은 관광활동에 참여하는 동안 개인이 어떻게 느끼는지에 대하여 관광객의 관점에서 명확하게 드러난다. 관광경험의 핵심적인 측면을 이해하기 위해서는 관광객이 직접 경험한 관광경험의 관점에서 고려되어야 한다. 이러한 관점은 관광객이 무엇을 찾고 있는가와 어떠한 요인이 이후 관광객의 재방문 의도로 이어지는가에 대한 중요한 정보를 제공하기 때문이다.

관광경험을 이해하는 것은 곧 관광객이 경험을 통해 어떻게 지각하느냐에 대한 기술이며, 관광경험의 수준과 종류는 재방문 의도나 추천 의도 등 사후 관광태도를 결정한다고 가정할 수 있다. 고객이 자신의 과거 경험에서 얻은 정보는 미래의 의사결정 과정에서 중요한 요인으로 작용한다.

〈표 1-7〉 **웰니스 관광경험 구성요소**

대상 구분	내용
자연 · 숲 치유, 웰니스 프로그램	심리적 안정, 정신적 · 육체적 휴식, 삶의 여유, 스트레스 해소, 생활의 활력, 피로 회복, 여가시간
뷰티(미용) · 스파, 힐링(치유) · 명상, 자연 · 숲 치유, 한방	신체건강 증진, 휴식과 스트레스 감소, 자신에 대한 집중, 초월적 가치, 사회적 관계 증진, 자연교류, 물리적 환경, 인적 서비스
뷰티(미용) · 스파, 리조트, 종교 순례	초월, 신체적 건강 및 미용, 도피 및 휴양, 소중한 사람들 및 새로운 경험, 자존감 향상, 사치
뷰티(미용) · 스파, 힐링(치유) · 명상	도피, 휴양 및 휴식, 자기 보상 및 사치, 건강 및 미용, 우정 및 가족애
힐링(치유) · 명상, 종교 순례, 요가	정신적인 요소 탐색(영감 받기, 관심분야의 사회적 교류 등), 심리적 웰빙 향상(휴양, 스트레스 해소, 라이프 밸런스 등), 신체적 상태 향상(운동 및 과식 방지 등), 부정적 감정조절
뷰티(미용) · 스파	도피, 사치, 자기계발
건강을 위한 여행, 호텔 · 리조트, 웰니스 관련 시설	건강(신체, 정신, 영혼) 유지 · 증진, 자기 책임감, 미적 관리, 건강한 영양섭취, 휴식, 명상, 교육, 환경적 민감성, 사회적 교류의 조화

나. 웰니스 관광인식

인식이란 어떠한 대상이나 사건에 대한 선행지식이나 경험을 통해 형성되는 반응이다. 인식은 인간의 모든 심리적 현상으로 지각, 기억, 언어, 사고 등의 모든 과정을 포함하며, 정보를 탐색하고 정보를 기억으로 보내는 일련의 정보처리 과정의 메커니즘이다. 따라서 웰니스 인식이란 웰니스에 대한 지식이나 경험을 통해 습득된 정보가 인식된 것이라고 할 수 있다. 관광객은 건강에 대한 관심으로 웰니스에 대한 지식을 쌓고 관련 정보를 탐색하여 웰니스를 인식한다.

관광인식이란 관광에 대한 그 의의를 바르게 이해하고 판별하는 의식작용으로, 관광의 본질과 이념에 대한 올바른 이해와 관광의 가치에 대해 올바르게 파악하는 것이다. 주어진 상황에 따라 목적지, 관광 매력대상, 환경, 서비스 수준 등에 대한 정보와 지식을 근거로 형성된 신념 및 견해로서 관광의 본질적 의의, 이념 등에 대한 올바른 이해와 그에 관한 올바른 판단으로 정의하는데 시대적 상황에 따라 그 개념과 측정 항목을 달리한다. 이것은 관광인식을 활동이나 행동 그리고 관광이 가지는 본질, 의의, 영향, 관광에 대한 지각 등을 관광인식의 차원으로 파악하고 있기 때문이다.

웰니스 관광인식은 몸과 마음을 최적의 상태로 만들기 위한 노력으로 신체적, 정서적, 지적, 사회적 영역으로 구성되어 있으며, 이들이 최적의 조화를 이루는 완전한 상태를 의미한다. 웰니스 관광인식의 구성요소를 살펴보면 〈표 1-8〉과 같다.

〈표 1-8〉 **웰니스 관광인식의 구성요소**

영역	구성요소
신체적 영역	• 인체의 생리적인 상태를 가리키며 적당한 영양상태를 유지하는 수준 • 일과 업무를 수행할 수 있는 몸의 기능적 능력 • 건강, 건강식, 피트니스, 스파와 뷰티의 영역
정서적 영역	• 인간이 삶을 영위하는 감정상태이자 감정을 편안하게 표현할 수 있는 능력 • 외부의 환경을 인지하고 받아들이는 것으로 실패에 무너지지 않는 능력 • 명상, 인생 상담, 스트레스 감소 등 자아성장을 위한 영역
지적 영역	• 직업적 발전을 위하여 정보를 효과적으로 배우고 사용할 수 있는 능력 • 습득된 지식을 다른 사람과 나누는 것, 창조적이고 자극적인 정신적 활동 • 개인이 지속적으로 발전을 추구하고 효과적으로 새로운 도전을 하는 것
사회적 영역	• 사람들과 주위환경이 성공적으로 상호작용을 할 수 있는 능력 • 사회적 규범이 생활양식에 영향을 주고 질병의 회복을 용이하게 하는 것

영역별로 보면 신체적 영역, 정서적 영역, 지적 영역, 사회적 영역으로 구분할 수 있다. 신체적 영역의 관광인식 구성요소는 인체의 생리적인 상태를 가리키며, 적당한 영양 상태를 유지하는 수준, 일과 업무를 수행할 수 있는 몸의 기능적 능력을 의미한다.

정서적 영역의 구성요인은 인간이 삶을 영위하는 감정 상태이자 감정을 편안하게 표현할 수 있는 능력과 외부의 환경을 인지하고 받아들이는 것으로 실패에 무너지지 않는 능력 및 명상, 인생 상담, 스트레스 감소 등 자아성장을 위한 영역을 의미한다. 지적 영역의 구성요소는 직업적 발전을 위하여 정보를 효과적으로 배우고 사용할 수 있는 능력과 습득된 지식을 다른 사람과 나누며, 창조적이고 자극적인 정신적 활동 및 개인이 지속적으로 발전을 추구하고 효과적으로 새로운 도전을 하는 것을 의미한다. 사회적 영역의 구성요인은 사람들과 주위환경이 성공적으로 상호작용을 할 수 있는 능력, 사회적 규범이 생활양식에 영향을 주고 질병의 회복을 용이하게 한다는 것을 의미한다.

4. 스마트 관광

가. 스마트 관광의 개념

오늘날 관광객들은 스마트 기기(smart device)와 애플리케이션 · 스마트 플랫폼 등을 통해 언제 어디서든 자신이 원할 때 개인화된 맞춤형 정보를 얻을 수 있게 되었다. 이러한 현상은 관광객이 관광관련 웹사이트나 스마트폰 어플리케이션 등 다양한 정보기술을 이용해 직접 관광정보를 탐색하고, 관광상품 구매를 결정하는 방식으로 관광의 패러다임을 변화시키고 있다. 관광객들이 자유롭게 정보통신기술을 이용함에 따라 스스로 정보를 획득하고, 개별적인 요구사항을 충족하는 관광경험을 중요시하는 추세이다. 이에 따라 정보통신기술을 활용하여 관광객 개인의 특정한 니즈(needs)에 최적화된 관광 서비스를 추구하는 스마트 관광이 주목받고 있다. 따라서 현재 관광객들은 관광목적지 도착 전 수집한 정보에만 크게 의존하던 전통적인 관광객들과는 달리, 스마트 관광을 즐길 수 있게 되었다.

스마트 관광에서 SMART는 Standards(표준에 기반한 상호 호환성), Multi Function(융 · 복합을 통한 다양성), Accessibility(시 · 공간 제약 없이 빠른 접근성), Reliability(시장, 고객으로부터의 신뢰성), Time Saver(관광객 편리성) 등으로 각 머리글자를 조합한 것으로 관광과 접목하여 스마트 관광이란 용어를 사용한 것이다([그림 1-4] 삼소).

스마트 관광이란 관광객이 이동하면서 모바일 기기에 상시 접속하여 실시간 맞춤형 관광서비스를 제공받을 수 있는 환경기반을 갖춘 관광이다. 특히 스마트 환경에서는 언제 어디서나 기기에 상관없이 스마트 관광정보 콘텐츠를 생성하고 관리하며 데이터베이스화하여 모델이 필요하고, 모바일 콘텐츠의 정보품질을 데이터베이스화하여 정보품질에 대한 제약 조건들의 관리 역시 필요하게 되었다.

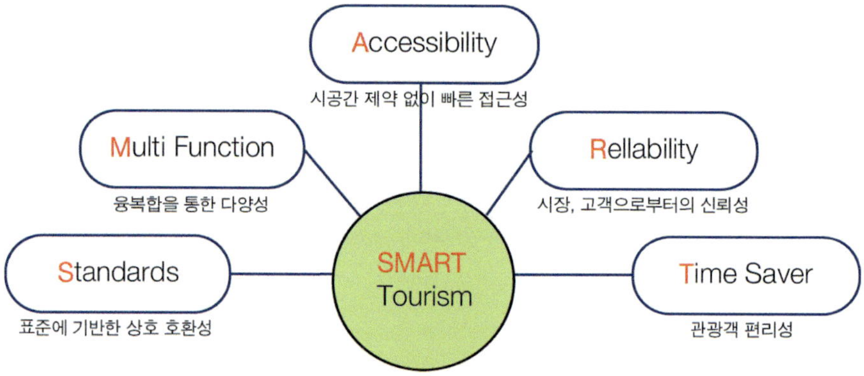

[그림 1-4] 스마트 관광의 구성

최근 관광트렌드는 스마트 기기와 새로운 정보플랫폼의 등장으로 인해 관광에 정보통신기술이 접목되어 여행계획 단계는 물론 여행기간 중에도 지속적으로 관광정보를 탐색하고 관광 후 관광경험을 공유하는 스마트 관광으로 관광 패러다임이 변하고 있다. 이러한 변화는 기존에 전통적인 단체관광에서 개별관광객의 증가와 더불어 변화된 패러다임에 적극 호응하고, 맞춤형 스마트 관광서비스를 제공하는 방향으로 진화를 거듭하고 있다. 따라서 스마트 관광은 관광과 정보통신기술의 결합으로 야기되는 관광객의 행동 변화를 가져오게 된다.

스마트 관광은 관광산업에서 실무적으로 중요시되고, 관심을 받아왔는데 이는 관광객들이 모바일 기기를 이용하여 웹(web)이나 앱(app)에 있는 다양한 정보를 활용하여 실시간 맞춤형 관광서비스를 이용하고 공유하는 것이다. 관광객들은 관광 및 이동하면서 상시 휴대하고 있는 스마트폰을 통해 실시간 맞춤형 관광정보 서비스가 제공되도록 함으로써 관광 프로세스를 혁신시킬 수 있다.

즉 관광객들은 정보통신기술이 발전하면서 언제 어디서나 스마트폰을 통해 소셜 미디어에 접속하여 관광 정보를 탐색하고 획득하는데, 이는 관광상품의 경험재, 무형성

등으로 인해 발생하는 불확실성을 줄이려는 행동이다. 이와 같이 관광객들이 여행 전에는 소셜 미디어를 통해 관광에 대한 정보를 얻는 것뿐만 아니라, 여행 중에는 자신의 경험을 다른 사람들과 공유하기 위하여 기록을 남기며, 여행 후에는 소셜 미디어의 게시물을 보면서 자신의 여행 경험을 추억하기도 한다.

스마트 관광은 최신의 정보통신기술을 기반으로 하는 관광이라는 점에서 U-Tourism 및 디지털 투어리즘(digital tourism)과 유사하지만, U-Tourism은 유비쿼터스 기술이 관광에 적용되어 관광객에게 유용한 정보를 제공하는 서비스를 의미하고, 디지털 투어리즘은 관광객의 경험 전/중/후 활동에 대한 디지털 지원을 의미한다. 따라서 스마트 관광은 U-Tourism과 디지털 투어리즘의 의미를 포괄한 개념으로서, ICT기술을 기반으로 한 위치기반 서비스와 집단 커뮤니케이션을 통해 관광객에게 실시간, 맞춤형 관광정보 서비스를 제공하는 것을 의미한다.

즉 다양한 산업의 경제적 주체들이 관광객의 정보를 수집 · 분석 · 시각화 · 모델링 등을 공유함으로써 관광객의 경험 증대와 경제적 가치를 달성하며 실현된다는 점에서 차이가 있다. 또한 스마트 관광은 도시경영 또는 관광경영의 관점에서, 전체 관광산업 내의 모든 상호작용과 관련이 있으며, 이는 지능형 기술을 사용하여 관광개발 및 관리 프로세스를 완수하고, 전체 관광산업에서 수집한 정보 및 그 정보를 활용하는 것을 포함한다.

스마트 관광생태계에서는 정보통신 기반시설, 데이터 종합 제공자와 플랫폼 소유주들이 데이터와 정보를 교환하며, 이를 기반으로 구조 · 절차 · 과정 · 운영되는 정책을 통해 지역주민과 관광객 간의 상호작용이 일어난다. 즉 스마트 관광은 단순히 관광분야와 정보통신기술분야의 결합이 아닌, 생태계를 구성하는 다양한 이해관계자의 경제적 · 사회적 혜택을 증진시키고 공유가치를 창출하는 관광이다. 이에 스마트 관광은 도시의 환경적 · 경제적 지속가능성에 있어 필수적인 요소로 간주되고 있다.

최근 개별관광객들은 오프라인 관광 정보보다는 관광관련 웹사이트나 스마트폰 어플리케이션과 같은 모바일 정보채널을 사용하여 관광정보를 탐색 · 수집 · 공유할 뿐만 아니라 자신이 직접 선택한 관광상품을 언제 어디서든 예약하고 결제할 수 있다. 또한 관광 중에는 VR · AR, 비콘(beacon) 서비스 등 다양한 관광정보기술을 통해 유용한 관광정보를 얻고 풍부한 관광경험을 할 수 있다. 따라서 현재 스마트 관광은 관광을 위한 다양한 기술의 상호연결, 동기화 및 공동 사용을 설명하는 개념으로 보편화되었으며 이를 통해 보다 나은 가치를 추구할 수 있는 관광생태계의 구축과 관광목적지로서 경쟁력을 높일 수 있는 중요한 결정요인으로 인식되고 있다.

스마트 관광은 지역의 물리적 인프라, 사회적 연결, 정부적/조직적 자료 및 인적 자원이 첨단기술 사용과 결합하여 얻어진 데이터를 수집 · 종합 · 활용하여, 그 데이터를 효율성과 지속가능성, 경험 강화에 초점을 맞추고 있는 현장 경험 및 비즈니스 가치 제안으로 변모시키고자 하는 통합적 노력에 의해 이루어지는 관광이라고 할 수 있다. 이와 같은 스마트 관광의 정의를 정리한 것이 〈표 1-9〉이다.

〈표 1-9〉 **스마트 관광의 정의**

연구자	개념
이정희 · 안택균 · 김홍민(2012)	ICT를 관광에 접목, 실시간 소통 및 위치정보를 기반으로 국내 · 외 관광객에게 실시간으로 맞춤형 서비스를 제공하는 것을 의미
최자은(2013)	모바일 형태의 관광서비스를 제공하는 것으로 웹 · 앱 형태의 다양한 정보가 상시 접속되어 있는 관광객의 모바일 기기를 통해 실시간 맞춤형 관광서비스가 제공됨을 의미
구철모 · 신승훈 · 김기헌 · 정남호(2015)	스마트 기기를 중심으로 서비스되는 SNS, 애플리케이션 등의 채널을 통해 관광객의 위치, 시간, 상황에 맞게 실시간으로 정보를 활용하면서 이루어지는 관광형태
김경태(2015)	시간과 장소에 관계없이 여행 정보에 상시 접속하여 의사 결정을 할 수 있는 ICT를 이용, 여행 전/중/후 여행 결정에서 인터넷을 통해 정보를 접하고 판단하며 온 · 오프라인을 자유롭게 이동하고 소비하며 SNS에 흔적을 남기는 여행형태
정병옥(2015)	ICT를 활용하여 관광 수요자 간 또는 수요자와 공급자 간에 양방향, 실시간으로 정보를 교환함으로써 개인의 만족도를 극대화할 수 있는 지능형 맞춤형 관광
오태헌(2017)	IT를 기반으로 온라인상의 정보를 누구나 쉽게 공유하며 언제 어디서나 시공간의 제약 없이 필요한 정보를 습득하여 의사결정에 도움을 주는 맞춤형 서비스
오승옥(2021)	관광객에게 애플리케이션과 플랫폼서비스를 통해 실시간, 맞춤형 정보를 스마트하게 경험하게 하는 새롭게 지능화한 관광

스마트 관광이 활성화되면, 스마트 관광 서비스를 이용하는 관광객의 이동성향, 소비성향, 이용성향 등의 데이터가 실시간으로 수집되고, 공공 빅데이터 수집, 분석, 가공, 유통 체계가 스마트 비즈니스 통합 플랫폼으로 통합, 선순환하는 것으로 공공 빅데이터의 품질 향상이 기대되며, 민간의 빅데이터와 상호분석을 통하면 정확한 관광객의 이용, 소비정보를 파악하여 관광정책을 수립하는 데 도움을 줄 수 있다. 또한 스마

트 관광 서비스를 통해 관광서비스가 수요자 중심으로 개발, 제공됨으로써 관광객의 관광 만족도가 높아질 것이고, 관광 소비 지출을 늘려 지역경제 발전에 도움을 주며 지역의 교통, 숙박, 안내, 음식과 관련한 정보제공 및 홍보부족 현상을 해소할 것이다.

스마트 관광맥락에서 기업과 지자체들은 개별관광객의 니즈를 충족시키고, 관광목적지에 스마트 관광 생태계를 구축하기 위해 전·후방산업 간 네트워크, 높은 품질의 관광콘텐츠, 민간기업과 공기업 간 유기적 협력체계, 개방형 플랫폼 인프라 등의 구축을 스마트 관광 계획으로 수립 및 실행하고 있다.

스마트 관광의 경제적 효과를 살펴보면 첫째, 정보 흐름에 대한 통제력으로 경제적 능력을 획득하는 것이며, 둘째, 고급 인력을 양성하고 일자리를 창출하는 것이며 셋째, 효율적인 기술을 적용하여 도시 운영비용을 감축하는 효과가 있다. 오늘날, 정보에 대한 통제력은 곧 경제적 능력으로 귀결되는데, 정보통신기술을 기반으로 데이터를 수집·분석·시각화·모델링·공유하는 스마트 관광은 이해관계자 간의 정보 흐름을 통제할 수 있는 능력을 갖게 된다.

스마트 관광과 유사한 단어로 디지털투어, e-관광, 가상관광 등이 있으며, 이는 ICT 기술을 기반으로 한 그룹별 커뮤니케이션과 관광지에 대한 위치기반 서비스를 활용하여 관광객에게 맞춤형 관광정보를 실시간 제공하는 것을 의미한다. 따라서 관광객들은 스마트 관광과 융합된 정보통신기술을 통해 관광상품 공급자 및 관광경험자와 상호작용을 하며, 초공간적인 커뮤니케이션을 통해 의사결정을 내린다.

현재 관광산업의 생태계는 기존의 관광재화의 공급자였던 전통적인 관광기업 및 여행사가 주도하던 환경에서 완전히 탈피해 정보통신기술을 활용한 스마트 관광기술이 관광공급자와 관광수요자를 매개하는 플랫폼 역할을 하고 있다. 스마트 관광은 최첨단 정보통신기술을 관광에 접목하여 실시간 소통 및 위치 기반서비스를 기반으로 내국인 및 외국인 관광객들에게 실시간으로 맞춤형 서비스를 제공하는 것이다. 이러한 스마트 관광이 활성화되면서 관광객들은 스마트 기기를 이용하여 언제 어디서든 자신이 원하는 맞춤형 정보를 활용하여 관광을 즐길 수 있는 등 전반적으로 관광경험이 변화되고 있다.

나. 스마트 관광도시

스마트 관광도시는 새로운 모빌리티라는 개념을 공간과 장소 그리고 활동을 시민과 관광객들이 스마트한 도시의 기능을 공유하고 삶을 경험하고 끊임없는 스마트한 기능의 서비스를 동시에 받을 수 있게 하는 것이다. 관광도시가 정보기술 기반의 스마트 관광을 경험하기 위해서 해당 도시가 스마트 도시 기능을 하고 있어야 한다는 관점에서 스마트 도시의 기능이 매우 중요하다. 즉 스마트 관광도시는 관광객이 관광목적지 주민의 삶과 관련된 공공시스템을 관광객을 위한 환경으로 확장 또는 변환하고 이를 통해 관광객이 목적지의 스마트 도시 기능을 관광목적에 최적화하여 사용할 수 있도록 조성한 도시를 의미한다. 오늘날 관광객은 스마트폰을 통해 관광지를 선택하기 이전에 관광지에 관한 정보를 검색하는 것이 일상화되었으며, 관광지가 결정되면 항공, 숙박, 이동 교통수단, 주요 방문지에 관한 예약까지 모든 과정을 한 번에 해결하기를 원한다.

스마트 관광도시는 최신 정보기술을 관광 분야에 적용하여 관광객이 숙박, 교통 또는 플랫폼 서비스를 경험하고, 기존의 환대산업과 여행업을 통합하여 지능화하고자 하는 사회적 현상이 나타나는 장소이다. 스마트 도시와 스마트 관광은 상호보완적이고 필수 불가결한 관계이며, 스마트 도시 위에 구축된 스마트 기능들을 관광 분야의 주요 서비스인 관광, 숙박, 교통, 안전 등과 끊임없이 연결(linkage)할 때에 스마트 관광 목적지의 경쟁력을 달성할 수 있다. 아울러 스마트 도시와 스마트 관광을 완벽하게 연결하기 위해서는 정부 차원의 정책적 지원과 기존에 구축된 시스템들을 통합하는 노력이 뒷받침되어야 한다. 스마트 도시는 시민이 관광객을 포용하고 관광객은 시민의 삶의 혜택을 공유할 수 있는 디지털 융합을 기반으로 하는 새로운 창의적인 가치를 경제적으로, 문화적으로, 사회적으로 발전시키는 데 그 목표가 있어야 한다. 즉 현대 스마트 도시는 개개인의 삶의 질을 향상하는 동시에 도시의 경제 성장을 향상하고 관광객과 시민이 공공서비스를 함께 공유하여 현대 사회가 스마트 관광도시로의 역할로 중요한 발전을 가져올 수 있어야 한다.

스마트 도시들은 현존하는 도시의 시스템에 지능화된 유비쿼터스 인프라를 통하여 데이터 수집과 서로 관련성이 있는 데이터의 결합 그리고 데이터를 의미 있게 연결하여 유효하고 정확한 정보를 각종 플랫폼 서비스 스마트 도시 속 시스템과 연결한다.

그리고 다양한 애플리케이션을 통해 실시간으로 정확하면서도 명백한 정보에 손쉽게 접근할 수 있도록 하여 사용자들이 효율적인 선택을 할 수 있도록 한다.

스마트 관광도시는 시민과 방문객이 더욱 효율적으로 다양한 도시 기능을 활용할 수 있는 자체로 생산과 소비 그리고 재생산의 도시가 되어야 한다. 현재 많은 도시는 스마트 도시가 되기 위해 데이터와 많은 디지털 기술들을 이용하여 시민들에게 필요한 정보를 더욱 정확하게 전달하고 있다. 이처럼 발전한 스마트 도시는 자체적으로 스마트 관광도시로 진화한다. 가장 신뢰된 스마트 도시의 선두주자인 암스테르담, 뉴욕, 서울, 싱가포르, 스톡홀름과 같은 도시들은 모두 초고속 통신네트워크를 구축하였고 다른 비슷한 도시들과 비교하여 네트워크에 연결된 센서 감지기 등의 IT 인프라도 많이 확장한 상태이다. 이처럼 자본이 많은 도시는 근본적인 기술 기반을 계속 구축하고 시민의 삶과 방문객의 편리한 도시 기능에 접속하여 활용할 수 있는 스마트 관광도시를 만들어 가고 있다.

특히 스마트 관광은 도시의 경제적 지속성을 실현할 수 있다. 인적 자원 측면에서는 스마트 관광도시의 거주민들이 자연스럽게 정보통신기술을 자주 접하게 되면서 그 활용능력과 지식관리능력이 향상되어 고급인력으로 성장할 가능성이 높고, 이는 정보통신기술 전문가에 대한 수요 증가에 부합하게 된다. 도시 운영비용 측면에서 살펴보면, 스마트 관광도시의 정보통신기술들은 효율적인 기술 적용과 활용을 통해 도시 운영비용을 감소시켜 저비용 도시를 구현할 수 있다.

따라서 스마트 관광은 상호연결, 동기화, 관광을 위한 서로 다른 기술의 결합이며, 스마트 관광활동을 할 수 있는 환경과 생태계가 구축된 곳을 스마트 관광도시라고 할 수 있다. 관광맥락에서 정보기술은 스마트 관광도시의 경쟁력뿐만 아니라 관광객들의 관광경험에 중요한 역할을 수행하고 있으며, 정부와 관광산업의 이해관계자들이 스마트 관광도시의 통합된 공동가치 창조를 위해 스마트 관광체계를 구축한다면 관광경쟁력이 강화될 수 있을 것이다. 따라서 관광도시의 자원을 효과적으로 관리할 수 있는 스마트 관광 체계구축은 관광도시의 경쟁력을 상승시킬 수 있을 것이다. 즉 스마트 관광도시는 디자인과 기술의 적용 등을 통해 도시 운영에 소요되는 비용을 절감함으로써 저비용 도시를 구현할 수 있으며, 주민들의 지식 관리 능력 향상과 정보 통신기술 발전을 통한 국내 총생산에 기여함으로써 도시생산성을 향상시킬 수 있다.

참고문헌

강덕윤 · 류기환 · 강금숙(2019). 관광학개론. 경기도: 백산출판사.

고성호(2016). 힐링관광의 추구편익 집단에 따른 이용행태 특성과 만족의 차이. 여가관광연구, 26, 5-20.

권용주 · 송홍규 · 변광인(2006). 일반소비자의 로하스지수와 라이프스타일이 웰빙메뉴선택에 미치는 연구. 호텔관광연구, 8(3), 31-47.

김기홍 · 서병로 · 강한승(2013). 웰니스산업. 서울: 대왕사.

김상국(2000). 한국인의 웰니스에 대한 생활양식 측정도구 개발. 한국체육학회지, 39(4), 963-982.

김희진(2013). 의료관광 서비스품질 측정도구 개발 연구. 관광레저연구, 25(4), 361-375.

농촌진흥청(2014). 치유 농업이 만들어갈 건강사회.

맹해영(2021). 지역형 웰니스관광 클러스터 모델 개발. 한국웰니스학회지, 16(4), 31-38.

문화체육관광부(2017). 웰니스관광 25선 선정, 건강과 힐링 관광 본격 육성. 보도자료.

박수민 · 유영선(2008). 2000년대 그린디자인에 나타난 로하스(Lohas)의 패션특성 분석. 한국의류학회지, 32(2), 307-318.

박종선(2013). 웰니스 관광객 유형에 따른 혼잡지각 감소를 위한 분산방법과 극복행동의 태도차이. 동국대학교 대학원, 박사학위논문.

배정연(2020). 웰니스관광 인식에 따른 관광태도, 주관적 만족 및 행동의도의 영향관계. 경기대학교 대학원, 석사학위논문.

서동구 · 주현식(2008). 호텔레스토랑의 로하스 이미지와 관여도, 고객만족, 고객충성도와의 영향관계. 관광연구, 23(1), 399-420.

손은미 · 정란수 · 정철(2014). 웰니스 관광시설 선호도 및 선호선택. 관광연구논총, 26(3), 51-77.

신다영(2018). 웰니스 관광 활성화를 위한 뷰티헬스케어 인프라 방안 연구: 충주지역을 중심으로. 건국대학교 대학원, 박사학위논문.

신현호(2014). 힐링관광 서비스 품질 및 서비스 상품이 브랜드 애호도에 미치는 영향. 관동대학교 대학원, 박사학위논문.

유숙희(2018). 웰니스관광 평가척도 개발. 한양대학교대학원, 박사학위논문.

유숙희 · 이훈 (2020). 웰니스관광 평가척도 개발. 관광연구논총, 32(3), 25-56.

유지윤(2006). 의료관광, 블루오션을 향한 가능성과 돌파구. 한국관광정책, 24, 31-38.

유지윤(2019). 웰니스관광 산업분류 구축방안. 한국문화관광연구원.

이용근(2019). 헬스관광 통합모델 디자인방안에 관한 연구. 기업경영리뷰, 10(1), 95-114.

장병주 · 임상규 · 김금영(2012). 관광객의 웰니스가 생활만족, 여가만족, 삶의 질에 미치는 영향. 관광경영연구, 16(3), 271-292.

전현미(2016). 웰니스(Wellness) 개념을 적용한 호텔 피트니스 공간 계획에 관한 연구. 홍익대학교 대학원, 석사학위논문.

정경균(2021). 웰니스 관광목적지의 물리적 · 사회적 서비스스케이프가 지각된 가치와 만족 및 행동 의도에 미치는 영향. 호남대학교 대학원, 박사학위논문.

조광익(2016). 한국 사회의 신관광 현상에 대한 이해, 관광학연구, 40(5), 11-31.

채혜정(2022). 웰니스관광 참여를 통한 트랜스포메이션 과정 연구. 한양대학교 대학원, 박사학위논문.

최기종(2019). 관광학개론, 개정판. 경기도: 백산출판사.

최문종 · 이동하 · 강원석 · 하영미 · 김상현(2015). 웰니스 구성요소에 대한 융복합적 검증 웰니스 구성요소가 웰니스 상태에 미치는 영향. 디지털융복합연구, 13(7), 381-391.

최정환 · 김종견(2021). 웰니스관광 선택속성이 방문객 만족도와 재방문 의도에 미치는 영향. 호텔관광연구, 23(2), 43-57.

최지안 · 이진민(2019). 힐링(Healing)과 연관된 개념의 변천과 트렌드 동향 분석. 기초조형학연구, 20(4), 597-612.

한국관광공사(2014). 체류형 의료관광 클러스터 모델 개발 연구.

Carrera, P., & Bridges, J. (2006). Globalization and healthcare: understanding health and medical tourism. Expert Review of Pharmacoeconomics & Outcomes Research, 6(4), 447-454.

Connell, J.(2013). Contemporary medical tourism: conceptualization, culture and commodification. Tourism Management, 34(February), 1-13.

Halbert. L. D(1961). High-Level Wellness. Arlington, BEATTY.

Harari, M., Waehler, C. & Rogers, J. (2005). An empirical investigation of a theoretically based measure of measure of perceived wellness. Journal of Counseling Psychology, 52, 93-103.

Mueller, H., & Kaufmann, E.(2001). Wellness tourism: market analysis of a special health tourism segment and implications for the hotel industry. Journal of Vacation Marketing. 7(1), 5-17.

Mueller. H & Kaufmann. E(2001). Wellness tourism: market analysis of a special health tourism segment and implications for the hotel industry. Voigt.C & Brown & Howat(2011). Wellness tourists: in search of transformation. Tourism Review, 66(1.2), 16-30.

Natural Marketing Institute(2000), Understanding the LOHAS Market Identifying the LOHAS consumer and Business & Branding Opportunities.

Smith, M., & Puczko, L. (2009). Health and wellness tourism. New York: Routledge.

Steiner, C., & Reisinger, Y. (2006). Ringing the fourfold; a philosophical framework for thinking about wellness tourism. Tourism Recreation Research, 31(1), 5-14.

Voigt, C., Howat, G., & Brown, G. (2010). Hedonic and eudaimonic experiences among wellness tourists: An exploratory enquiry. Annals of Leisure Research. 13(3), 541-562.

Wray, M., Laing, J. & Voigt, C. (2010) Byron Bay: An alternate health and wellness destination. Journal of Hospitality and Tourism Management. 17(1), 158-166.

PART

2

웰니스 뷰티관광

뷰티테라피는 미용(beauty)과 치료라는 의미의 테라피(therapy) 합성어로 외적 아름다움과 내적 치유가 가능하도록 돕는다. 최근 생명과학의 발달로 질병치료를 위한 의약품 개발이 활발히 이루어지고 있지만, 부작용 때문에 어려운 현실에 직면하고 있다. 따라서 현대인들은 웰니스의 구성요소인 신체적, 정서적, 인지적, 사회적, 직업적 요소 등의 건강한 상태로 유지하기 위해 편안하고 안전한 웰니스 테라피(wellness therapy)를 선호하고 있다.
피부미용 분야에서는 수기요법, 화장품, 아로마테라피(에센셜 오일+식물성 오일), 도구 및 매체를 활용, 피부미용 기기 등을 이용하여 관리목적에 따라 다양한 테라피를 적용하고 있다. 마사지 기법은 가압식 마사지(한국형피부관리, 경락 및 지압요법, 근골격요법, 스포츠 마사지, 타이 마사지, 발마사지 등)와 비가압식 마사지(스웨디시 마사지, 로미로미 마사지, 림프드레니지, 아유르베다 등)로 구분된다.

학 습 목 적

신체의 피부와 근육을 다양한 방법으로 적절히 자극함으로써 정신적(mind, spirit), 심리적(psychological), 신체적(physical)인 건강을 유지 · 증진시켜 질병을 예방 · 치유하고 삶의 질을 향상시키고자 한다.

학 습 목 표

1. 뷰티관광의 범위를 알고 개념을 파악할 수 있다.
2. 뷰티관광 업무영역을 알고 특징을 이해할 수 있다.
3. 뷰티테라피의 개념을 이해하고, 서비스 및 매너를 적용할 수 있다.
4. 뷰티테라피의 필요성을 알고, 활용방법을 이해할 수 있다.
5. 매뉴얼테크닉의 종류별 원리를 알고 특성을 알 수 있다.
6. 도구와 매체를 활용한 뷰티테라피의 종류를 알고 효과, 작용원리를 이해할 수 있다.
7. 관리 목적에 따라 기초화장품을 분류할 수 있다.
8. 피부 타입과 관리 목적에 따라 기초화장품을 적용할 수 있다.
9. K-Beauty산업의 현황을 이해하고 범위를 파악할 수 있다.
10. 웰니스 스파 국내 · 외 주요시설 및 특징을 파악할 수 있다.

Chapter 4 뷰티관광의 이해

1. 뷰티관광의 개요

웰니스 관광은 웰니스와 관광이 결합된 개념으로 관광을 통해 건강증진과 삶의 질 향상을 추구하는 관광의 새로운 트렌드를 의미한다. 뷰티관광 산업은 웰빙(well-being)의 감성소비와 새로운 소비 트렌드에 부합하여 크게 성장하고 있는 신성장산업으로 보건, 의료, 관광, 패션, 식품 등 다양한 분야와 연계하여 새로운 수요를 창출하기가 용이한 산업을 말한다.

뷰티관광은 좁게 정의하면 뷰티서비스 4개 분야(헤어, 피부, 메이크업, 네일)에 한정하여 정의할 수 있지만, 광의로 정의하면 의료관광, 건강관광 등과 연계하여 포괄적으로 정의할 수 있다. 피부미용 뷰티산업은 전통피부관리실, 메디컬스킨케어, SPA로 구분하고 있다.

웰니스란 웰빙(well-being)과 행복(happiness) 건강(fitness)의 합성어로 신체적, 정신적, 심리적인 상태는 물론 사회적으로 건강한 상태를 말한다.

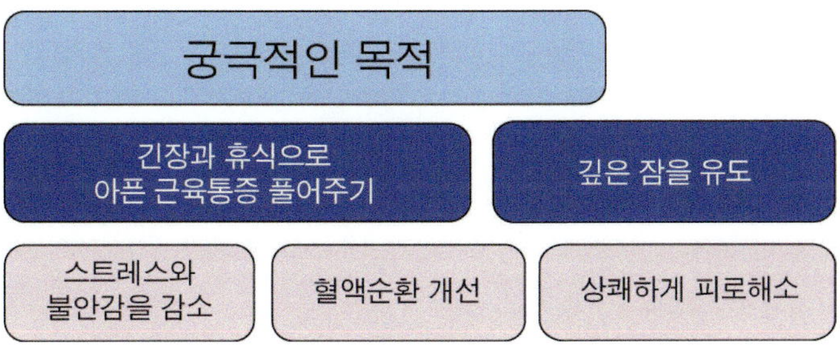

[그림 2-1] 웰니스 뷰티관광의 궁극적인 목적

웰니스 뷰티관광 산업은 건강하면서 아름다운 삶을 영위할 수 있는 바이탈 뷰티를 추구하고 있다. 웰니스 뷰티, 메디컬 스킨케어, 홀리스틱, 매니지먼트 등 웰니스+의료+복지가 융합된 바이탈 뷰티를 선도할 글로벌 인재양성이 필요하다. 뷰티웰니스 산업 전문가 양성을 위해 융합적 역량을 키우고 창의적인 전문성을 발휘할 수 있는 인재를 요구하고 있다.

2. 뷰티산업 분야의 종류와 특성

가. 전통피부관리실

전통피부관리실은 상담을 통하여 피부 유형과 상태를 정확하게 파악하고, 그에 적절한 피부관리 방법을 계획하고 합리적으로 실행한다. 또한 고객의 심리적 안정감을 유도하여 내·외적인 미용효과를 높이고 고객 한 사람 한 사람의 요구에 대응한 기술과 서비스, 홈케어 어드바이스를 제공하여야 한다. 전통피부관리실의 업무영역은 화장품을 매개로 한 수기요법를 이용한 매뉴얼테크닉뿐만 아니라 기기와 도구를 이용한 다양한 테라피를 경험할 수 있다. 전통피부관리실의 직무영역은 원장, 실장, 매니저, 피부관리사로 구분한다.

나. SPA 테라피

스파(solus par aqua, SPA)는 물을 이용한 온도, 부력, 압력효과를 이용하여 인체의 원활한 혈액순환과 스트레스 해소, 질병 예방과 치료, 건강증진 보호장비와 목욕, 미용시설 및 심신안정을 위한 다양한 시설 등을 총칭하는 말이다.

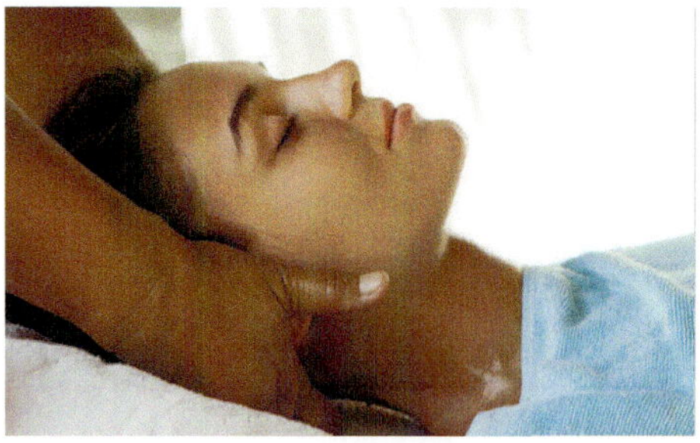

안면 피부관리

전신 피부관리

[그림 2-2] 피부관리 실행

스파에서는 스파디렉터, 스파매니저, 스파테라피스트, 스파컨설턴트, 스파교육자로 직무영역이 나뉘어져 있으며, 이 중 스파테라피스트는 고객의 니즈에 따른 트리트먼트와 프로그램을 제공한다. 스파의 유형은 관리목적과 장소에 따라 다음과 같이 분류한다.

1) 목적에 따른 분류

가) 홀리스틱 스파(holistic spa)

Holistic은 그리스어로 Holos, Whole이란 뜻으로 자연 치유력에 집중하여 사람의 신체적 상태를 넘어 존재하고 작용하는 관점을 말한다. 이는 육체적, 정서적, 정신적 그리고 영적인 것까지 존재하는 모든 측면에서 원인과 해소법을 찾아 삶과 건강에 적용하는 접근방식이다. 홀리스틱 스파는 몸과 마음, 정신을 최적의 상태로 회복시켜 신체의 정상 기능을 개선하는 방법으로 대체 의학적인 치료방법과 개별 영양상태와 식단까지 맞추어 제공한다.

나) 메디컬 스파(medical spa)

메디컬 스파는 의학과 웰니스(wellness) 케어를 결합시킨 서비스와 치료 목적의 트리트먼트를 갖춘 스파이다. 다양한 최신 장비를 통해 피부와 근육, 면역력 등에 활력을 주는 안티에이징, 수기요법, 순환장애, 디톡스 요법 등을 통해 면역 증진과 관절 및 통증 관리, 뇌기능 강화를 위한 Body Treatment와 Facial Treatment를 실시하여 건강한 삶을 위한 다양한 체내 개선 프로그램을 제공한다.

다) 데이스파(day spa)

데이스파는 건강과 미용, 휴식 제공을 목적으로 하는 비즈니스로서 스파 시설이나 풀, 사우나 등을 보유하고 이 시설들을 케어에 사용한다는 점에서 일반 뷰티 살롱과 다르다. 데이스파는 비교적 짧은 1일 이용을 기본으로 하며 바쁜 현대인들에게 스파 트리트먼트로 스트레스를 해소시키고 힐링을 줄 수 있다.

홀리스틱 스파

메디컬 스파

데이스파

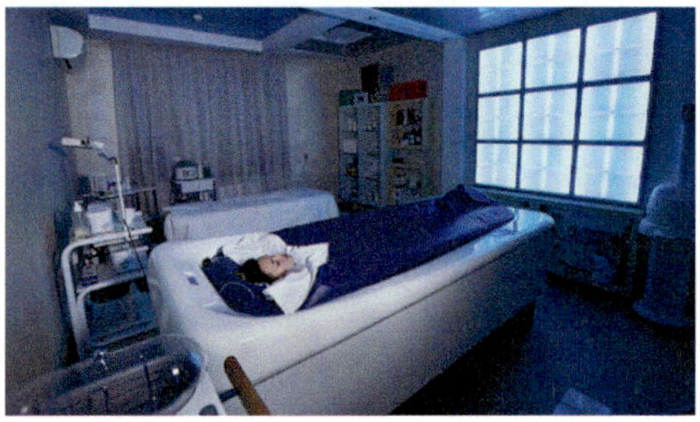

hydro massage SPA

[그림 2-3] SPA 산업 목적에 따른 분류

2) 장소에 따른 분류

가) 리조트/호텔 스파(resort/hotel spa)

리조트 또는 호텔 내에 위치한 리조트/호텔 스파는 고객들에게 스파와 함께 다양한 부대시설의 서비스를 제공한다. 기본적인 스파 시설과 함께 숙박과 함께 여유로운 시간을 보내며 트리트먼트, 건강식 등의 부가 서비스를 제공한다.

나) 데스티네이션 스파(destination spa)

데스티네이션 스파는 고객들에게 광범위한 테라피는 물론이고 전체적인 일상생활 프로그램도 함께 제공한다. 고객들은 이곳에서 스파 체험을 하고 개인적인 목적을 달성하는 것으로 즉 체중감량, 스트레스 해소, 건강식 섭취 또는 자신들의 바쁜 일상생활로부터의 휴식을 취하고 얼마 동안 개인 휴식 공간을 가질 수 있다. 주요하게 받을 수 있는 서비스는 현지 숙박과 스파 퀴진, 야외활동을 포함한 자연 체력 프로그램들, 다양한 스파 트리트먼트, 휴식공간, 여러 고객의 요구를 충족시키는 맞춤 상품들, 뛰어난 경관의 환경, 하이드로테라피, 의학적 지도 감독, 교육 프로그램, 전문적 자격을 갖춘 직원, 체육시설 등이 있다.

다) 크루즈십 스파(cruise ship spa)

크루즈십 스파는 유람선 상의 스파로, 얼굴 및 전신 트리트먼트와 체력 시설 및 운동 프로그램을 완비해 제공하며 호텔/리조트 스파 시설과 비슷하며 기본 스파 트리트먼트와 함께 운동 및 체력시설, 휴식공간, 하이드로테라피, 개인 운동 수업의 서비스를 받을 수 있다.

라) 스파타운(spa town)

스파타운은 천연 온천수를 이용한 목욕과 하이드로테라피를 병행해 두 가지를 동시에 이용하는 것이다. 우리나라에서도 충주시에 위치한 온천은 『조선왕조실록』에도 등장하는 전통적인 스파 중에 하나이다.

리조트/호텔스파

데스티네이션 스파

크루즈십 스파

온천 스파

[그림 2-4] SPA 산업 장소에 따른 분류

마) 미네랄-온천 스파(mineral-hot spring spa)

미네랄-온천 스파는 광천에서 솟아나는 물로 염분과 황화물 등의 광물질을 포함하고 있어서 약수를 이용한 스파로 성분은 다르지만 피부병, 안질, 당뇨병 등에 효과가 있으며, 피부건강뿐 아니라 인체에 좋은 효능이 있어 광천수가 나오는 지역은 스파가 많이 발달되어 있다. 보통 자연적으로 온천과 광천수 또는 간혼 해수 근원이 발생한 곳이 많다.

다. 메디컬 스킨케어

메디컬(medical)은 의학을 뜻하며 '메디컬 스킨케어(medical skin care)'란 의학적인 치료의 목적으로 사용되는 피부관리의 한 분야를 의미한다. 예전에는 먹는 약이나 바르는 약만으로 피부를 치료하였지만, 최근에는 과학적으로 입증된 성분과 약물, 의료기기, 시술을 이용하여 피부를 치료하는 방법이 많이 사용되고 있다. 이는 단순히 마사지 등의 손기술에만 의존하던 과거의 피부관리와는 달리, 특정한 목적을 갖고 시행되는 치료의 한 분야라고 볼 수가 있다. 메디컬 스킨케어의 업무는 피부관리, 비만 및 체형관리, 문제성 피부관리(필링 및 레이저 치료) 등이 진행되며, 메디컬 스킨케어는 의사, 간호사, 상담실장, 피부미용사 및 코디네이터로 직무 영역을 구분한다. 이 중 피부미용사는 피부상태를 파악하여 사용할 화장품을 처방 구성하거나 메디컬 시술 직전, 처치 중 어시스트, 시술 직후 처치를 도와준다. 또한 시술 후의 홈케어 요령 및 화장품에 대한 설명과 조언, 시술기간 중의 화장품 사용여부 및 사용방법을 교육한다.

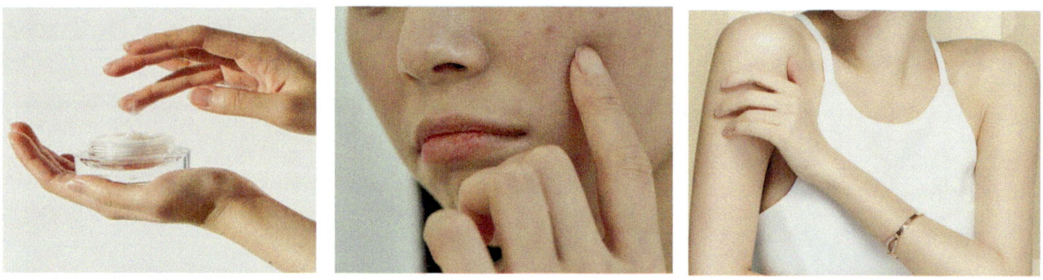

화장품, 매끄러운 피부를 위한 광채관리 | 뷰티, 의료성형뷰티, 스킨케어, 여드름, 스트레스, 비만관리 등 | 주요 신체부위 지방흡입 후 피부관리

[그림 2-5] 메디컬 스킨케어 업무영역

5 Chapter 뷰티테라피의 개념

1. 뷰티테라피의 역사

현대인들의 정신건강에 대한 관심은 단순한 에스테틱이 아닌 그 내면의 신경, 정신 과적인 것까지 넓어졌다. 건강한 육체와 정신을 통해 행복을 추구하고자 하는 웰빙(wellbeng)이 복지, 행복 등의 의미를 가진 생활방식 및 문화에 빠르게 확산되면서 시작되었다.

내면적인 아름다움(inner beauty)뿐만 아니라 전인적인 아름다움(holistic beauty)을 더한 총체적인 뷰티테라피(beauty therapy)의 개념으로 발전되었다. 따라서 뷰티테라피는 정신(mind), 마음(heart), 심리적(psychological), 신체(body), 영혼(spirit) 상태의 총체적인 형태의 전인적인 접근으로 영역이 확대되고 있다. 에스테틱은 자연치유적인 식물, 보석, 스톤, 빛, 해수, 물 등의 자연적인 소재를 이용하여 스파테라피, 향기테라피, 컬러테라피, 탈라소테라피 등과 연계되고 있다.

최근 에스테틱은 신체 시스템의 균형을 잡기 위해 미용상의 상태를 내부적인 원인에 의한 외부적인 문제로 보고 자연친화적인 접근법을 사용한다. 구체적으로는 기공, 명상, 요가, 아유르베다, 식이요법, 유기농 요법 등을 통해 내면의 건강으로 외적인 건강을 유지할 수 있는 홀리스틱 치유방법이 있다.

홀리스틱 치유방법

- 기능성 Functional (효능중심, antiaging)
- 전인적인 Holistic(건강 wellness 추구)
- 자연적인 Natural (안티스트레스)
- 내적인 Inner therapy (깊은 휴식)

[그림 2-6] 홀리스틱 치유방법

가. 환경친화적인 지향(environmont-friendly intention)

자연친화적인 물, 공기, 식물, 해초류, 에센셜 오일, 머드, 해수 등 천연적인 성분을 복합적으로 융합하여 신체의 조직과 세포조직에 있는 독소와 노폐물을 밖으로 배출시키는 방법이다. 이러한 자연의학(自然醫學, naturopathic medicine)은 스스로 자생력을 높여 우리 몸의 항상성 에너지(home aesthetic Force)를 유지하게 한다. 이는 아로마테라피(aromatherapy), 해수요법(thalassotherapy), 스파테라피(SPA therapy), 원예테라피(flower therapy), 스톤테라피(stone therapy) 등이 있다.

나. 전인적인 테라피 지향(holistic therapy intention)

에스테틱의 주요관리 프로그램인 face care에서 body care, body work로 변화되어 가고 있다. 바디워크(body work)는 국소 또는 전신 마사지, 심부조직 수기요법(deep tissue manipulation), 의식적인 운동(conscious exercise), 에너지 균형 조절(energy balance)을 통하여 긴장완화, 통증완화, 손상된 근육회복, 혈액순환 등으로 인체의 구조와 기능을 향상시켜 주는 정신건강 증진 치료법이다.

수기요법(manual massage)은 스웨디시 마사지를 기본으로 림프드레나지, 반사요법, 한국형 피부관리, 딥티슈요법, 지압법을 이용하여 얼굴, 바디, 발관리, 두피관리 등을 하는 프로그램이다.

다. 내면 에스테틱 지향(mind esthetic intention)

내면의 건강을 위해 최대한의 긴장을 이완시키기 위해 릴랙스할 수 있게 환경을 조성하는 것이 중요하다. 음악요법, 컬러요법, 명상, 요가 등을 피부관리와 접목하여 정신적, 심리적, 신체적으로 치유될 수 있게 하는 프로그램이다.

2. 뷰티테라피의 영역

가. 뷰티테라피의 정의

뷰티테라피는 치료라는 의미의 테라피(therapy)에 미용의 목적이 더해진 것으로, 아름다움을 가꾸고 더 나아가 신경 진정이나 스트레스 완화 등의 치유까지도 가능하도록 돕는 분야를 의미한다.

자연주의를 선호하고 웰빙을 추구하는 사람들의 관심이 많아지면서 질병 예방 및 치료를 기존의 전통의학과 보완대체요법을 통하여 관리함으로써 행복하고 아름다운 삶의 유형이나 문화를 확대해가고 있다. 따라서 웰빙, 웰니스, 보완대체요법과 뷰티 관련 산업도 적극적으로 발전하고 있다.

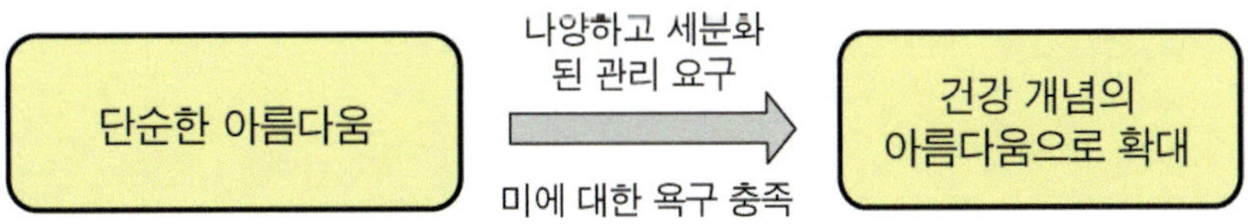

[그림 2-7] 뷰티테라피의 필요성

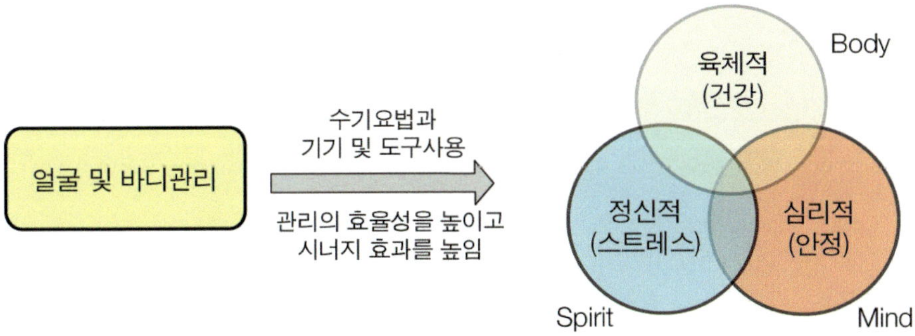

[그림 2-8] 피부관리의 궁극적인 목적

코로나19로 삶의 질이 떨어지면서 현대인들에게 스트레스와 수면부족 현상이 나타나고 있다. 따라서 삶의 모든 순간을 아우르는 라이프 웰니스 뷰티가 발전하고 있다. 건강기능식품, 다이어트, 피부미용, 수면건강 등은 웰니스 소비추세에 맞추어진 이너뷰티가 바이탈 뷰티산업으로 확장되고 있다.

뷰티테라피는 육체적, 정신적, 심리적으로 안녕하면서 건강한 상태를 유지하도록 도와주는 대체요법이다. 뷰티테라피에서 미에 대한 욕구는 다양하고 세분화된 관리 요구에 따라 단순한 아름다움이 아닌 건강개념의 아름다움으로 확대되어 가고 있다.

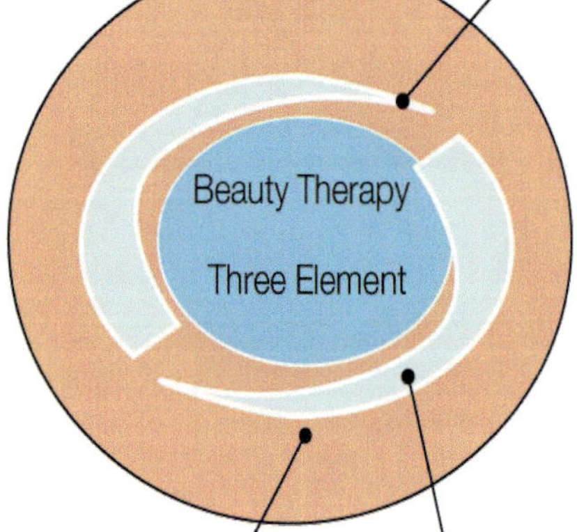

1) 관리대상자 및 관리부위
- ◇ 신체부위: 전신 및 부위별 관리
- ◇ 신체의 상태: 건강한 사람과 미건강한 사람 구분
  - 육체적, 정신적, 심리적 상태
  - 저체중, 과체중, 오장육부의 기능 상태

2) 제품과 기기
- ◇ 화장품(Cosmetic): 마사지크림, 바디오일 등
- ◇ 아로마(Aroma): Essential Oil, Carrier Oil
- ◇ 기기(Machinery): 고주파, 중저주파, 섹션기, 초음파, 엔더몰로지 등
- ◇ 도구(Tools): 스톤, 보석, 괄사 등

3) 기술: 기능과 지식
- ◇ 수기요법(Manual care, Manipulation)
  - Swedish massage, Meridian therapy, Lymphatic Drainage
  - Reflexology, Shiatsu, Sport massage, Thai massage
  - Deep tissue, Lomilomi massage 등
- ◇ 특수요법(Bio rhythm care)
  - Aroma, Color, Music, Spa & hydrotherapy, Thalassotherapy
  - Ayurveda Healing, La Stone & Jewelry Therapy

[그림 2-9] 뷰티테라피의 3요소

나. 웰니스 뷰티의 6가지 영역

세계웰니스연구소(global wellness institute, GWI)는 웰니스 활동으로 물리적(phisical), 정신적(mental), 영적(spiritual), 정서적(emotional), 사회적(social), 환경적 차원(environment)을 제시하고 있다.

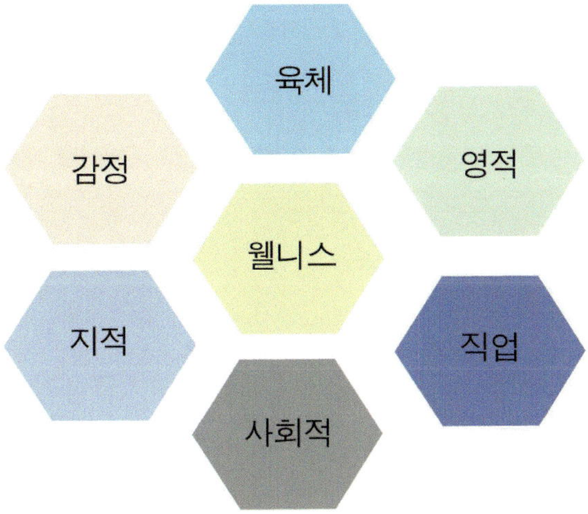

[그림 2-10] Wellness Beauty의 6가지 영역

〈표 2-1〉 **웰니스 차원에 따른 관광활동 목적**

6개 차원	활동
신체적(physical) 영역	피트니스, 영양, 뷰티 등 신체의 건강과 아름다움을 추구하는 행동
정서적(emotional) 영역	휴식, 스트레스 감소시키는 심신활동
영적(spiritual) 영역	치유, 명상 등 정신적 치유를 위한 활동
사회적(social) 영역	소속감, 공동체 의식을 함양하기 위해 하는 활동
지적(mental) 영역	학습과 탐구 등을 통한 배움활동
환경적(environment) 영역	생태체험, 모험 등 자연을 그대로 느끼기 위한 활동

출처: 박경옥(2021), 포스트 코로나 시대, 부산지역 웰니스관광 활성화 방안, p.11 재인용

6 Chapter 뷰티테라피 분류

1. 뷰티테라피의 필요성

뷰티테라피는 치료라는 의미의 테라피(therapy)에 미용의 목적이 더해진 것으로, 아름다움을 가꾸고 더 나아가 신경 진정이나 스트레스 완화 등의 치유까지도 가능하도록 돕는 분야를 의미한다.

자연주의를 선호하고 웰빙을 추구하는 사람들의 관심이 많아지면서 질병 예방 및 치료를 기존의 전통의학과 보완대체요법으로 관리함으로써 행복하고 아름다운 삶의 유형이나 문화를 확대해가고 있다. 따라서 웰빙, 웰니스, 보완대체요법과 뷰티 관련 산업도 적극적으로 발전하고 있다.

2. 뷰티테라피의 활용방법

가. 수기요법

수기요법은 손을 이용한 방법으로 매뉴얼테크닉으로 지칭하고 있다. 매뉴얼테크닉은 인체 조직을 적절하게 압박하거나 자극을 주어 혈액순환과 신진대사를 촉진한다. 수기요법의 종류로는 쓰다듬기, 마찰하기, 두드리기, 주무르기, 떨어주기 등의 방법을 활용한다. 스웨디시 마사지, 한국형 피부관리, 림프드레니지, 반사요법, 딥티슈요법, 로미로미 마사지, 스포츠마사지 등으로 구분하고 있다.

나. 도구 및 매체활용

뷰티테라피를 위한 도구 및 매체 활용은 관리사 입장에서는 신체의 과중한 업무를 줄이고, 고객의 효과를 높이기 위해 사용된다. 보편적으로 가장 많이 사용되는 테라피는 뱀부/목기테라피, 스톤/보석테라피, 괄사테라피 등이 있고, 매체를 활용한 테라피는 아로마테라피, 컬러테라피, 광요법, 해수나 해초류, 화장품 등이 있다.

다. 피부미용 기기

피부미용 기기의 활용은 피부관리 시 정확한 피부 상태와 유형을 분석하고 진단할 수 있으며, 과학적이고 효율적인 관리를 통해 피부관리의 효과를 한층 높일 수 있다. 뷰티테라피에서 피부미용 기기는 의료기기가 아닌 신체를 아름답게 하거나 유지, 보호할 미용목적으로 사용하는 기기를 말한다. 바이브레이터기(G5) 석션기, 엔더몰로지 등이 있다. 현재는 고주파, 중주파, 저주파는 의료용 기기로 분류되고 있다.

〈표 2-2〉 관리 단계별 피부미용 기기의 종류

관리 단계	사용 기기	사용 목적
피부 분석	• 확대경, 피부진단기, 우드램프 • 유수분 측정기, pH 측정기 등	• 피부 진단
클렌징	• 브러시, 스티머	• 노폐물 제거, 각질 연화
딥 클렌징	• 브러시(스크럽), 스티머(효소)	• 각질 제거, 모공 청결, 온열 효과
앰플	• 갈바닉기, 초음파기	• 제품 흡수 촉진
마사지	• 고주파기, 진공 흡입기, 패터기 • 리프팅기, 엔더몰로지, 중저주파기	• 혈액순환 촉진, 림프순환 촉진 • 주름 완화, 탄력 증진
마스크 & 팩	• 적외선 램프	• 온열 효과, 제품 흡수 촉진
마무리	• 스프레이	• 보습, 수렴효과

3. 뷰티테라피의 종류 및 특성

가. 스웨디시 마사지

1) 스웨디시 마사지의 이해

스웨디시 마사지는 9세기 초 스웨덴의 Pehr Henrik Ling(1778~1839)이 고안한 기법이다. 세계 3대 매뉴얼테크닉 중 하나로 손을 이용하여 시술하는 가장 오래되고 유용한 요법 중의 하나이다. 운동치료 요법을 바탕으로 스웨덴에서 개발된 매뉴얼테크닉

방법으로 18세기에 보급되었던 의료 체조 시스템의 능동적 동작에 길게 미끄러지는 듯한 쓰다듬기, 마찰하기, 주무르기, 두드리기, 떨어주기 등의 수동적 동작, 즉 마사지 동작들을 결합하였다. 가볍고 부드러운 동작과 리드미컬한 매뉴얼테크닉을 구사하여 피로를 회복시키고 릴랙싱한 느낌을 특징으로 에스테틱 분야에서 많이 활용되고 있는 대표적인 기본 테크닉이다.

얼굴관리

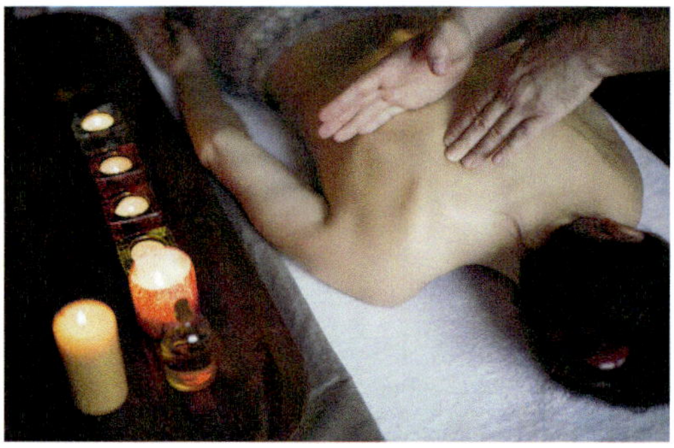
바디관리

2) 스웨디시 마사지의 효과

스웨디시 마사지는 신체의 혈관을 자극하여 혈액순환을 도와주고 몸속의 노폐물을 제거하고 근육과 관절이완, 근육의 긴장도를 낮추어 외형적으로 올바른 체형관리에 도움이 된다. 또한 심신의 이완과 자율신경계 기능에 균형을 이루어 근육의 경직, 전신 피로와 스트레스를 완화해 준다.

3) 스웨디시 마사지의 주요 동작 및 특징

일반적인 스웨디시 마사지의 매뉴얼테크닉은 다섯 가지 주요 동작으로 구성되어 있고 이 동작들은 근육의 상층부위에 더욱 많이 작용하여 근육 긴장 완화는 물론 심장으로의 혈액 순환을 원활하게 하는 일반적인 특성이 있다. 마사지 방법으로는 경찰법(effleurage), 마찰법(friction), 유날법(petrissage), 경타법(tapotment), 진동법(vibrations)이 있다.

〈표 2-3〉 스웨디시 마사지 다섯 가지 테크닉 동작

한글표기	영어표기	동작 및 특징
경찰법 쓰다듬기 쓸어주기	Effleurage	• 동작: 매뉴얼테크닉을 시작하거나 마무리할 때 주로 사용하며 손바닥 전체를 이용하여 가볍게 천천히 쓰다듬기 • 효과: 피부진정, 긴장완화, 신경이완, 혈액순환 촉진
마찰법 강찰법 문지르기	Friction	• 동작: 손가락을 이용하여 피부내층에 적절한 압력을 가하면서 문지르는 동작으로 경찰법보다는 강하며, 유연법보다는 강도가 약하고 손가락 끝으로 원을 그리듯 이동하면서 강하게 무지르기 • 효과: 피지분비, 신진대사 촉진, 노폐물 제거
유날법 유연법 반죽하기	Petrissage	• 동작: 손가락 전체를 이용해서 피부를 깊게 맞잡듯이 반죽하듯이 주무르기 • 효과: 노폐물 제거, 지방분해, 피부 밑 조직에서 움직임이 큰 강한 테크닉
경타법 고타법 두드리기	Tapotment	• 동작: 목적에 따라 손가락과 손바닥 전체, 손의 측면, 손등으로 피부를 빠르게 두드림 • 효과: 혈액순환 촉진, 피부 탄력증가, 경직된 근육이완
진동법 마찰법 떨어주기	Vibrations	• 동작: 어깨와 팔에 힘을 주고, 손 전체와 손가락 끝에 힘을 주어 섬세하게 진동 • 효과: 피지분비, 신진대사 촉진, 노폐물 제거, 긴장, 경직된 피부를 풀어줌

나. 림프드레니지(lymph drainage)

1) 림프드레니지의 이해

림프드레니지(manual lymph drainage, MLD)는 1882년 von Winiwarter에 의해 처음 사용되었다. 그는 임파부종 환자를 위한 치료 목적으로 첫째, 부종액의 흡수 증가, 둘째, 결체조직의 재흡수 유발을 언급하였다. 이후 덴마크의 물리치료사이자 치료사인 에밀 보더 박사(Dr, Emil Vodder, 1896-1986)가 림프드레니지 기법을 만들었다. 손을 이용하여 림프의 배출을 촉진시키는 방법이며 현재 국내에서는 림프배농, 림프드레니지, 엠엘디 등 여러 형태로 불리고 있다. 림프드레니지는 림프절을 일정한 속도와 압, 리듬으로 큰림프절 방향으로 가볍게 실행하여 결국은 우측 하정맥과, 좌측 하정맥으로 이동시킨다. 림프드레니지는 림프관을 이완시키고 정체되어 있는 림프액의 순환과 배출을 촉진시키는 방법으로 의학과 미용 분야에서 널리 사용되고 있는 방법이다.

2) 림프드레니지의 효과

림프드레니지는 신체 결체조직에 정체되어 있는 젖산과 노폐물을 제거하며 깨져버린 자율신경계의 균형을 유지시킨다. 또한 교감신경과 부교감신경을 자극하여 이완작용을 유발시켜 통증 완화에 관여하고 신체의 진정 및 이완효과, 면역기능 강화 등 다양한 효능이 있다. 림프드레니지는 민감 피부의 주사(rosacea), 안면 홍조증(facial erythrosis), 모세혈관 확장증(couperose), 혈종(hamatomas)과 같은 충혈성 홍조와 홍반, 안면부종(facial oedema), 정맥류 등의 피부에 적용할 수 있다.

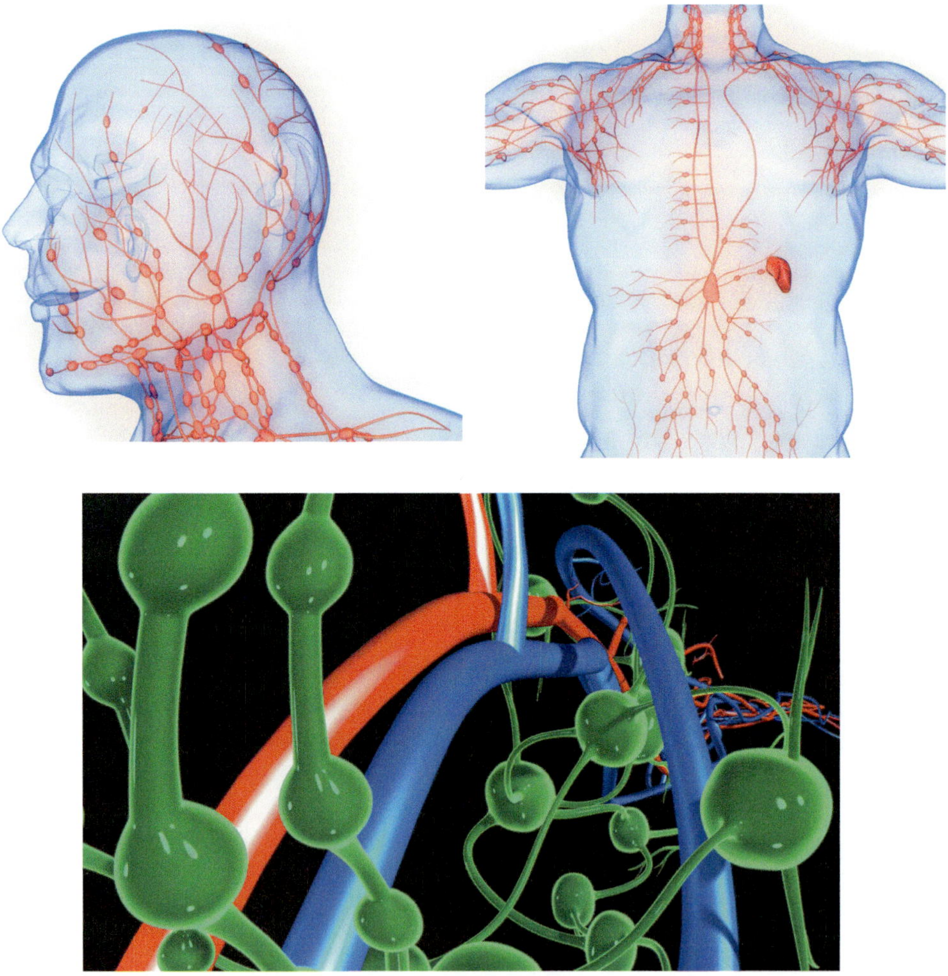

[그림 2-11] 림프 순환계

➔ 림프계의 이해

1. 림프계의 정의

심장 혈관계와 관련이 있으며 림프관의 망에 의해 체액 순환을 돕는다. 혈관과는 다른 종류의 순환계로 림프(lymph), 림프관(lymphatic vessel), 림프절(lymph node)로 구성되어 있다. 세포 주변에 존재하는 과도한 체액과 단백질, 지방, 죽은 세포 등을 흡수하여 혈관계 안으로 되돌려 주는 역할을 한다.

2. 림프계의 구성

가. 림프

1) 림프의 정의

림프는 골수에서 만들어지며, 모세혈관에서 나온 혈장이 림프관으로 들어가 림프가 된다. 인체에 두루 분포되어 있으며 신체 대사에 중요한 물질로 물, 전해질, 노폐물, 모세혈관에서 빠져 나온 단백질로 구성되어 있다. 맑고 투명하나 때때로 노란색을 띠며, 혈액보다 점성이 덜하며 알칼리성 용액이다. 소장에서는 지방의 흡수로 인하여 우윳빛처럼 하얗다.

2) 림프의 기능

① 림프는 림프 기관으로 들어온 물질을 이동시킨다.
② 조직 사이에 과도하게 축적된 액을 제거한다.
③ 조직 사이에 과도하게 축적된 액을 심장으로 되돌린다.
④ 병원체의 침입으로부터 몸을 보호하는 중요한 역할을 한다.

나. 림프절

1) 림프절의 정의

둥글거나 작은 완두콩 모양으로 림프관을 흐르는 림프를 통과시킨다. 다양한 부위에 집단을 이루는 경향이 있으며 목, 겨드랑이, 복부, 골반, 서혜부, 가슴 등에 많이 분포한다.

2) 림프절의 기능

① 여과와 식균 작용에 의한 방어 기능
림프 속의 미생물 및 이물질, 유해 미립자 등을 여과하고 탐식한다.
② 림프의 농축: 여과된 체액을 재흡수하여 40% 정도까지 림프액을 농축한다.
③ 면역 기능: 림프절에는 많은 양의 림프구가 있다. 특별한 세균이나 이물질에 대항하기 위해 림프구와 형질 세포는 항체를 생성하여 특수한 면역 항원에 대한 면역 반응을 담당한다.
④ 물질 저장: 신체가 흡수나 제거할 수 없는 유리 먼지, 석탄 먼지와 광물류와 염기성 염료 같은 물질을 저장한다.

3) 안면의 주요 림프절

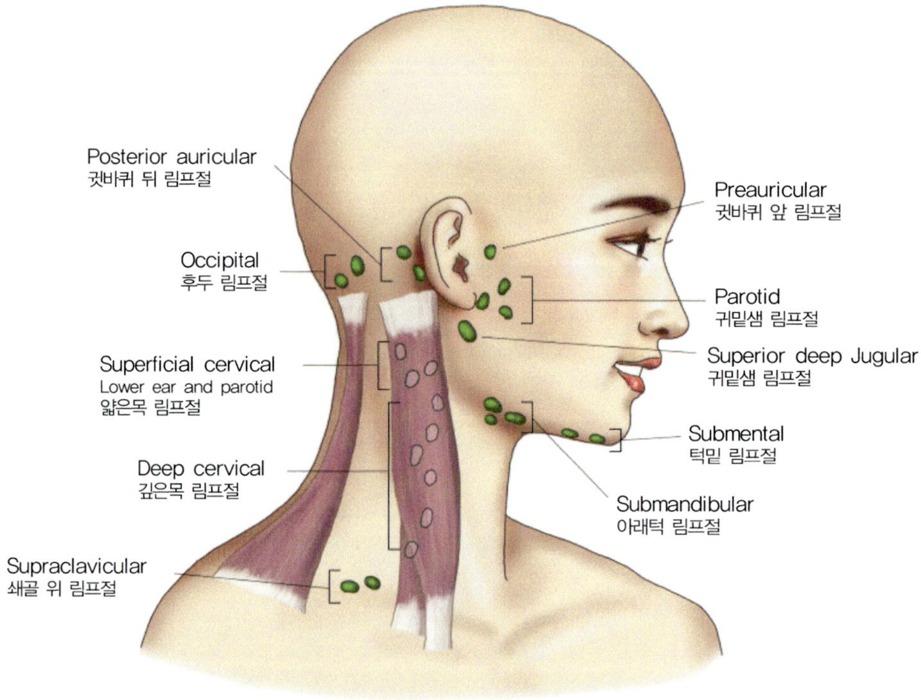

출처: 교육부(2017). 피부미용 특수관리(LM1201010221,22,23,24,25,26,27). 세종: 한국직업능력개발원

[그림 2-12] **안면의 주요 림프절의 명칭**

가) 관자 림프절(temporalis): 관자놀이, 움푹 들어간 부위

나) 하악 림프절(angulus): 하악골, 턱이 끝나는 부위

다) 쇄골 밑 림프절(terminus): 쇄골의 위쪽, 가장 움푹 들어간 부위

라) 귀앞 림프절(parotis): 귀의 앞부분, 하악골과 상악골의 중간 부분

마) 귀뒷 림프절(profundus): 귀 뒤쪽 움푹 들어간 부분

4) 전신의 주요 림프절

가) 목 림프절(cervical region)

나) 겨드랑이 림프절(axillary region)

다) 서혜 림프절(inguinal region)

라) 골반강 림프절(pelvic cavity)

마) 복강 림프절(abdominal cavity)

바) 흉강 림프절(thoracic cavity)

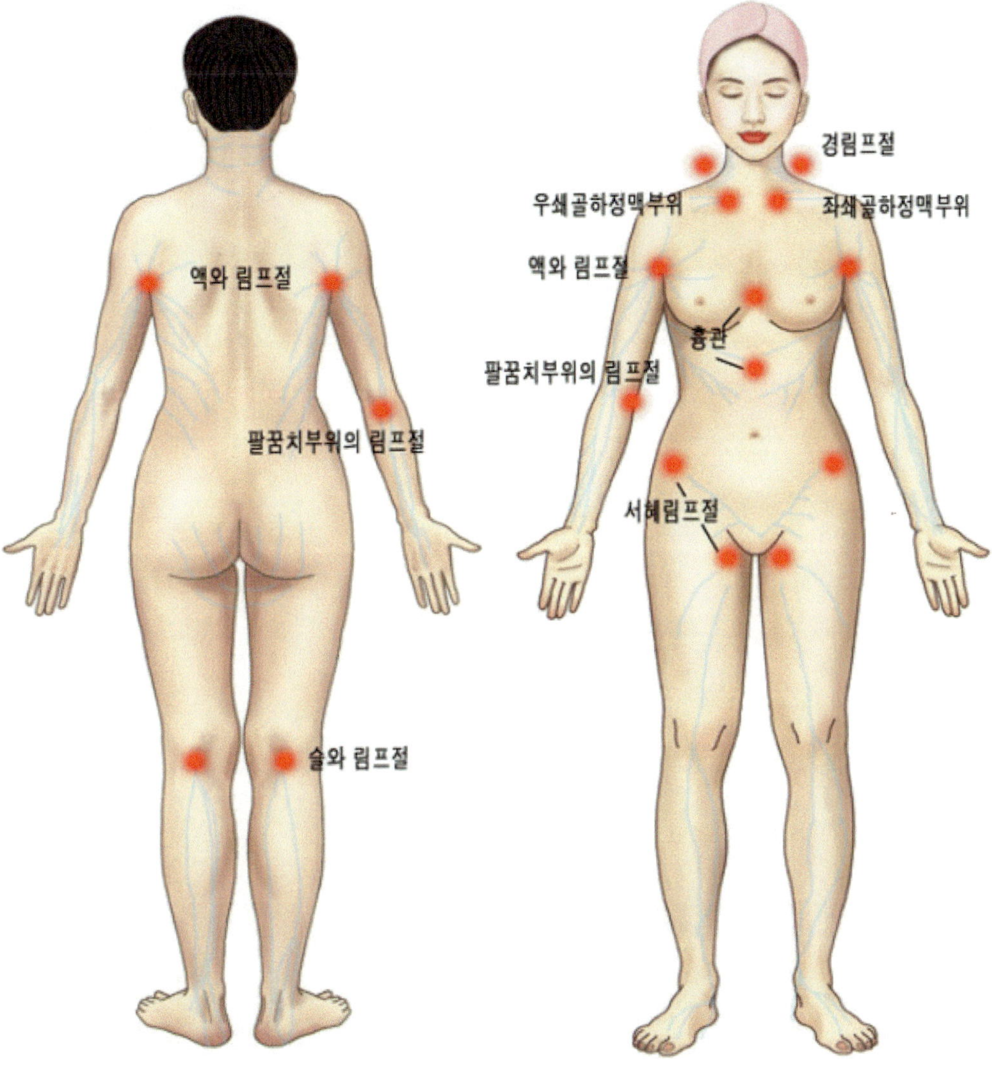

출처 : 교육부(2017). 피부미용 특수관리(LM1201010221,22,23,24,25,26,27). 세종 : 한국직업능력개발원

[그림 2-13] 전신의 주요 림프절 명칭

5) 림프드레니지의 동작 및 특징

〈표 2-4〉 림프드레니지 기본동작

한글표기	영어표기	동작 및 특징
정지상태 원동작	Stationary circle	손가락 끝 부위나 손바닥 전체를 이용하여 림프배출 방향으로 압을 주는 방법으로 피부 위에서의 미끄러짐이 없이 일정한 주기로 연속적으로 시행하고 림프의 흐름에 역행하지 않도록 주의한다.
회전기법	Rotary technique	손가락 전체를 피부에 대고 피부를 약간 늘린 후 손바닥 전체를 피부에 밀착시켜 림프의 순환방향을 따라 15-40mmHg 압력을 이용하여 회전시키듯 손목을 움직여 옆으로 회전하는 기법이다.
퍼올리기 기법	Scoop technique	엄지를 제외한 네 손가락을 가지런히 하여 손바닥을 이용해 손목을 회전하여 위로 쓸어 올리듯이 압을 주는 기법으로 주로 팔, 다리에 사용한다.
펌프기법	Pump technique	팔, 다리에 주로 사용되는 기법으로 엄지손가락과 네 손가락을 둥글게 하여 엄지와 검지 부분의 안쪽 면을 피부에 닿게 하고 손목을 움직여 위로 올릴 때 압을 주어 림프의 흐름을 도와준다.

6) 림프관계

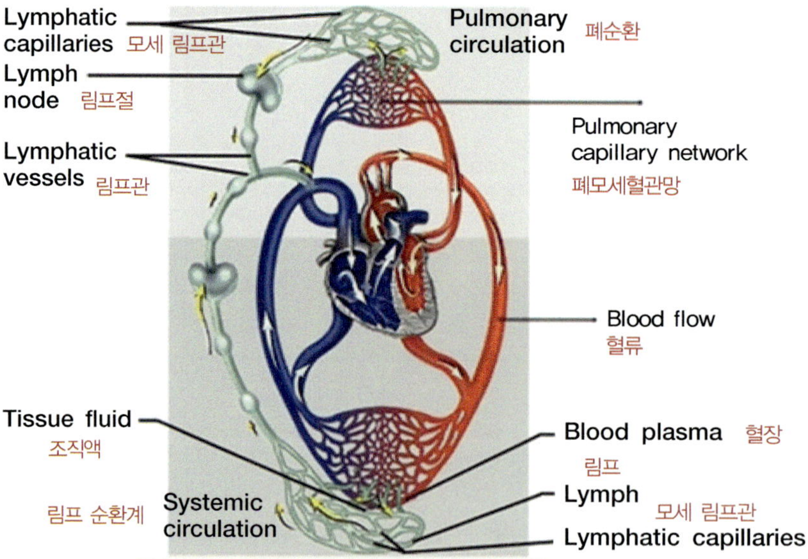

출처: 보조 순환역할 림프계 구성과 원리 http://old.kpanews.co.kr

[그림 2-14] 순환계의 구조

① 조직 사이에서 시작하여 조직 간극에 있는 조직액이 일부 림프모세관에 들어가 림프가 된다.

② 림프관 속에는 판막이 여러 개 존재 → 근육이 수축하면 그 속에 있는 림프관은 압착되어 림프는 한 방향으로 밀려서 흐른다.

③ 림프 → 수입림프관 → 림프절 → 수출림프관 → 정맥계와 합친다.

다. 한국형 피부관리(Meridian massage therapy)

1) 한국형 피부관리의 이해

중국 의학서인 『황제내경』은 「소문」과 「영추」로 구성되어 있다. 「소문」에는 생리, 병리, 진단, 질병의 원인, 증상, 진단, 치료방법, 건강법이 담겨있고, 「영추」에는 침구편과 경락이 기록되어 있다. 경락은 경맥과 낙맥을 총칭하며 에너지의 순환 통로로서, 모든 생명활동을 주관하는 인체 내의 에너지(기 · 혈 · 정 · 신) 순환통로를 말한다.

경락은 중의학의 기본원리이며 생리, 병리, 진단, 치료에 중요한 수단으로 활용된 침구학의 한 부분으로서 미용적으로는 내면의 건강을 통해 피부 및 비만관리에 이용되고 있다. 이를 한국형 피부관리로 명명하였다. 동양의 치료방법은 서양의 치료방법과는 다르게 증상을 통해 원인을 알아내어 원인을 제거하여 치료하는 방법으로 근원적 치료방법을 선택하고 있다.

경락은 체내 깊숙한 곳에서부터 체외, 말단, 피부까지 연결되어 있어서, 체표의 문제가 생길 경우 체내장부의 이상으로 인한 반응으로 파악해서 각 기관과 장부, 뼈, 피모까지 연계해 진단과 치료를 함께하는 방법이다. 경락마사지에서 다루는 에너지 포인트(Energy point)는 경혈을 의미하며 이 에너지 포인트의 터치는 인체 경혈 분포도를 숙지함으로써 매뉴얼테크닉의 효과를 상승시키고자 함이다.

2) 한국형 피부관리의 효과

경락 매뉴얼테크닉은 피부표면을 직접적으로 자극하기 때문에 피부의 국소체온이 높아지고 모세혈관을 확장 또는 수축시켜 대사 작용이 원활해지며 림프액 흐름이 촉진되어 피부 내의 수용기에 영향을 미쳐 신진대사를 원활하게 한다. 또한 피부 정화 및 부종 예방에 효과적이며, 긴장된 근육의 상태를 이완하여 정상화시키고, 심신을 안정시켜 편안한 상태를 유지시킨다. 경락 매뉴얼테크닉은 경혈의 자극과 오장육부의 생리적 기능의 조절을 통해 자연 치유력을 촉진하는 효과를 보임으로써 치료 보조요법의 한 수단으로 다양하게 응용되어 오고 있다. 또한 셀프 경락 매뉴얼테크닉과 안면용 마사지 기구를 이용한 셀프 경락 매뉴얼테크닉은 피부 탄력 증대, 얼굴 혈류량 증대, 피부색 개선에 효과적이다.

3) 한국형 피부관리의 동작

스웨디시 매뉴얼테크닉과 지압법(경혈)을 자극하면서 동작을 실시한다.

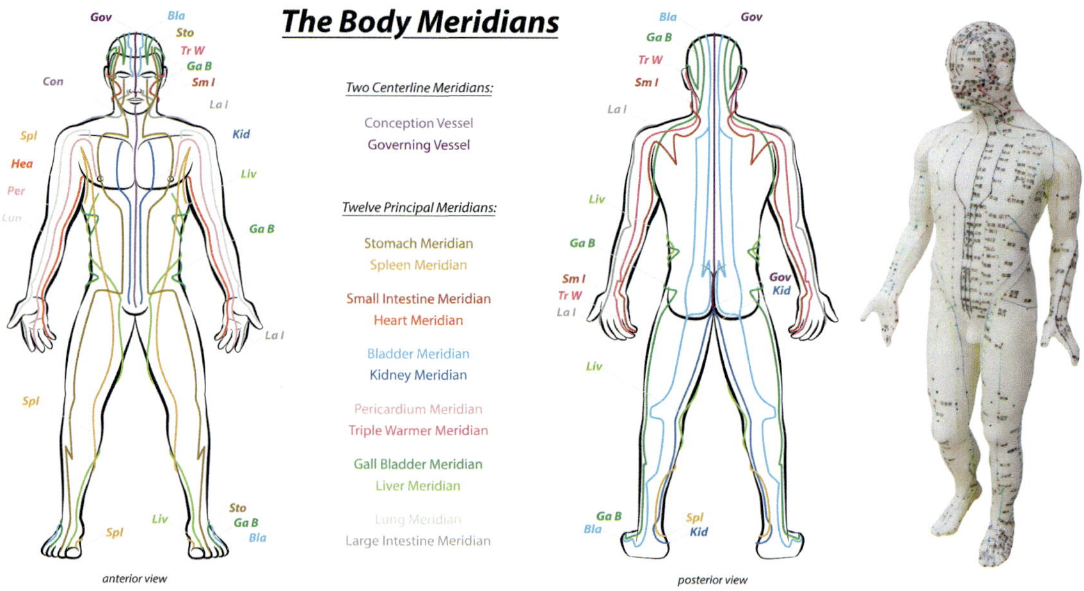

인체의 12경락 인체의 경혈점

출처: 인체 경락 색채도 http://blog.daum.net/dece55/392

[그림 2-15] 인체의 12경락과 경혈점

4) 한국형 피부관리 원리

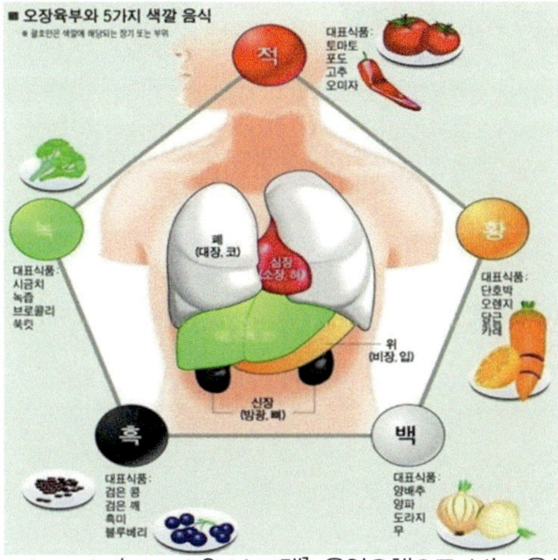

https://www.google.co.kr/search?hl스크랩] 음양오행으로 보는 음식 blog.daum.net

[그림 2-16] 음양오행 음식과의 관계

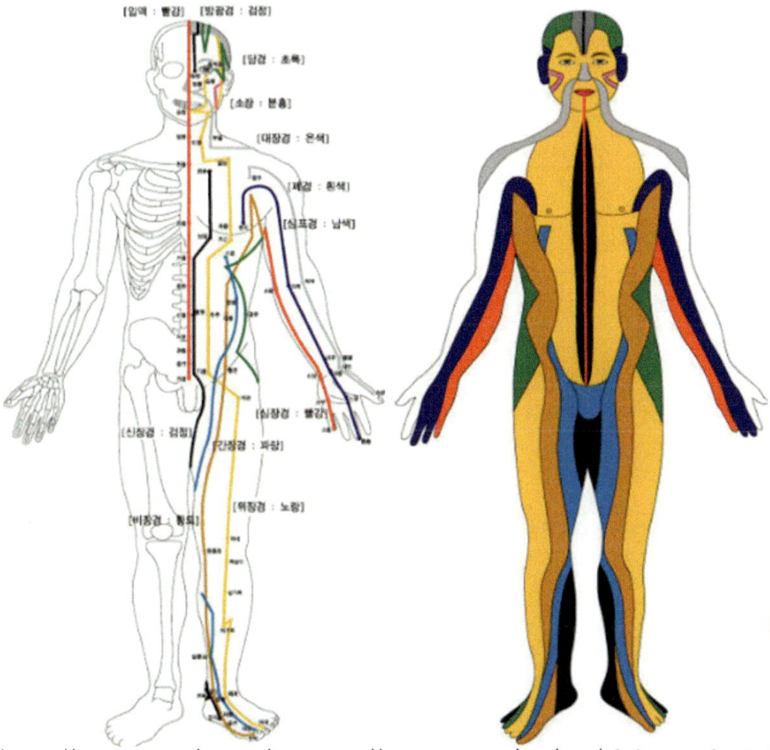

출처: http://blog.daum.net/deoe55/392, https://t1.daumcdn.net/cfile/blog/1213114F4D67ABAC30

[그림 2-17] 경락 순행도

라. 반사요법(Reflexology)

1) 반사요법의 이해

반사요법은 기원전 2330년경의 고대 이집트 벽화에서 발을 자극하는 장면을 볼 수 있으며, 춘추전국시대에 간행된 『황제내경』 「소녀」편에 소개된 관지법(觀趾法)에도 소개된 오래된 자연요법이다.

반사요법(反射療法)은 신체의 특정 부위 특히 발과 발바닥에 압력을 가하여 압력점과 연계된 것으로 특정 기관을 자극하는 것이다. 발에 가장 많이 활용되므로 발반사요법이라고도 한다.

신체의 모든 선(림프선, 내분비선 등)들, 기관들, 장기 등에 대응하는 발과 손에 나타나는 반사구(손, 발, 귀 등)의 특정 지점에 손 또는 특정한 도구를 이용하여 자극 또는 압력을 가하여 반사구에 해당하는 스트레스와 긴장을 경감시켜 혈액공급을 원활히 하여 신경장애를 개선하고, 각 장기가 자연적으로 항상성을 유지하도록 한다.

대체요법 중의 한 분야인 반사요법은 인체에 대표적으로 발반사요법, 이혈요법, 수지침, 동공요법 등이 전문분야에서 잘 활용되고 있다. 그 외에 침구, 요가, 기공, 카이로프랙틱, 최면, 허브요법, 한방요법, 조날 테라피, 아큐 프레스, 병리안마 등이 있다.

2) 반사요법의 효과

손이나 지압봉으로 반사구를 반복 자극함으로써 반사구의 해당 장기의 기능을 조절하고 신체의 음양의 균형을 조화롭게 하여 질병을 예방 및 치유하고자 한다. 인체의 특정 부위를 자극하면 장기나 신체 부위에 반사반응이 일어나 자극을 준 부위뿐만 아니라 전신의 건강도 증진시킨다. 혈액순환 촉진, 신체 기능의 정상화, 음양의 균형과 조화, 노폐물 배출 등의 효과를 나타낸다.

3) 반사요법의 원리

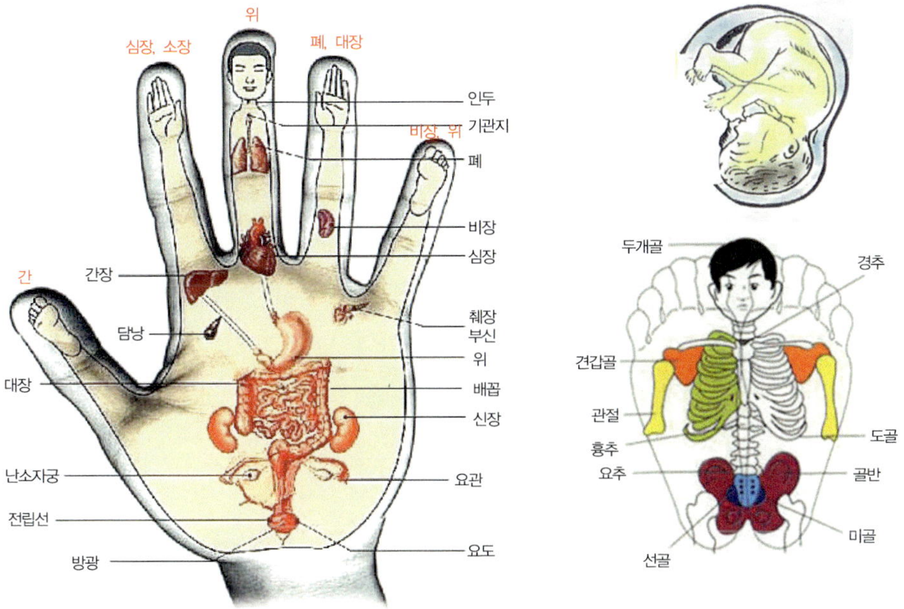

네이버 블로그m.blog.naver.com

[그림 2-18] 손, 발, 귀 반사구

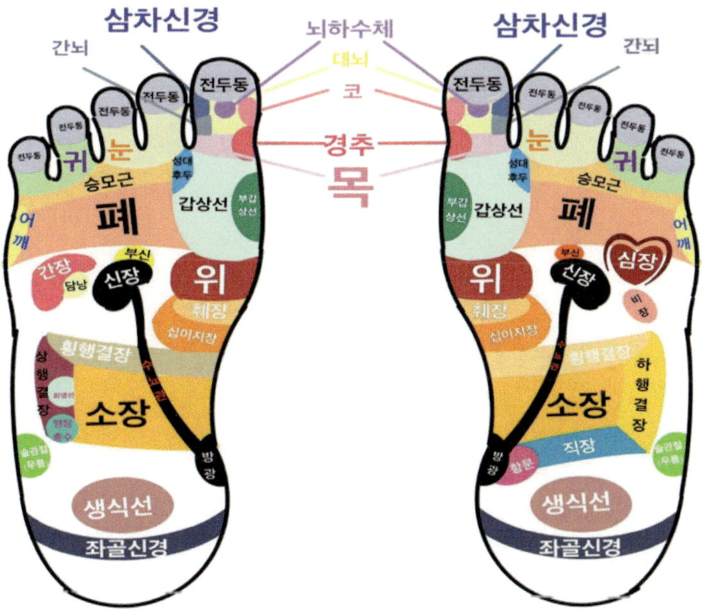

[그림 2-19] 발 반사구

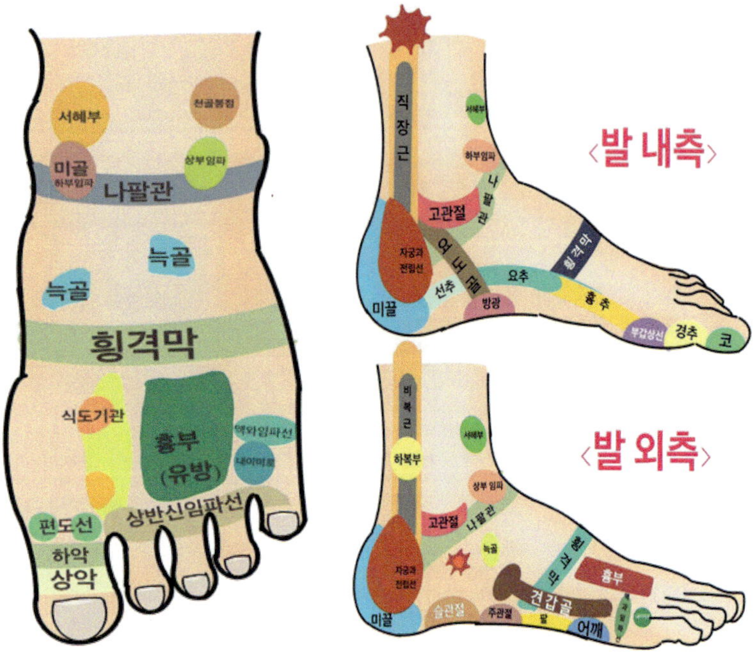

[그림 2-20] 발등과 발바닥 반사구

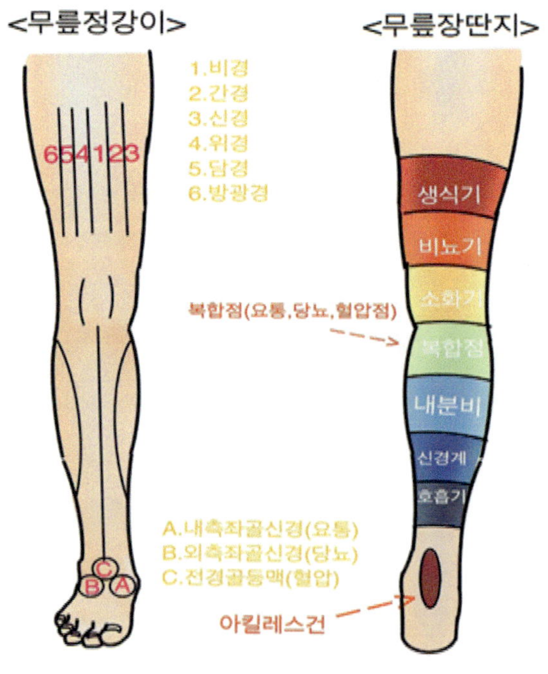

[그림 2-21] 다리부위 경락 및 반사구

〈표 2-5〉 발 반사부위의 진단법

진단법	원인 및 증상
발바닥 색깔	① 노란색: 빈혈, 황달의 가능성, 칼슘 부족 ② 창백한 색: 정맥순환 장애의 가능성 ③ 붉은 색깔: 콜레스테롤, 동맥경화의 가능성 ④ 검붉은 색: 엄지발가락의 전두동을 짜듯이 눌러보아 검붉은 색이면 콜레스테롤 수치가 높고 동맥경화의 가능성이 높다. ⑥ 엄지 발가락의 색깔이 다르다: 간기능 저하
발의 모양	① 외모반지(엄지 발가락 밑의 뼈가 돌출한 경우): 목뼈의 이상, 코의 이상, 두통 ② 발등이 솟은 경우: 허리에 이상증세 ③ 두 번째 발가락이 엄지 위에 올라가 있거나 꼬여있는 경우: 두통
발의 증상	① 발바닥에 모래알 같은 것이 만져질 때: 병증이 조금 경과되었거나 결석의 가능성 ② 발바닥에 작은 덩어리나 큰 덩어리가 만져질 때: 반사구의 장기에 이상 의심 ③ 발바닥에 가는 띠가 있는 경우: 오래전에 앓았던 병이나, 가벼운 병증을 나타낸다.
발의 상태	① 발에서 이상한 냄새가 나는 경우: 독소 배출이 안 되는 상태 ② 발이 평상시 부어있고 통통하며 예쁜 경우: 몸이 상당히 좋지 않은 상태이며, 병증이 겉으로 드러난다. ③ 발이 차갑고 땀이 많이 나는 경우: 신장의 기능저하 ④ 발이 거친 경우: 혈액순환 장애, 신진대사 장애 ⑤ 엄지발가락의 전두동이 딱딱한 경우: 두통 ⑥ 왼쪽 엄지가 오른쪽 엄지보다 큰 경우: 편식이나 당뇨의 가능성 ⑦ 네 번째 발가락이 치켜들린 사람: 변비, 신경통, 감기 ⑧ 새끼발가락의 변형: 생리불순, 생리통 ⑨ 평발: 좌골 신경통이 자주 발생하며, 소화기능이 약하다. ⑩ 발가락 전체가 안쪽으로 쏠린 경우: 보행에 지장을 주며, 요통, 변비, 두통의 원인

출처: 발 관리 진단법, https://naver.com

마. 딥티슈 마사지(Deep tissue massage)

1) 딥티슈 마사지의 이해

월헴 라이히(Wilhelm Reich)가 시작한 신체와 감정의 자극적 치료법인 심부조직 매뉴얼테크닉은 딥(deep)이라는 심부를 뜻하는 단어와 티슈(tissue)라는 조직을 뜻하는 단어를 합하여 심부층까지 세밀한 효과를 적용시켜 굳게 닫혀있는 조직들을 잘 풀어내는 매뉴얼테크닉 기법이다. 여기서 조직이란 같은 형태의 세포들이 특수한 목적을 위하여 모인 집단을 말하며 우리 인체에는 크게 상피조직, 근육조직, 신경조직, 결합조직으로 분류되어 있다. 압을 누르고 신전시켜 신체를 치유하는 클리니컬로 유명한 이 테크닉은 독소 피로물질을 정화하고 심신을 이완시켜 모든 스트레스에서 해방시키기 위한 방법이다.

2) 딥티슈 마사지의 효과

결합조직의 근막, 근육, 건(腱)을 신장시키고 만성 연부조직의 유착분리, 국소허혈 변성조직 내로의 산소와 영양공급, 심부근육의 압통점(trigger point) 제거, 관절의 가동범위 증진, 림프배농과 부종 감소, 셀룰라이트 분해와 지방질 감소 등의 효과가 있다.

일반적인 관리보다 중심점이 있는 테크닉이며 연근육의 심층에서 접근할 수 있도록 표면에서 시작하여 근육의 심층부이 좀 더 잘 움직일 수 있도록 천천히 접근하여 긴장이나 불필요한 충격에서 벗어나서 조직을 효과적으로 이완시켜 결합조직의 전신순환을 촉진시키고 신체의 자세 불균형을 바로잡는 데 목적이 있다.

3) 딥티슈 마사지의 동작

딥티슈 마사지 기법으로는 반응점 압박(trigger point), 마찰(friction), 근막 이완기법(myofascial release)이 있다. 근막과 심층의 근육과 결체 조직의 심부층까지 관리하는 마사지 방법으로 심신의 이완뿐만 아니라 만성적이고 급성인 문제까지 다루는 치유적인 마사지이다.

4. 도구 및 매체를 활용한 뷰티테라피

가. 아로마테라피(Aromatherapy)

1) 아로마테라피의 개념

아로마(향기)와 테라피(관리, 요법, 치료)의 합성어로 향을 가진 허브식물로부터 추출해낸 에센셜 오일을 이용하여 인체의 특정 부분의 증상을 완화하거나 정신적인 기능을 활성화하고 심리적인 스트레스를 이완하기 위하여 사용하는 것을 말한다. 아로마테라피는 에센셜 오일(essential oil)과 캐리어 오일(carrier oil)을 피부 유형 및 신체 부위, 고객의 취향에 맞게 블렌딩하여 얼굴과 전신에 적용하는 관리법이다. 따라서 아로마테라피란 향을 지닌 약용식물의 꽃이나 뿌리, 잎, 줄기, 열매로부터 추출해 낸 천연 방향 성분인 에센셜 오일을 인체에 흡입·흡수시켜 질병을 예방하고 치료하며 건강의 유지·증진을 도모하는 자연치료 요법이라고 할 수 있다.

Aroma	+	therapy	=	Aromatherapy
(향 또는 냄새)		(치료 또는 관리)		(방향요법)

* 에센셜 오일은 herb에서 추출한 오일(aroma, 향)을 말함

2) 아로마테라피의 효과

아로마를 이용한 관리는 혈류와 림프 순환 촉진을 통해 신진대사 및 세포 재생력을 향상시킨다. 또한 아로마관리에 적용되는 매뉴얼테크닉의 부드러운 터치와 오일의 향은 신경계에 자극을 주어 육체적 긴장 완화 및 심리적 안정감을 유도한다.

3) 에센셜 오일의 정의

아로마테라피의 근본이 되는 정유(aroma oil, essential oil)는 향기가 나는 식물(herb)의 꽃, 잎, 줄기, 열매, 뿌리, 수지, 과피 등에서 추출한다. 허브는 다양한 특성이 있다. 아로마 오일은 복잡한 화학물질들을 포함하는 고농축 원액의 방향성 물질을 말한다.

향기가 나는 식물(herb)에서 추출한 정유(essential oil)와 식물성 오일을 블렌딩(희석)하여 메뉴얼테크닉과 흡입법, 목욕법, 습포법 등을 응용하여 아로마테라피를 한다.

[그림 2-22] Essential oil 추출부위

4) 에센셜 오일의 다양한 특성

에센셜 오일은 물에 녹지 않고 기름에 녹는 지용성(soluble in oil)이며 알코올에 용해(soluble in alcohol)되고, 휘발성(volatile)의 특성이 있다. 유기화합물(organic compound)로 구성된 에센셜 오일은 고농도(highly concentrated, powerful)이지만 끈적임이 없으며(non-greasy), 방향성(aromatic)이 있다. 가연성(flammable), 액체상태(liquid)로 무색 또는 옅은 노란색을 띄고 가격이 고가(expensive)라는 특징이 있다.

〈표 2-6〉 향(aroma)의 작용

작용	특징
행동(본능) 자극	① 역할: 흥분제 및 억제작용 ② 종류: 로즈, 네놀리, 제라늄, 라벤더 등
소화기 자극	① 역할: 소화작용 및 담낭과 간기능 활성화 작용 ② 종류: 캐모마일, 스위트 오렌지, 레몬, 과일향 등
순환기계의 균형과 조절	① 역할: 혈액순환을 촉진 ② 종류: 히솝, 쥬니퍼(노간주) 등
호흡기계 작용	① 역할: 감기 바이러스 방어작용 ② 종류: 유칼립투스, 프랑킨센스 등
면역계 작용	① 역할: 세균 및 바이러스 방어작용 ② 종류: 라벤더, 티트리 등
근육계 작용	① 역할: 근육을 이완시켜 혈액순환 촉진 ② 종류: 페퍼민트(박하식물), 타임(백리향) 등
생식기계 및 비뇨기계 작용	① 역할: 생리주기, 유즙분비 촉진작용 ② 종류: 세이지, 펜넬, 로즈, 캐모마일 등
내분비 자극	① 역할: 신체의 호르몬 분비촉진 ② 종류: 라벤더, 티트리, 제라늄 등
신경계 자극	① 역할: 심리적 안정감을 준다 ② 종류: 라벤더, 제라늄, 로즈우드 등
제품 Masking	① 역할: 맛있는 향과 상큼한 향내음으로 기분 전환 ② 종류: 시트러스 계열(레몬, 오렌지, 자몽 등의 감귤류) 등

5) 정유(Essential Oil)가 인체에 미치는 효과

피부와 호흡에 의해 혈관에 흡수된 정유는 호르몬과 효소에 반응하여 화학적 변이를 일으켜 신체의 질병을 치유하는 약리적 효과가 있다. 또한 향의 정보가 대뇌 기저에 있는 해마에 축적되어 과거에 좋았던 향일 경우 '그립고 행복한 기분을 주는 향기'로 정신이완(relaxing)에 도움을 주는 심리적 효과가 있다. 향의 정보가 간뇌의 시상하부에 도달하면 자율신경, 호르몬, 면역기능 등을 컨트롤하는 중추신경 역할을 하는 생리적 효과가 있다.

6) 정유(Essential oil)의 인체흡수 경로

에센셜 오일은 사용자의 건강상태와 증상에 따라서 다양한 방법으로 사용할 수 있다. 에센셜 오일은 향이 모아져서 액체로 보이지만 향기가 증발되면 액체는 사라지고 만다. 오일을 체내로 흡수하는 일차적인 신체 기관에 따라서 크게 네 종류로 나누어 볼 수 있다.

신체의 피부, 코, 폐, 림프 가운데에서 가장 보편적이고 안전하게 사용되는 방법은 피부와 코를 통한 흡수방법이다. 우리 인체에 액체 상태로 흡수시키기 위해서는 입과 피부를 통해야 한다. 기체 상태는 곧 향기(증기)를 말하는데 향기는 폐와 코를 통해 흡수된다. 인체에 흡수되는 구체적인 과정은 다음과 같다.

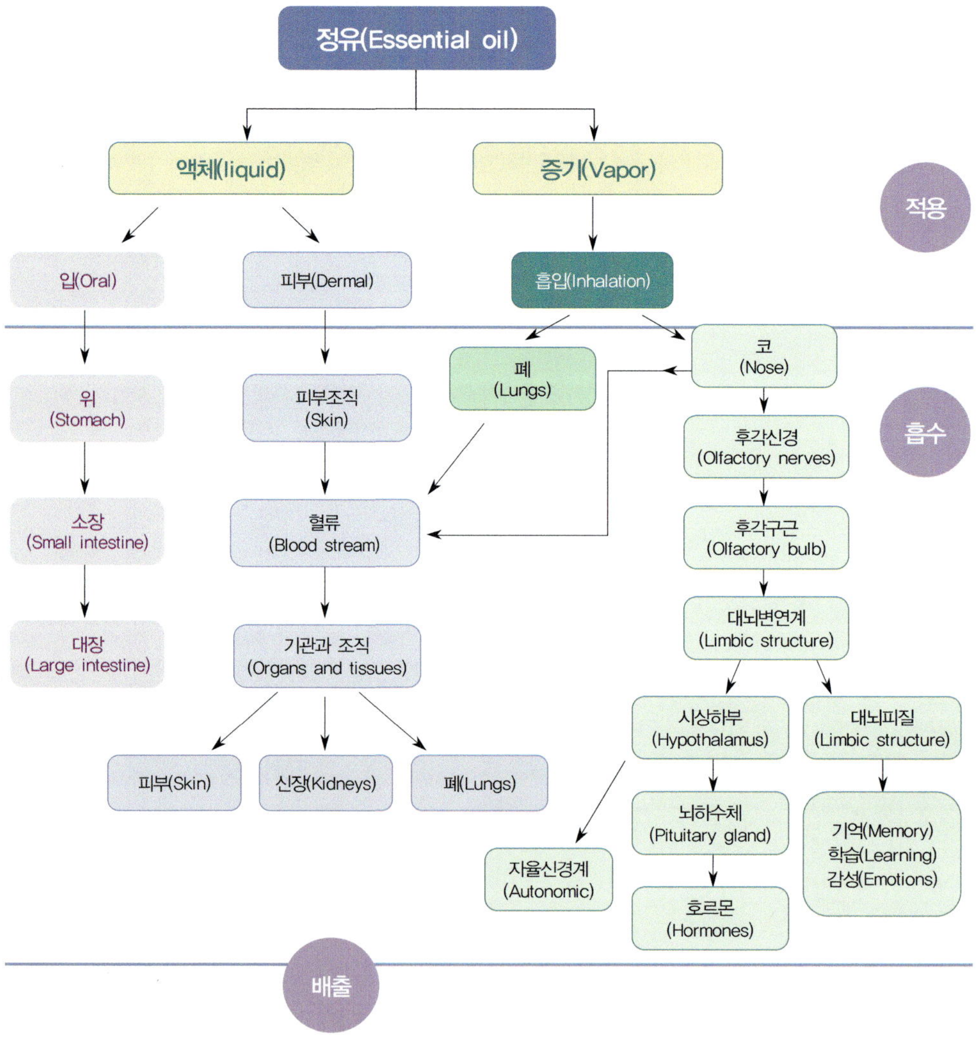

[그림 2-23] 정유(essential oil)의 인체흡수 경로

7) 정유(essential oil)의 적용 범위

가) 향료를 이용한 제품의 다양화

향료 산업의 발달은 가정에서 전문점, 병원, 홍보물 제작 등에 이르기까지 다양한 방법으로 활용된다. 특히 음료, 의류, 화장품, 약품, 미용, 캔디, 광고 등에 사용되고 있다.

나) 정유(essential oil)의 향 분류

① 정유의 향 분류는 19세기 프랑스의 피아제에 의해 정립되었다.

② 에센셜 오일은 휘발성과 성질에 따라 상향(top note), 중향(middle note), 하향(base note) 세 가지 노트로 분류한다.

③ 향기요법은 치료 효능을 극대화하고, 좋은 향을 만들며 향기의 지속력을 유지시키기 위해서 세 가지 노트를 균형있게 혼합하는 것이 매우 중요하다. 그런 의미에서 에센셜 오일은 매우 동적이라 할 수 있다.

〈표 2-7〉 **정유의 노트(note)별 분류**

구분	특성	에센셜 오일
탑노트 (상향)	① 특성: 입자가 가볍고 쉽게 증발하여, 향 냄새가 가장 먼저 나고 활동력이 강함 ② 추출계열: 감귤류(citrus aurantium)과 추출 ③ 블렌딩 비율: 전체량의 5~10% ④ 향의 지속시간: 약 3시간 이내 ⑤ 기대효과: 정신과 신체에 가장 자극적으로 우울할 때, 무기력할 때 정신과 육체를 고양시킨다.	• 오렌지, 레몬, 라임 • 그레이프 프루트, 베르가못 • 만다린 • 티트리 • 유칼립투스 • 바질, 펜넬 • 페파민트 등
미들노트 (중향)	① 특성: 중간입자를 지니고, 탑노트와 베이스노트의 중간 향으로 부드럽고, 원만하며 따뜻한 느낌 ② 추출계열: 주로 꽃과 잎 종류에서 추출 ③ 블렌딩 비율: 전체량의 50~80% ④ 향의 지속시간: 약 6시간~2, 3일간 ⑤ 기대효과: 신체의 신진대사 작용에 영향을 줌	• 라벤더, 네롤리 • 캐모마일, 제라늄 • 마조람, 로즈마리 • 클라이세이지 • 팔마로사 • 블랙페퍼 • 주니퍼베리 • 히솝 등
베이스 노트 (하향)	① 특성: 천천히 증발하여 향이 마지막까지 남고, 향을 오래 고정시켜 주는 고착제 역할을 함 ② 추출계열: 주로 나무나 레진에서 추출 ③ 블렌딩 비율: 전체량의 5~10% ④ 향의 지속시간: 약 5, 6시간~7일 ⑤ 기대효과: 진정작용과 이완작용이 있음	• 샌들우드, 시더우드 • 로즈우드, 미르 • 프랑킨센스, 로즈 • 일랑일랑, 자스민 • 벤조인, 시나몬 • 미르, 페추올리 • 진저 등

④ 블렌딩은 보통 두세 가지의 오일을 섞어야 제대로 된 효과를 볼 수 있는 반면, 다섯 가지 이상의 오일이 섞이면 오히려 효과가 반감되기도 한다.

⑤ 실제 향 분류는 향기요법 전문가마다 천차만별이다. 따라서 일반인들은 향의 분류와 관계없이 개인적으로 좋아하는 향이나 자신의 성격, 증상에 따른 향과 배합하여 사용하면 된다.

⑥ 향기요법은 경험과 전문성이 필요하기 때문에 가능하면 전문가의 도움을 받도록 한다. 일반인들이 활용하기 어려울 뿐 아니라 부작용의 위험을 안고 있다. 다음의 정유의 노트(note)별 분류는 〈표 2-7〉과 같다.

다) 에센셜 오일의 방울수(drop number) 계산법

에센셜 오일의 한 방울(1 drop)은 0.05mL로 방울의 크기는 세계적으로 통일되어 있다. 에센셜 오일의 방울 수 계산법은 쉽고 오차범위가 적게 간단하게 계산하는 방법이다.

① 20방울 = 1mL(1cc)

② 600방울 = 1oz(30mL)

③ 100방울 = 5mL(5cc, 1tea spoon)

④ 1,000방울 = 50mL

⑤ 200방울 = 10mL

⑥ 500mL = 1point

⑦ 300방울 = 15mL(15cc, 1Table spoon)

⑧ 1,000mL = 1litter

➔ 참고

◎ 블렌딩 비율(blending ratio)

- face oil: 약 1%, 장기간 사용 시: 0.25~0.5%(두피나 모발 동일 적용)
- face gel, eye gel: 약 0.25%
- facial mask: 약 0.5%

◎ 바디에 사용할 때: 티트리, 라벤더 오일은 여드름이나 뾰루지 같은 국소부위에 직접 사용할 수 있다.

라) 블렌딩 방법

블렌딩 준비물 : 에센셜 오일, 캐리어 오일(크림, 클렌징, 팩, 증류수 등) 비커, 30mL 또는 50mL의 갈색공병, 라벨 견출지, 스패출러, 팩볼 등을 준비한다.

(1) 안면(face massage oil) 사용 시 블렌딩

① 캐리어 오일(mL)÷4=에센셜 오일 방울 수 (ex. 30mL÷4=7.5방울)

② 1회분 1방울(사용할 제품은 30분 전 미리 희석하여 랩으로 덮어둠)

(2) 바디(body massage oil) 사용 시 블렌딩

① 캐리어 오일(mL)÷2=에센셜 오일 방울 수 (ex. 30mL÷2=15방울)

(3) 스킨토닉(skin tonic) 사용 시 블렌딩

① **정상피부:** 증류수(mL)÷4=에센셜 오일 방울 수 (ex. 30mL÷4=7.5방울)

② **민감피부:** 증류수(mL)÷6=에센셜 오일 방울 수 (ex. 30mL÷6=5방울)

마) 대체 가능한 오일

오일은 종류에 따라 효능과 특성을 가지고 있다. 많은 오일을 가지고 있지 않을 경우에 대체 오일을 사용하게 된다. 사용목적에 따라 효능과 향취 계열에서 맞는 오일을 선택하는 것이 좋다.

〈표 2-8〉 **대체 가능한 오일의 종류**

오 일	대체 오일
① neroil	⇒ petitgrain, bergamot, tangerine
② rose	⇒ geranium, palmarosa, rosewood
③ jasmine	⇒ petitgrain, ylang-ylang, champaca flowers
④ vanilla	⇒ benzoin, peru balsam
⑤ sandalwood	⇒ cedarwood, spruce
⑥ lemon	⇒ grapefruit
⑦ tangerin	⇒ sweet orange
⑧ lavender	⇒ lavendin
⑨ peppermint	⇒ spearmint, thyme
⑩ cinnamon	⇒ clove

나. 뱀부테라피

1) 뱀부테라피의 이해

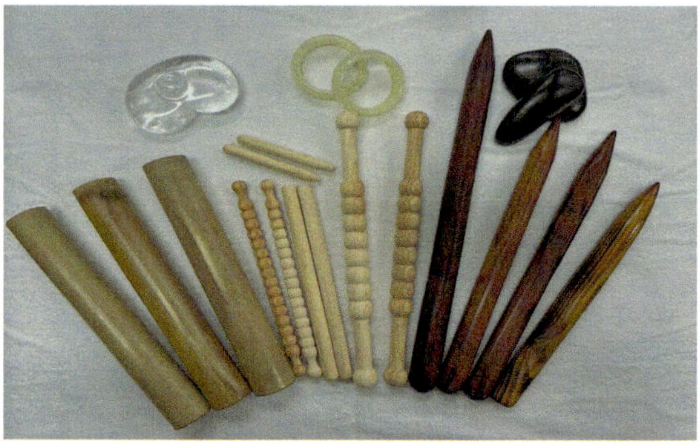

뱀부테라피는 대나무를 이용하여 관리하는 마사지테라피로 오래된 치유 예술 마사지 중 하나이다. 고대 힌두교를 믿었던 지역과 페르시아와 이집트는 많은 질병관리에 뱀부마사지를 적용하였다. 뱀부마사지는 따뜻하게 데운 대나무를 이용하여 신체에 적용하는 테라피이다. 온열을 이용한 뱀부테라피는 림프관을 자극함으로써 긴장과 근육의 이완을 비롯하여 혈액순환을 촉진시키고, 전신의 릴랙싱을 도와 스트레스와 긴장으로부터 벗어나게 해준다. 얼굴 피부에 사용하면 피부의 주름과 피부 트러블을 완화하는 효과가 있다.

2) 뱀부테라피의 효과

뱀부테라피는 대나무에서 방출되는 음이온과 원적외선 성분이 체내피는 수면의 질을 개선하고, 우울증을 완화할 수 있는 자연적인 힐링 관리 방법이며, 활성산소를 소거하여 자율신경을 안정화하고, 심부 조직에 압박이 가해져 혈액 흐름이 활발해지면서 림프순환이 개선됨으로써 부종과 셀룰라이트의 분해를 돕는 작용이 있다. 또한 뱀부마사지는 매뉴얼테크닉보다 심층부의 근육까지 깊게 관리할 수 있다는 장점이 있다.

3) 뱀부테라피의 동작

뱀부테라피는 스틱을 활용하여 적은 압으로도 림프 순환과 신경, 근육, 근막 깊은 곳까지 효과가 미친다. 뱀부의 길이와 굵기에 따라 여섯 가지의 기본 매뉴얼테크닉과 다섯 가지의 응용테크닉을 수행한다. 손으로 매뉴얼테크닉을 한 후 대나무 스틱을 사용하여 근육을 쓰다듬기, 밀어주기, 문지르기, 반죽하기, 두드리기, 누르기, 진동하기 등의 동작을 할 수 있다. 동작을 할 때 압력(pressure), 방향(direction), 속도와 리듬(rate, rhythm), 연결성(connectivity), 자세(position), 관리 횟수(administrative repeat), 매개체(media)에 따라 혈액순환을 도와주고 근육을 이완시켜 신체의 생리기능을 향상시킨다.

다. 스톤 및 보석테라피

1) 스톤테라피의 이해

스톤테라피는 고대 주술사들이나 샤먼들이 몸을 치료하기 위해 개발한 전통요법이다. 민간요법으로 전해 내려오던 것을 미국 애리조나주의 메리 하니건이라는 피부관리사가 재정립하였다. 스톤테라피는 온열 요법의 원리를 신체에 적용하여 뜨겁게 데운 돌과 차가운 돌을 번갈아 사용함으로써 전신의 순환을 원활하게 하여 인체의 항상성(homeostasis)을 회복, 유지하는 원리를 근거로 만들어진 관리법이다.

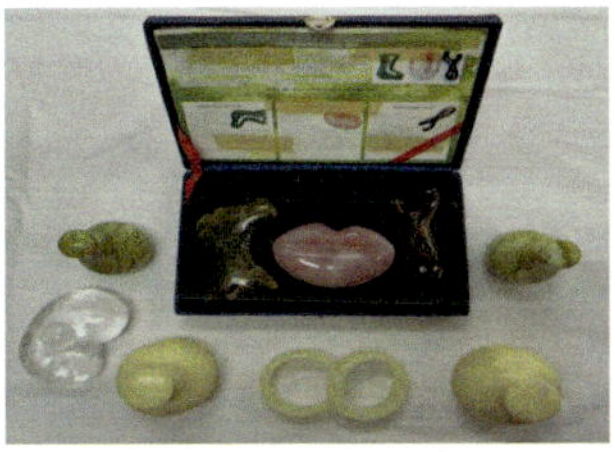
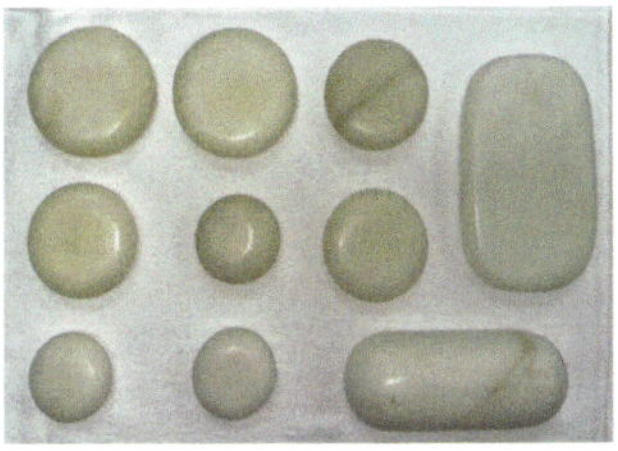

2) 스톤테라피의 효과

스톤은 핫스톤과 쿨스톤으로 나뉜다. 핫스톤은 신체의 근육을 이완시켜 혈액순환을 도와주고 전신에 활력을 주며 셀룰라이트 분해에도 효과가 있다. 또한 체내의 독소와 노폐물의 배출을 촉진시켜 부종을 예방하고 림프의 순환을 원활하게 하며, 면역력을 향상시키며 세포재생에 도움을 준다. 쿨스톤은 신체 염증 개선과 통증감소에 효과적이며 부종 완화, 피부 진정에 효과적이다.

3) 스톤테라피의 원리

스톤테라피는 주로 현무암을 사용하는데, 현무암은 다량의 원적외선이 함유되어 파장의 길이가 길어 몸속 깊숙이 침투할 수 있다. 원적외선은 스스로 열을 내게 하는 성질이 있기 때문에 스톤테라피는 체내 노폐물을 배출하며 약해진 세포조직을 활성화함으로써 확실한 개선효과를 준다. 스톤테라피는 스톤의 매끄럽고 평평한 면을 이용하여 근육 부위를 가볍고 부드럽게 미끄러지듯 마사지하는 글라이딩(gliding), 스톤의 가장자리 부분으로 인체의 말초 신경을 향하여 다림질하듯이 마사지하는 플러싱(flushing), 스톤의 모서리로 근육을 따라 깊숙이 문지르는 동작으로 딥티슈 관리(deep tissue massage)에 매우 효율적인 엣징(edging), 스톤 두 개를 이용하여 미리 올려 둔 스톤을 다른 스톤으로 가볍게 두드려 주는 동작인 탭핑(tapping) 동작을 적용한다.

7 Chapter K-Beauty 관광의 현황

1. 웰니스 스파 국내현황

웰니스는 육체적 건강과 정신적 건강의 조화를 통해 행복한 삶을 추구하는 웰빙(well-being, 참살이)에 건강(fitness)과 행복(happiness)이 결합한 합성어다.

웰니스 관광은 웰니스(wellness)와 관광(tourism)이 결합한 개념으로 건강증진과 삶의 질 향상을 추구하는 관광의 새로운 트렌드로 떠오르고 있다(유지윤, 2018). 건강증진을 위해서는 SPA센터와 에스테틱이 큰 역할을 하고 있다.

한국의 피부미용의 산업 구조는 에스테틱 체인화, 살롱 에스테틱, 메디컬 에스테틱, 호텔 및 리조트 스파로 분류하고 있다. 살롱 에스테틱은 1980년도에 도입되었으나, 메디컬 에스테틱은 의료기관에서 피부의 문제를 개선하기 위해 의료진들이 시작하여 2000년도에 급성장하였다. 호텔 및 리조트 스파는 2005년 이후에 급성장하여 오늘날 웰니스 관광 산업의 중심이 되고 있다.

살롱 에스테틱의 프로그램은 얼굴(facial), 바디(body), 반사요법(reflexology), 아로마(aroma), 비만(obesity), 특수관리(special care), SPA(solus par aqua) 등이 있다.

메디컬 에스테틱의 프로그램은 미용성형, 피부건강 증진 및 개선, 여드름 · 노화관리, 비만관리, 레이저 후 피부관리 등이 있다.

호텔 및 리조트 스파의 프로그램은 건강 헬스클럽(fitness), 스트레스 관리(stress management), 건강 음식(health food), 편안한 음악(sound sleep) 등이 있다. 그 외에 온천, 해수, 입욕제를 이용한 도심 내에도 다양한 테라피를 활용하여 건강과 항노화(antiaging), 체중 관리 등을 목적으로 다양한 프로그램을 제공하고 있다. 이배 스파의 사전적 정의를 보면 스파는 마사지나 물의 열, 부력 따위로 온몸의 혈액 순환을 촉진하여 피부를 관리하고 몸의 스트레스를 해소할 수 있는 시설을 말한다.

몸과 마음 치유하는 웰니스 관광은 자연 · 숲 치유, 힐링 · 명상, 만남 · 즐김 치유, 뷰티 · 스파 등을 이용하는 뷰티관광을 말한다.

고령인구 증가, 여가시간 및 소득증대로 건강에 대한 관심이 증가하면서 건강증진 및 예방에 대한 소비시장이 급격하게 성장하고 있다. 만성질환에 대한 다양한 행태의 건강 서비스 시장이 확대되고 있으며, 특히 코로나19의 확산 이후, 청정과 안전, 힐링을 테마로 프라이빗한 여행에 대한 수요가 폭발적으로 증가하고 있다.

국내 웰니스 산업은 2017년 이후, 한국관광공사에서 추천 웰니스 관광지를 선정하고 홍보하며 육성하고 있다. 2021년 기준, 전국에 51개의 웰니스 관광지가 선정되어 운용되고 있다. 2022년 기준 한국관광공사에서 선정한 웰니스 관광지 51개 현황을 살펴보면 다음과 같다. 서울/수도권 12곳, 강원 충청권 14곳, 전라권 8곳, 경상권 13곳, 제주권 4곳이 운영되고 있다.

제주 자연 속에서 완성하는 뷰티 & 웰니스

머무는 것만으로 힐링이 되는 곳 제주에서, 몸과 마음에 쌓인 피로를 풀고, 피부와 근육에 쌓인 스트레스를 풀어주는 스파와 마사지, 아름다움을 완성해주는 헤어와 뷰티 케어 서비스를 받으며, 자연과 맑은 공기 속에서 몸과 마음을 편안하게 하는 대표적인 관광지이다.

[그림 2-24] 뷰티 웰니스 제주 신화 월드

〈표 2-9〉 **한국관광공사 선정 추천 웰니스 관광지 현황**

구분	지역	시 설 명	테마	최초 선정연도
1	서울특별시	설화수 플래그십 스토어	뷰티/스파	2017년
2		티테라피	한방	2017년
3		SPA 1899 동인비(정관장 스파 G)	뷰티/스파	2017년
4		여용국 한방스파	한방	2017년
5		올리바인 스파	뷰티/스파	2017년
6		비스타 워커힐 웰니스클럽	힐링/명상	2018년
7		서울한방진흥센터	한방	2021년
8	인천광역시	파라다이스시티 씨메르	뷰티/스파	2019년
9		더 스파 앳 파라다이스	뷰티/스파	2021년
10	부산광역시	스파랜드 센텀시티	뷰티/스파	2017년
11		닥터 아난디 의원	뷰티/스파	2020년
12	울산광역시	국립 대운산 치유의 숲	자연/숲치유	2020년
13	대구광역시	리조트 스파밸리	뷰티/스파	2017년
14	광주광역시	테라피스파 소베	뷰티/스파	2019년
15	경기도	허브아일랜드 허브힐링센터	뷰티/스파	2017년
16		아쿠아필드 고양	뷰티/스파	2018년
17		아일랜드캐슬	뷰티/스파	2019년
18	강원도	힐리언스 선마을	힐링/명상	2017년
19		동해무릉건강숲	자연/숲치유	2018년
20		파크로쉬 리조트앤웰니스	힐링/명상	2018년
21		용평리조트 발왕산	자연/숲치유	2019년
22		뮤지엄 산 명상관	힐링/명상	2019년
23		오색그린야드 호텔	뷰티/스파	2020년
24		로미지안 가든	힐링/명상	2021년
25		하이원 리조트 HAO 웰니스	자연/숲치유	2021년
26	충청북도	깊은산속 옹달샘	힐링/명상	2017년
27		리솜포레스트 해브나인 힐링스파	뷰티/스파	2017년
28		좌구산 자연휴양림	힐링/명상	2021년
29	충청남도	팜카밀레	자연/숲치유	2018년
30		파라다이스 스파 도고	뷰티/스파	2019년

구분	지 역	시 설 명	테마	최초 선정연도
31	충청남도	에덴힐스 뷰티&힐링파크	뷰티/스파	2020년
32	전라북도	진안홍삼스파	뷰티/스파	2017년
33		구이안덕 건강힐링체험마을	한방	2021년
34	전라남도	순천만국가정원&순천만습지	자연/숲치유	2017년
35		정남진 편백숲 우드랜드	자연/숲치유	2017년
36		태평염전 해양힐링스파	뷰티/스파	2018년
37		전남권 환경성 질환 예방관리센터	힐링/명상	2019년
38		국립 장성 숲체원	자연/숲치유	2020년
39	경상북도	국립 산림 치유원	자연/숲치유	2017년
40		국립 김천 치유의 숲	자연/숲치유	2020년
41		인문힐링센터여명	힐링/명상	2020년
42		금강송 에코리움	자연/숲치유	2021년
43	경상남도	하늘호수	한방	2017년
44		동의보감촌	한방	2017년
45		한화 벨버디어 웰니스	힐링/명상	2019년
46		오도산 치유의 숲	자연/숲치유	2020년
47		나폴리농원	자연/숲치유	2020년
48	제주특별자치도	WE호텔 웰니스센터	힐링/명상	2017년
49		제주허브동산	자연/숲치유	2017년
50		서귀포 치유의 숲	자연/숲치유	2018년
51		취다선 리조트	힐링/명상	2019년
52	강원 동해시	동해보양온천컨벤션호텔	뷰티/스파	2022년
53	강원 양양군	설해원	뷰티/스파	2022년
54	대구광역시	에스투뷰텍 뷰라운지	뷰티/스파	2022년
55	경남 거창군	거창항노화힐링랜드	자연/숲치유	2022년
56	제주특별자치시	환상숲곶자왈공원	자연/숲치유	2022년
57	서울특별시	이문원한의원	한방	2022년
58	서울특별시	메이필드호텔	힐링/명상	2022년
59	전북 무주군	태권도원 상징지구	힐링/명상	2022년
60	제주특별자치시	제주901	힐링/명상	2022년

2. 웰니스 스파 국외현황

세계의 스파 시장 규모는 2020년 약 475억 달러를 기록했다. 시장은 2021년에서 2027년의 예측 기간 동안 12.1% 이상의 견실한 성장률을 기록할 것으로 예측한다. 살롱은 호텔과 리조트, 메디컬 스파 살롱 등 다양한 장소에서 서비스를 제공하고, 일과 생활의 균형 문제부터 사회생활 등의 스트레스를 해소하고 업무 부담을 경감해 주고 있다. 바쁜 생활과 바쁜 스케줄 증가, 관광 산업 급성장 등이 시장 성장의 요인이다.

Statista사에 따르면 관광 산업은 세계적으로 2019년의 7,390억 달러에서 2025년 9,090억 달러로 수익이 성장할 것으로 예상되고 있다.

가까운 미래 관광 산업의 급격한 증가에 따라 스파의 인기가 높아지고 있다. 그러나 코로나19 유행이 방해 요인이 되면서 2021년부터 2027년의 예측 기간 동안 시장 성장률이 저조할 것으로 보고 있다. 다음은 세계의 스파(Spa) 시상의 서비스 유형, 지역별 동향 및 시장 진출기업에 관한 설명이다.

가. 미국 웰니스 뷰티 SPA 현황

미국의 스파(SPA)는 한국의 온천과 비슷한 면도 있지만, 훨씬 더 다양한 서비스가 제공된다는 점에서 또 다른 종류의 비즈니스라고 할 수 있다. 스파는 한마디로 말하면 미용, 휴양, 건강 증진 등의 활동이 복합적으로 이뤄지는 공간이다. 스파는 운영 형태 또한 매우 다양한데, 영업 방식이나 시설, 위치 등을 중심으로 종류를 구분하고 있다.

1) 데이 스파(day spa)

주변에서 흔히 손쉽게 발견할 수 있는 형태의 스파이다. 미용실이나 헬스센터, 피트니스 센터로서 물(수분)을 활용해 마사지나 바디 랩, 안면 손질, 모발 관리, 손발 관리 등의 건강증진과 미용 서비스가 제공된다. 일과로 바쁜 주중에 흔히 찾는 사람들을 위한 서비스는 보통 최소 30분부터 길면 하루 종일 진행되는 프로그램이 있다.

인공조명 등을 이용하는 태닝은 피부를 아름답게 보이기 위함이다. 마사지, 안면 및 전신 피부관리는 근육의 피로를 풀고 혈액 순환을 돕기 위함이다. 이때 '바디 랩'은 피부에 수분을 공급으로 피부의 활력을 증진시킨다. 이 밖에 손톱과 발톱을 집중적으로 손질해 주는 매니큐어와 페디큐어도 제공된다.

2) 모바일 홈 스파(mobile home spa)

데이 스파와 비슷한 서비스를 자신의 집에서 받을 수 있다는 것이 특징이다. '출장 스파'라고 보면 된다. 최근에는 친구나 지인들을 불러 집에서 '스파 파티'를 하거나, 결혼식이나 베이비 샤워, 생일 파티의 일환으로 서비스를 이용한다.

3) 휴양지형 스파(destination spa)

보통 대도시에서 떨어져 있는 온천 또는 휴양 관광지에 건강증진을 위해 하는 스파를 말한다. 자연이 아름다운 산속이나 바닷가, 섬 등에 스파 시설이 들어선 경우가 많다. 대부분 2~3일 프로그램의 패키지형 서비스가 주로 제공된다. 프로그램은 별도의 음식과 침이나 뜸과 같은 대안 요법, 마사지, 아로마테라피, 명상, 체내 해독 및 독소배출 등의 프로그램으로 이용 가격이 높은 편이다.

4) 에코 스파(eco spa)

자연 친화적인 각종 건강 증진 요법 등이 서비스로 제공된다. 에코 스파는 건물 자체가 자연 친화적으로 설계된 경우가 많고, 등산이나 트레킹, 승마 등 심신에 자연스럽게 활력을 불어넣을 수 있는 프로그램들로 짜여 있는 경우가 많다.

5) 미네랄 헬스 스파(mineral health spa)

진흙이나 갯벌 같은 천연 광물질이 풍부한 성분을 주로 이용하는 스파이다. 목욕 혹은 먹는 물로 암반 등에서 길어 올린 미네랄 워터를 사용한다. 피로에 지친 근육을 풀어주고, 몸의 대사 속도를 높여주는 등의 서비스에 초점이 맞춰져 있다. 혈액 순환을 돕고 체내의 독소를 최대한 제거한다는 점에서 휴식보다는 건강증진에 중점을 둔 스파이다.

6) 치료 중심 스파(medical spa)

건강을 효과적으로 관리하는 데 목표를 두고 운영되는 스파이다. 예컨대 머리숱이 감소한 사람, 피부질환이 있는 사람, 금주, 금연 등을 도와주는 것과 같은 스파이다. 보통 1주일 이상의 기간이 필요한 서비스 프로그램이 진행된다.

7) 기타

이 밖에도 영업이 이루어지는 장소에 따라 호텔 스파(hotel spa), 클럽 스파(club spa), 크루즈 스파(cruise spa) 등으로 불리는 스파가 있다.

호텔 스파는 객실 손님에게 골프나 테니스, 승마 등의 서비스와 함께 연계해 제공된다. 클럽 스파는 피트니스 센터 등에 사우나, 수영장 등을 설치하고, 클럽 멤버에게 독점적으로 제공되는 스파이다. 크루즈 스파는 말 그대로 크루즈선에서 제공되는 스파이다.

미국의 여러 유형의 리조트는 다양한 예산에 맞춰 스파 패키지, 진정 트리트먼트, 포괄적인 숙박 시설, 수업, 강의, 피트니스 시설 및 식사를 제공하고 있다. 일상생활의 스트레스를 피하고 아름다운 환경에서 순수한 휴식을 취할 수 있는 미국 최고의 스파 및 웰니스 리조트이다.

〈표 2-10〉 **미국의 목적형 스파 센터의 특징**

스파 관광지	스파 센터 특징 및 체험	
Mayflower Grace	• **워싱턴, 코네티컷** Mayflower Grace는 뉴잉글랜드에서 가장 유명한 휴양지이다. 맞춤형 스파 트리트먼트에서 제철 메뉴를 선보이는 클래식 다이닝이 있고, 미국 스파를 즐길 수 있다.	
레이크 오스틴 스파 리조트	• **텍사스 오스틴** 아늑하고 스타일리시한 리조트 시설에 피트니스, 요가 및 명상 수업을 제공한다. 체류 기간의 프로그램 일정과 이벤트 일정 확인이 중요하다. 휴가 패키지에는 맛있고 영양가 있는 1일 3식을 제공한다. 무제한 피트니스 활동 및 수업, 엄선된 고급 스파 트리트먼트가 포함된다.	

라킨 타 리조트 & 클럽	• **캘리포니아주 라킨 타 지역** La Quinta Resort & Club에서 와인 포도를 사용한 바디 랩, 신성한 돌을 사용한 마사지 등 스파 트리트먼트를 즐길 수 있다.	
Peaks Resort & Spa	• **텔루 라이드, 콜로라도** Telluride의 장엄한 로키산맥에 자리하고, 다단계 피트니스 센터, 실내 워터 슬라이드, 테니스 코트, 스키장 / 스키장을 갖춘 42,000평방피트 규모의 스파 편의시설로 반려동물과 아이에게 친숙한 온 가족 여행지로 좋다.	 
Fisher Island Club의 Spa Internazionale	• **플로리다주 Fisher Island** Fisher Island의 Spa Internazionale은 아름답고 편안한 리조트로 유명인들이 자주 찾는 곳이다. 가장 인기 있는 스파 트리트먼트는 마사지, 각질 제거 바디트리트먼트 및 얼굴관리이다.	
레드 마운틴 스파	• **유타 세인트 조지** 해당 지역에 있는 동안 시온 국립 공원, 브라이스 캐니언 국립공원 및 스노우 캐니언 주립공원이 있다. 건강한 식사, 반려 동물 친화적인 리조트이다.	

나. 캐나다 웰니스 뷰티 SPA 현황

캐나다 관광공사에 따르면, 스파(온천)는 18세 이상의 성인 4명 중 1명은 스파 이용자이며, 지난 10년간 캐나다에서 설립된 스파의 수는 연평균 17% 정도로 증가해 2007년에는 15억 달러 이상의 매출을 기록하였다.

2004~2005년 동안 캐나다 스파시설은 1,984곳에서 2,338곳으로 354개 업소가 증가했으며, 2006년 3월까지 캐나다 스파 매장은 2,300개를 넘었다. 스파 시장에서 온타리오는 캐나다 시장의 44%를 차지하는 가장 큰 주이며, 다음으로 브리티시컬럼비아와 퀘벡(각각 전체 시장의 대략 1/5을 차지함), 앨버타 순이다.

스파를 방문한 경험이 있는 사람들을 대상으로 방문 이유를 조사한 결과, 대략 80% 정도가 스트레스 해소와 휴식 목적이었으며, 나미지 약 20%가 건강 목적으로 나타났다. 스파 매장은 평균적으로 6.3년이 됐으며, 지난 2년간 새로운 매장은 26% 정도 생겨났다. 전체적으로 캐나다 스파 산업은 발달단계에 있다.

캐나다의 스파 매장에서 93%를 차지하는 두 가지 유형은 데이스파(도심형 스파, 74%)와 리조트·호텔 스파(19%)이다.

트리트먼트룸은 웰니스 산업에서 가장 기본이 되는 서비스 영역으로 94%를 차지하며, 소매(80%)와 뷰티살롱(70%) 또한 스파 산업에서 핵심적인 서비스 및 제품 분야이다.

출처: https://www.bing.com/images/search?view=detailV2&ccid

〈표 2-11〉 **캐나다 목적형 스파 센터의 특징**

스파 관광지	스파 센터 특징 및 체험
밴프의 고성 옆에서 온천하기	중세시대 스타일의 페어몬트 밴프 스프링스(fairmont banff springs) 천연 광천수 온천에 몸을 담그고 밴프 국립공원(캘거리에서 차로 약 1.5시간 소요)의 풍광을 감상하거나 호텔 내의 윌로우 스트림 스파(willow stream spa)를 체험한다.
퀘벡에서 자연과 휴식 만끽하기	퀘벡의 예스러운 이스턴 타운십(몬트리올에서 차량으로 2시간 거리)에 위치한 현대적인 휴양지 발니(balnea)에서는 청정 자연과의 교류를 만끽할 수 있다. 400에이커에 이르는 보호구역에서 요가, 하이킹, 세련된 스파 요리, 오두막 사우나, 터키탕 그리고 호수가 보이는 야외수영장을 체험한다.
온타리오주 소도시에서의 휴가	영국 저택 스타일의 세인트 앤스 스파(ste. anne's spa)는 도시 내에 있다. 토론토 외곽에 위치한 400에이커 넓이에 펼쳐진 고풍스러운 전원의 올-인클루시브 스파로 핫 스톤 마사지와 건강 수업, 기 치료와 말을 이용한 치료까지 전통적인 관리 서비스를 체험한다.
태평양에서의 스파와 서핑 그리고 폭풍관찰	태평양에 위치한 삼나무집에서 받을 수 있는, 원주민 치유방법에서 영감을 받은 커플 마사지와 부서지는 파도와 오래된 열대우림, 서핑의 성지인 이곳은 브리티시컬럼비아주의 최고의 위카니니시 인(wickaninish Inn)과 앤시언트 시다스 스파(ancient cedars spa) 세계를 체험한다.
노바스코샤주 해안에서 골프, 요트, 사격으로 재충전하기	팍스 하버 골프 리조트&스파(Fox Harb'r Golf Resort & Spa)의 전용 활주로에 내려 일주일 동안 고급 요트, 클레이 사격, 노바스코샤 주의 노섬벌랜드 해협 옆 18홀 챔피언십 코스에 이어서 돌-아스-스파(dol-ás-spa)에서 지압 마사지와 셀룰로테라피를 체험한다.
유콘 온천에서 오로라 감상하기	화이트호스의 외곽, 유콘의 야생에 위치한 소박한 롯지인 노던 라이츠 리조트 & 스파(nothern lights resort and SPA)에서 마사지를 받고 천상에서 춤을 추는 오로라를 감상하고, 핀란드식 적외선 사우나와 야외 자쿠지에서 즐기는 자연의 경이로움을 체험한다.
브리티시컬럼비아주에서 운동하기	미국 여행잡지 콩드나스트(condé nast)가 꼽는 최고의 건강 치유지. 넬슨(밴쿠버에서 비행기로 1.5시간 소요) 근처에 위치한 전원적 풍경의 마운틴 트렉(mountain trek)에서 활력을 되찾아 건강과 날씬한 몸매를 만들기 위해 요가뿐 아니라 알프스 같은 셀커크산에서 노르딕 트레킹을 체험한다.
퀘벡에서 즐기는 도시 또는 전원 스타일 스파	오직 몸과 마음에 집중할 수 있게 하는 퀘벡주의 호평받는 스파 이스트맨(spa eastman)은 각각의 특색이 있는 두 곳이 있다. 몬트리올에서 차로 2시간 거리에 위치한 나무가 우거진 이스턴 타운십(eastern townships)의 스파 이스트맨에서는 자연 속 하이킹, 요가, 마사지와 북유럽식 목욕을 즐길 수 있고, 몬트리올 다운타운에 위치한 스파 이트스맨은 적외선 사우나와 이글루 샤워를 체험한다.
온타리오주에서 맛보는 진정한 휴식	콜링우드(토론토에서 차로 2시간 소요)에 위치한 알파인 리조트 외곽에 있는 평화로운 스칸디나브 스파 블루 마운틴(scandinave spa blue mountain)에는 북유럽식 스파를 운영한다. 25에이커 규모의 실내외 휴식처로 한증탕, 온탕, 사우나, 마사지, 숲 전망의 조용한 일광욕을 한다.

브리티시컬럼비아주 서해안에서 힐링하기	빅토리아(밴쿠버에서 페리로 1.5시간 소요) 인근 태평양 해변에 위치한 오크 베이 비치 호텔 스파(oak bay beach hotel spa)는 서부 해안 스타일이다. 고품격 브리티시컬럼비아 부티크 호텔은 오션뷰의 해변가 미네랄 욕조와 해조를 이용한 맞춤관리 서비스를 제공 받는다.
마니토바주 시내에서 핀란드식 열테라피 디톡스 하기	마니토바주의 위니펙 다운타운에서 몇 분 떨어지지 않은 곳에, 골프 코스 바로 옆에 위치한 서미아 바이 노르딕 스파 네이처(thermea by nordik spa-nature)는 행복의 오아시스이다. 핀란드식 유칼립투스 · 오렌지 한증막, 해먹, 마사지, 건강식 및 오두막 스타일의 냉 · 온탕을 즐길 수 있다.
온타리오주 전원의 호숫가에서 찾은 심신의 평화	토론토 외곽 스퍼 호수(lake spurr)에 위치한 수풀이 우거진 그레일 스프링스 리트릿(grail springs retreat)은 몸과 마음, 정신과 감정 모든 것을 변화시킬 수 있다. 매일 운영되는 정원에서의 명상, 요가, 해독주스 체험, 정신 강화훈련에 참여하고, 전통 스파와 늦은 저녁 따뜻한 욕조에서 휴식을 취한다.

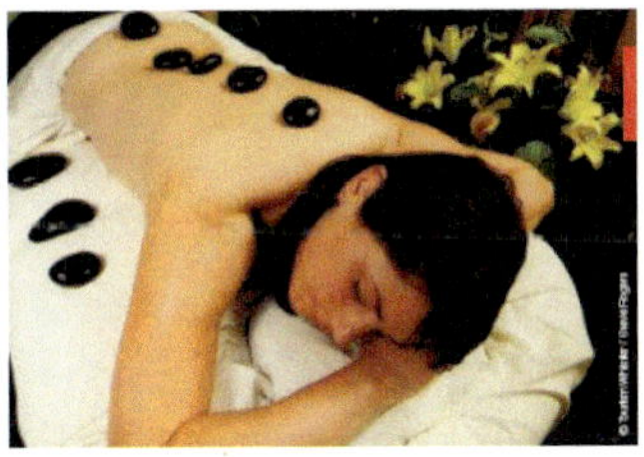

https://media.canada.travel/ko-KR/experiences/spa-wellness

〈표 2-12〉 **캐나다 지역별 스파 센터의 특징**

남서부 온타리오	주요 시설 및 스파 특징
밀크로프트 인 & 스파	무성한 삼림 지대와 폭포로 둘러싸인 Millcroft Inn & Spa는 현대적인 럭셔리와 시골풍의 우아함이 완벽한 조화를 이루고 있다. Spa는 건강을 위한 다양한 트리트먼트를 제공하며, Headwaters Restaurant에서는 구내의 자체적으로 벌집에서 수확한 꿀, 현지에서 조달한 유기농 식품을 맛볼 수 있다.
포시즌스 스파	Four Seasons 호텔의 인하우스 스파는 남성과 여성을 위한 다양한 전문 스파 및 웰니스 트리트먼트가 있다. Cloud 9 Oasis 테라스 레스토랑에서 식사체험, 객실 내 식사 메뉴를 주문할 수 있다.
미라즈 함맘 스파	중동의 고대 의식에서 영감을 받은 트리트먼트로 Miraj Hammam Spa는 고급스러운 Shangri-La Toronto 호텔에 머무는 동안 스파의 다양한 프리미엄 및 맞춤형 트리트먼트와 패키지를 이용한다. Miraj의 명물인 터키식 목욕탕과 Gommage 마사지를 시도하거나 터키식 목욕 의식을 즐기고, 스트레스를 없애주는 전통적인 Kessa Glove로 깊은 각질을 제거한다.
엘름 허스트 인 & 스파	런던에서 동쪽으로 차로 단 30분 거리에 있는 Elm Hurst Inn은 12헥타르의 아름다운 전원 지역으로 둘러싸인 최고의 부티크 컨트리 인이자 스파이다. 4인용 개별 매니큐어와 페디큐어를 제공하는 파자마 파티와 같은 특별 테마 패키지 중 하나를 즐기거나 무료 조식 뷔페와 미니 미식 피자가 객실로 배달되는 디럭스룸에서의 1박 숙박을 즐길 수 있다.

화이트 오크스 컨퍼런스 리조트 & 스파	럭셔리 호텔은 우아함과 탐닉을 자아내며, 계피 향 마스크와 시원한 페퍼민트 트리트먼트를 결합한 독특한 "불과 얼음" 임상 페이셜 스파를 즐길 수 있다. 숙박, 아침 식사, 저녁 식사, 3개 와이너리 투어 및 무료 나이아가라 와인 1병이 포함된 Wine Discovery 패키지로 현지 나이아가라 풍미를 즐긴다.
기둥과 기둥의 100 분수 스파	Niagara-on-the-Lake의 Pillar and Post 호텔에 위치한 13,000제곱피트 규모의 스파 리조트인 100 Fountain Spa에서 향기로운 휴식과 함께 나이아가라 와인 지역 방문을 한다. 시그니처 스파 트리트먼트는 "Beyond Vino Facial" 및 "Purple Feet Pedicure"와 같은 와인, 복숭아, 체리 및 샴페인을 포함한 지역 별미에서 영감을 받은 것이다. 호텔 투숙객은 스파의 수많은 진정 요법 중 하나인 온천 수영장을 우선적으로 이용한다.
크리스티엔 폴스뷰 스파	자신만의 인피니티 하이드로테라피 욕조에 몸을 담그면서 호스슈 폭포와 아메리칸 폭포의 멋진 전경을 감상한다. 유칼립투스 향이 나는 한증막과 건식 사우나 등 수상 경력에 빛나는 스파 시설에서 호화로운 시간을 보내고 다과 바에서 맛있는 과일을 즐긴다. 5성급으로 선정된 Sheraton Fallsview에서 장기 체류를 할 수 있다.
랭던 홀 컨트리 하우스 호텔 & 스파	1898년 여름 별장으로 지어진 Langdon Hall은 곧 캐나다에서 가장 호화로운 부동산 호텔 중 하나가 되었으며 최고 수준의 우아한 스타일과 서비스를 계속 제공하고 있다. 개인의 치료 요구 사항에 맞는 맞춤형 스파 패키지로 수상 경력에 빛나는 수복 및 에스테틱 트리트먼트를 즐긴다. 또한 와인 시음, 요리 강습 및 정원 투어도 즐긴다. 캐롤라이나 숲에 숨어 있는 Langdon Hall은 키치너 시내에서 차로 단 20분 거리에 있다.
엘로라 밀 호텔 & 스파	계단식 그랜드 리버와 엘로라 협곡 위에 자리 잡은 이 유서 깊은 석재 공장은 소박하고 세련된 객실과 스위트룸, 고급 레스토랑, 최첨단 피트니스 시설을 갖춘 독점적인 컨트리 호텔 및 스파로 놀라운 복원 및 개조를 거쳤다.
조지안 베이와 온타리오 중부	**주요 시설 및 스파 특징**
더 브라이어스 리조트 & 스파	심코 호수의 남쪽에 위치한 The Briars Resort & Spa는 최고의 행복한 휴식을 보장하기 위해 다양한 스파 서비스를 제공한다.
스칸디나브 스파 블루 마운틴	스칸디나브 스파 블루 마운틴(scandinave spa blue mountain)은 유네스코 세계 생물권 보호 구역 나이아가라 단층애(niagara escarpment)의 멋진 전망과 함께 숲이 우거진 10헥타르 부지에 자리 잡은 독특한 실내외 스파 시설이다. 수치료 트리트먼트와 스칸디나비아식 목욕으로 긴장을 풀고, 혈액 순환을 개선하고 삼림 목욕을 하여 마음의 중심에 영혼을 집중시키는 마사지가 있다.
베타 노르딕 스파	Horseshoe Valley의 Barrie 북쪽에 위치한 곳으로 핀란드식 스파를 체험할 수 있다. 핀란드에서 독특하게 디자인된 스파는 평화로운 숲으로 둘러싸여 있어 편안한 분위기를 조성하고 연결을 끊을 수 있는 완벽한 휴식처를 제공한다. 진정한 핀란드 수압 요법 사이클을 경험하여 스트레스를 해소한 다음 레스토랑이나 스파 내 비스트로에서 핀란드에서 영감을 받은 요리를 맛볼 수 있다.
성. 앤의 스파	캐나다에서 가장 좋아하는 올 인클루시브 목적지 스파 리조트가 있다. 노섬벌랜드(northumberland)의 완만한 언덕에 자리 잡은 신선한 컨트리 요리, 매우 아늑한 숙박 시설, 스파의 독특한 야외 수압 치료 시설의 특징인 들판 동굴을 포함한 풀 서비스 스파 메뉴를 통해 건강, 웰빙 및 편안함을 맛볼 수 있다.

북부 온타리오	주요 시설 및 스파 특징
Cedar Meadows Resort & Spa의 Spa Grande Nature & Nordic Spa	자연에서 영감을 받은 맞춤형 스파 트리트먼트가 있고, 적외선 사우나에서 긴장을 풀고 Nordic Baths 또는 하이드로 퓨전 제트 스파가 있다. 구내 Le Voyageur Dining Room에서 현지 특선 요리를 맛볼 수 있다.
커플 리조트	각 객실에는 2인용 월풀 욕조, 전용 야외 온수 욕조, 5코스 저녁 식사가 포함된 장작 벽난로가 있으며 객실에서 제공되는 엄선된 스파 서비스가 제공된다.
터치스톤 리조트	무스코카 호수(lake muskoka)의 햇볕이 잘 드는 전망, 전용 모래 해변, 반짝이는 인피니티 풀부터 고급스러운 개인 맞춤형 사내 스파가 있다. 페이셜, 마사지, 바디 랩 및 스크럽과 같은 치료 서비스에는 Muskoka 호수 자체의 미네랄과 식물을 이용한다.
서 샘스 인 & 스파	전용 특대형 스파 욕조와 나무 벽난로를 갖춘 고급스러운 객실이 있다. 고급 전망이 있고, Water Spa는 스파 트리트먼트와 마사지를 받기 전에 몸을 이완시키기 위해 고압 워터 제트로 일상에서 상쾌한 탈출을 제공한다.
HydroSpa Muskoka Wellness by Water	로소 호수의 전망이 일품인 JW 메리어트 더 로소 무스코카 리조트 & 스파에서 자연에 둘러싸인 고요함을 경험한다. 사우나, 온수 욕조 및 샤워에서 온탕 및 냉수 요법을 번갈아 가며 전신의 원기를 회복시키는 고대의 물을 이용한 스파를 한다.
오타와	**주요 시설 및 스파 특징**
스트라스미어	주말 또는 장기 체류를 위해 오타와에 새로 문을 연 Strathmere 휴양지 및 스파이다. 시그니처 Retreat Warm Herbal Bouquet Stem Massage와 같은 트리트먼트가 있다.

출처: 온타리오의 편안한 스파 휴양지, https://www.destinationontario.com/ko-kr/things-to-do

[그림 2-25] 캐나다 터치스톤 리조트 전경

다. 일본 웰니스 뷰티 SPA 현황

웰니스 투어리즘(wellness tourism, ウェルネスツーリズム)이란 여행을 하면서 스파, 요가, 명상, 피트니스, 건강식, 레크리에이션(re-creation), 교류 등을 통해 심신의 건강을 고려한 여행, 지역자원을 접하며 새로운 자기발견과 자기개발을 할 수 있는 여행, 긴장을 풀고 건강을 되찾아 새로운 활력을 얻는 여행을 말한다.

기원을 살펴보면, 웰니스 투어리즘의 대부분은 스파 투어리즘(Spa Tourism)이다. Global Spa & Wellness Summit(2013)에서 발표된 통계자료에 따르면, 현재 세계적으로 추진되고 있는 웰니스 투어리즘의 거의 절반(47%)은 스파 투어리즘이었다. 이를 통해 웰니스 투어리즘의 기원 가운데 하나는 기원전 고대 로마 전사들의 상처와 질병치료에 효과적인 온천입욕(스파), 교외에서 발전한 공중목욕탕을 찾아가는 여행으로 거슬러 올라갈 수 있다. 중세에 들어서면 온천의 의학적 효과검증이 추진되었으며, 18세기경에는 왕후귀족이 고급요양지에 체재하거나 도시를 형성하는 것으로 발전했다.

일본에서는 온천탕치(온천이나 약소를 넣은 목욕탕에서 치료하는 행위)를 위한 여행을 기원으로 하며, 『고서기(古事記)』, 『일본서기(日本書紀)』에 귀족을 중심으로 질병치유, 요양으로 온천탕치를 활용했다는 기록이 보이며, 에도시대(江戸時代)에는 기도나 참배, 명소순례와 탕치를 묶은 오락관광으로 전환돼 서민으로 퍼졌다.

일본은 웰니스 관광, 웰빙(관광), 치유관광, 웰니스(치유) 관광산업 등에 대한 정의 및 기준 등 관련법은 직접 규정하고 있지 않다. 일본 관광청의 "평성 24년(2012) 관광입국추진기본계획"에 새로운 형태의 관광(new tourism)으로서 "헬스 투어리즘"이 포함되어 있다. 현재 웰니스 투어리즘을 시행 중인 지자체(오키나와현, 야마나시현, 니가타현 등)에서도 조례에 따라 관광진흥계획(지자체에 따라 명칭 다름)을 책정하여 관련 사업을 시행 중에 있다.

헬스 투어리즘 또는 웰니스 투어리즘의 정의는 "관광입국추진기본계획"이나 세계관광기구(UNWTO)에서 제시한 개념을 사용하고 있다. 다만, 헬스 투어리즘과 웰니스 투어리즘의 구별 여부는 지자체에 따라 차이가 있다.

Wolfgang N 등(2004)에 따르면, 현대의 웰니스 투어리즘은 치료와 같은 의료적인 이미지가 강한 것에서부터 건강증진, 긴장해소(relaxation), 식사(양생법), 운동, 미용 등으로 구성된 것까지 포함한다. 실제 웰니스 투어리즘을 내세워 개최되는 여행을 보면, 먹거리와 운동, 보양, 온천, 스파, 스포츠, 레크리에이션, 문화활동, 상보적 대체요법에서부터 일부 서양의료에 이르기까지 다양한 프로그램이 제공되고 있다.

웰니스 투어리즘의 시장규모는 GWI(Global Wellness Institute)의 조사에 따르면, 2015년에 세계적으로 6억 9,000만 명이 웰니스 투어리즘에 참여해 전 세계 여행수입의 15.6%를 웰니스 투어리즘이 차지하였다고 한다. 일반 여행객과 비교해 여행지출액은 159% 높으며, 경제적 파급효과는 1.5조 달러로 높으며, 고용효과는 3,280만 명에 해당한다.

류큐대학교 아라카와 마사시(荒川雅志) 교수 등은 일본 웰니스 투어리즘의 모델을 제시하였다. 즉 사계절의 정서와 풍요로운 자연, 세계 유수의 온천자원, 해양자원, 와쇼쿠로 대표되는 일본음식, 정신풍토, 전통문화, 세계 최고의 장수국가라는 사실과 지혜 등 고유의 지역자원을 '웰니스 자원'으로 재구성해 제공함으로써 심신의 균형을 꾀하고 새로운 발견과 자기개발, 바쁜 일상에서 벗어나 자신을 발견하는 '원점회귀'를 포함한 여행을 제창하고 있다.

출처: 일본 스파 리조트.(2022.11)https://www.tripadvisor.co.kr/Hotels
일본의 온천은 수건을 무료로 제공하지 않으므로 수건을 챙겨 오거나 카운터에서 대여해야 한다. 신발을 보관하고 자동 카운터에서 온천 티켓을 구입한다.
출처: https://www.google.co.kr/travel/hotels

〈표 2-13〉 **일본의 지역별 스파 센터의 특징**

스파 센터	특징	사진
스파 스미노에 スパスミノエ	일본의 Lizhijiang 천연 노천 온천은 남탕과 여탕을 분리하고 있다. 온천 수영장, 마사지 수영장 등이 있다.	
다이이치 타키모토칸	지옥계곡과 붙어있어서 가볍게 투어하면서, 온천장은 크고 관리가 잘되어 있다. 객실은 화실을 이용했는데 크기도 적당하고 냉온방 시설이 잘되어 있다.	
도고온센 본관	일본 마쓰야마시의 대중목욕탕으로 일본 3대 후루유 중 하나이며, 오래된 온천으로 차와 간식을 먹을 수 있으며 개인룸도 이용 가능하다.	
벳부온천 호요우란도	고온 온천은 거품을 볼 수 없지만 푸른 바다 온천, 붉은 온천, 희고 탁한 온천, 간헐적인 분수와 진흙이 섞여있다.	
시기라 황금온천	오키나와의 온천 온도는 50도, 하루 용수량은 800ton으로 수질이 좋은 큰 온천으로 최상의 힐링을 선사하는 곳이다. 원천에서 제공하는 일본식 옷의 착용방법을 배울 수 있다.	

참고문헌

저서

강수경(2000). 에스테틱개론. 청구출판사.
김경미 · 김희진 · 윤석나 · 이영아 · 장정현 · 정영애(2016). NCS를 기반으로 한 기초피부미용관리학. 메디시언.
김진호 · 한태륜(2013), 재활의학. 군자출판사.
김홍석(2016). 화장품전문가 과정. KCCSA.
박은경 · 이정희(2017). NCS 기초피부관리. 구민사.
이윤경(2010). 우리가 스킨케어 할 때 이야기하는 모든 것. 성안당.
이정숙 · 윤동화 · 최숙경 · 이명선 · 최미옥(2014). 기초 안면관리. 수문사.
전국물리치료과 교수협의회(2013). 타이디 질환별 물리치. 군자출판사.
조수경 · 김정숙 · 김기영 · 김주연 · 김현서(2019). 얼굴관리 국가직무능력표준. 메디시언.
최미옥 · 박주아(2011). 기초 피부미용 이론 및 실기. 수문사.
키스너 콜비(2010). 운동치료총론. 영문출판사.

인터넷 사이트

국가직무능력 표준 https://www.ncs.go.kr/index.do
구글 지식백과 https://www.google.co.kr
네이버 지식백과 https://terms.naver.com
법제처 국가법령정보센터 http://www.law.go.kr
헬스조선, 오행의 색으로 풀어본 장기 · 음식궁합 https://health.chosun.com
보조 순환역할 림프계 구성과 원리 http://old.kpanews.co.kr
대전풍수지리 https://blog.naver.com/tkwn8279
인체 경락 색채도 http://blog.daum.net/dece55/392
Ceragem India 홈페이지 http://www.ceragem.com
제주 위호텔 홈페이지 https://wehotel.co.kr
캐나다 갤랑스파 https://www.cosinkorea.com/data

학술논문 및 보고서 자료, 기타자료

국가직무능력표준 학습모듈
Melanie Smith and László Puczkó(2009). Health and wellness tourism, Butterworth-Heinemann.
荒川雅志 著(2017). NPO日本スパ振興協会編著 ウェルネスツーリズム～サードプレイスへの旅～, フレグランスジャーナル社.

PART

3

웰니스 음식관광

웰니스(wellness)는 몸과 마음을 건강한 상태로 유지하고 웰빙(well-being)을 추구하기 위한 노력을 체계적으로 극대화하는 것을 의미한다. 웰니스에서 음식은 가장 가깝고 친근한 존재로 빠질 수 없는 요소이다. 이 장에서는 관광과 음식이 접목된 음식관광, 심신을 안정하게 하는 힐링과 치유요법인 푸드테라피, 식품과 영양에 대한 지식을 바탕으로 한 음식과 건강에 대한 이론, 음식 마케팅을 위한 스토리텔링 기법 및 커피에 대한 지식을 학습하여 웰니스 관광의 이론적 배경을 구축하고자 한다.

학습목적

음식관광, 미식관광, 푸드테라피의 정의, 종류, 특성 등을 파악하고 식품의 효능, 비만, 영양 등 건강관리 요소를 학습하여 웰니스 음식관광을 이해한다. 관광 또는 음식관광에서 힐링과 치유의 필요성을 인식하고, 푸드테라피를 관광산업에 활용하고자 한다.

학습목표

1. 음식관광의 정의와 목적을 서술한다.
2. 푸드테라피의 특징과 장점을 설명한다.
3. 약선음식, 약식동원의 의미를 설명한다.
4. 웰니스 관광에서 푸드테라피가 활용되는 사례를 제시한다.
5. 식품의 종류와 효능에 대해 학습한다.
6. 음식과 관련된 질병의 종류와 원인을 표로 구성한다.
7. 힐링과 치유가 가능한 음식을 소개한다.
8. 음식의 역사와 조리법을 스토리텔링 한다.
9. 커피 생두 블렌딩과 로스팅 방법을 설명한다.

8

Chapter

음식관광

1. 관광과 음식

관광은 기록상 통일신라 시대부터 사용되었으며, 당시의 의미는 선진국인 중국의 문물제도를 익히고 장관을 구경하는 중국의 광화(光華)를 보고자 하는 것이었다. 이러한 의미는 고려시대를 거쳐 조선 말기까지 동일한 의미로 사용되었다. 조선 시대에 관광의 의미는 '두루 돌아다니며 구경함'으로 기본 개념은 변하지 않고 보다 넓게 사용되었고, 이 외에도 유관(遊觀), 유람(遊覽), 유역(遊歷) 등의 표현을 함께 사용하였다.

관광이라는 표현이 시각 중심의 관광대상물을 만나는 것에서부터 미각을 중심으로 한 오감을 충족시키는 행위까지 확대됨으로써, 관광의 새로운 범주로 '음식관광'이라는 용어를 사용할 수 있다. 용어의 변천은 관련 현상의 변화를 내포하기 때문에 그 시대의 현상을 가장 함축적으로 설명한다. 2010년대 초 우리나라에 본격적으로 도입되어 갈수록 관심이 증가하고 있는 음식관광은 학문적 연구는 물론, 정부, 지방자치단체와 관계 기관들의 정책 및 경제적 활용방안 연구가 활발히 이루어지고 있고, 관광업계는 음식관광에 대한 다양한 사업적 활용방안을 마련하고 있다.

음식은 관광객을 관광목적지로 유인하는 매력요인으로 작용하고 있고, 관광체험 및 관광목적지 브랜딩의 중요한 역할을 수행하고 있다. 여행의 여러 동기요인 중 하나로서 그 지역의 특별한 음식을 맛보기 위한 음식관광(food tourism)에서부터, 맛집으로 소문난 외식업체나 농가맛집을 찾아 음식을 즐기는 것이 주요 동기인 요리관광(culinary tourism) 또는 미식관광(gourmet tourism), 그리고 건강 100세 시대를 위해 음식을 힐링과 치유의 한 방법으로 접근하는 약선음식 시식이 목적인 푸드테라피(food therapy)로 세분화할 수 있다.

1) 음식관광의 정의

음식(food & drink)과 관광(tourism)이 합쳐진 특수목적관광을 음식관광(food tourism)이라고 한다. 음식관광은 독특한 음식이벤트, 요리학교, 식료품점 및 레스토랑과 와이너리 등을 포함하는 개념으로 '목적지에서 먹는 것, 지역 특산물을 구매하는 것, 독특한 그 지역의 음식을 경험하는 것처럼 관광객들의 음식과 관련된 활동'이라고 정의할 수 있다. 즉 1 · 2차적 음식 생산자 및 음식축제, 음식여행 등과 관련된 특정 레스토랑이나 특정 지역 등을 방문하는 것이다. 이는 특정 지역산물 및 음식 등을 경험하거나 특정 요리사의 음식솜씨를 맛보고자 하는 기대감이 여행의 주요한 동기나 목적으로 작용할 경우를 그 조건으로 한다.

바닷가 야경을 즐길 수 있는 음식관광지

커피관광

맥주관광

미식관광

[그림 3-1] 음식관광

음식관광은 음식이 관광행동을 결정하는 주요한 동기로 작용하는 특별관심분야관광의 형태로서 관광객의 음식에 대한 관심이 진지한 여가활동의 형태를 띤다. 따라서 관광객이 얼마만큼 음식을 관광의 주요 동기로 생각하는가에 따라 식도락관광(gourmet tourism), 미식관광(gastronomic tourism), 요리관광(culinary tourism), 농촌·도시관광(rural·urban tourism), 맛집투어(cuisine tourism) 등 외국어 표현도 다양하게 사용되고 있다. 여행 중에 와인을 시음하고 와인 관련 체험을 즐기는 와인관광(winery tourism), 여행 중에 맥주를 맛보며 맥주와 관련된 체험을 해보는 맥주관광(brewery tourism), 여행하는 동안 농수산 특산품, 초콜릿, 커피, 차, 해산물 등을 추구하거나 즐기는 상품관광(commodity tourism)의 하나로 커피투어 또는 카페투어라는 단어가 등장하기도 하였다.

음식관광은 음식을 통해 즐거움을 찾는 것으로 고급 레스토랑이 아니더라도 방문지역에서의 독특하고 기억할 만한 식도락 경험이다. 음식과 음료 상품, 다양한 음식 조리방법에 대한 배움 과정이며, 다른 맛과 향에 대한 발견과 즐거움의 과정이고, 지역에서 생산된 식음료를 관광객에게 연계시켜주는 과정이기도 하다.

지금까지 '음식'은 관광객들이 1차적인 매력물들을 선정하고 난 이후 결정하는 2차적인 관광요소로 구분되어 왔지만, 최근 '음식' 자체가 관광활동의 1차적이고 직접적인 동기가 되고 있는 추세이다. 따라서 많은 관광목적지들이 음식을 그 지역을 대표하는 매력물로 홍보하고 있다. 미국 캘리포니아주 나파밸리는 고급와인의 생산지로 유명하며 이곳에는 총 40여 곳의 와이너리가 포도를 직접 생산하여 양조장을 운영하고 있다. 와이너리를 방문하여 와인을 시음하거나 저렴한 가격에 구매할 수 있으며, 포도농장을 체험하기도 하고 와이너리 숙박을 체험하는 등 음식관광의 대표적 사례로 손꼽히고 있다.

미국 캘리포니아주 나파밸리

나파밸리 와인시음

[그림 3-2] 미국 나파밸리 와이너리 관광

〈표 3-1〉 음식관광의 정의

주최	정의
문화체육관광부 (2006)	• 광의: 관광객이 관광지에서 음식을 먹는 것, 구입하는 것, 음식을 만드는 장소를 방문하는 것, 음식을 만드는 과정을 관찰하거나 배우는 것 등 음식과 관련된 모든 활동 • 협의: 관광의 주된 목적이 음식과 관련된 활동을 하는 것으로, 음식의 주요 생산지를 방문하고, 음식축제에 참여하며, 레스토랑이나 특정한 장소에서 음식을 시식하거나 특산물 생산지역의 특성을 체험해 보는 것이 여행의 동기를 자극하는 중요한 요소로 작용하는 것
한국컬리너리투어리즘협회 (Korean Culinary Tourism Association)	별개의 산업으로 인식되었던 관광산업과 식품외식산업을 연결짓는 새로운 개념으로, 흥미를 끄는 음식과 신문이나 잡지에 실린 유명 레스토랑뿐 아니라 기억에 오래 남을 만한 먹고 마시는 모든 활동을 포함하며, 입으로만 즐기는 것이 아니라 보고, 듣고, 향으로 맡고, 직접 체험하는 등 오감을 통해 만족하는 여행, 컬리너리라고도 표현함
세계음식관광협회 (World Food Travel Association)	음식을 통해 즐거움을 찾는 관광이며, 독특한 음식 이벤트, 요리학교, 식료품점 및 레스토랑 와이너리를 포함한 광범위한 것
국제요리관광협회 (International Culinary Tourism Association)	음식을 통해 즐거움을 찾는 문화관광의 일부를 말하며, 고급 레스토랑이 아니더라도 방문지역에서 독특하고 기억할 만한 식도락을 경험하는 행위
캐나다 관광청 (Canadian Tourism Commission)	토착민 축제, 농촌관광활동, 요리교실, 주말농장, 과수원 체험, 음식축제, 지역특산품 구매, 음식 · 와인 · 맥주관광, 전통음식체험, 레스토랑 식사, 농산물 직거래장이 포함된 음식과 관련한 독창성과 진정성을 찾기 위한 활동
Hall & Mitchell (2001)	음식생산자 및 음식축제, 음식여행과 관련된 특정 레스토랑 및 특정지역을 방문하여 지역의 생산품이나 음식 등을 경험하거나 요리사의 음식솜씨를 맛보고자 하는 기대감이 여행의 주요 동기가 되는 경우
Hall, Sharples, & Mitchell (2003)	여행 동기 요인 중 하나로서 그 지역의 특별한 음식상품 지역을 경험하거나 음식을 맛보기 위해 특정지역, 특정 레스토랑, 음식페스티벌에 방문하는 것
Halloran & Deale (2004)	여행과 음식 및 음료산업의 영향이 교차되는 것으로 관광산업과 음식산업이 융합된 것
Henoy(2005)	관광목적지에서 행하는 관광객들의 식사, 지역 식료품 구입, 독특한 음식 생산지역의 음식 관련 활동
서동채(2009)	식재료 생산현장, 식품 가공현장, 테마 및 식문화에 대한 각각의 체험, 학습, 교육, 축제 및 이벤트 관광
이인옥(2015)	와인투어, 맥주여행, 식도락여행, 음식상품관광 등을 포함하는 개념

2) 우리나라 음식관광의 역사

관광사적 관점에서 한국 고유의 음식관광의 역사와 유래를 살펴보면, 음식관광이 우리 민족이나 역사와 무관한 서구의 학문 또는 사회현상만은 아니다. 우리나라 음식

관광의 형태는 고대 부족국가 시대의 제천의식(祭天儀式)에서 찾아볼 수 있다. 제천의식이란 고구려의 동맹(東盟), 부여의 영고(迎鼓), 예의 무천(舞天)과 같이 국가의 안녕과 풍년을 기원하는 국가의 연례행사로 가무와 더불어 연일 술을 마시고 음식을 먹으며 신을 즐겁게 함과 동시에 스스로의 삶을 즐겼다. 우리 민족에게는 고대로부터 시작되어 조선시대 유람의 문화로 연결되는 품위있고 흥에 넘치는 독자적인 음식관광의 역사와 실체가 존재한다. 성리학의 영향으로 사대부들은 탈속(脫俗)과 안분(安分)의 체험으로서 심신수양, 문기 함양과 현자와의 교유를 통한 학문탐구, 역사 현장과 명현들의 자취 답사를 통한 자아성찰, 그리고 지방관으로 보임된 자들의 역내 순유 등의 명분으로 명승과 고적을 찾았다. 양반가의 풍류문화인 금강산과 같은 경승지를 돌아보는 산수 유람에서도 사대부 가문의 대표적인 술과 지역의 향토음식은 필수적인 요건이며, 이는 지금의 음식관광 범주에 속할 수 있다.

전라남도 윤씨 명가 한정식 상차림

전라남도 해남군 윤씨 종가 다과와 비자강정

[그림 3-3] 명가 대표음식과 한정식 상차림

화전놀이는 매년 음력 3월 중순경에 교외에서 진달래꽃으로 전을 부치거나 떡에 넣어 먹는 등 여럿이 함께 즐기는 민속놀이로서 사대부들만의 풍류와는 또 다른 백성들의 놀이였다. 기록에는 고구려 때 낙랑원(樂浪原)에서 교렵(較獵)을 설치하고, 가야·신라 때는 불계(祓禊)를 행했고, 고려 때 답청(踏靑)을 한 것을 보면 경건한 춘계 의례행사로 출발했던 것으로 보인다. 조선 정조 때의 기록에 나타난 화전놀이는 음식과 술의 향유가 놀이에서 큰 비중을 차지하는데, 분홍빛 진달래를 얹어 화전을 만들고 술 한잔, 노래와 춤, 그리고 주변에 흐드러지게 핀 봄꽃의 산천, 새소리, 물소리가 어우러지는 미각, 후각, 청각, 촉각, 시각의 다채로운 이미지를 즐기는 풍류이자 세시풍속과 연계된 음식관광이었다.

천렵은 친한 사람들과 함께 경치 좋은 물가를 찾아 물고기를 잡고 그 자리에서 매운탕을 끓여 먹던 문화로, 조선시대로부터 민초들은 물론 양반들과 궁중 사람들도 즐기던 음식관광의 한 형태로 보인다. 지금의 농가맛집 또는 농촌체험형 음식관광의 한 형태로 볼 수 있다.

집과 일터를 벗어나 명승고적을 답사하며 시(詩), 서(書), 화(畫)를 겨루고, 맛있는 음식과 술, 그리고 가무를 즐기던 풍류, 유람, 시절놀이야말로 우리 전통 관광의 원형이며 고유의 음식관광일 것이다. 역사적 음식문화의 유산들은 미래 관광학 및 관광산업 활성화 과정에서 매우 유용하게 활용될 자원이다.

2. 음식관광의 종류와 현황

1) 맛집투어

① 맛집여행

우리나라는 사계절이 있고 지형이 다양하여 각 지역마다 타 지역과 다른 특별한 맛과 풍미를 지닌 음식들이 많은데, 그 지역에서 생산되는 특산물을 사용하거나, 특유의 생활방식에서 전해 내려오는 조리법으로 만든 유명한 대표음식들이 있다. 광주 7미, 목포 9미, 대구 10미 등 각 지자체는 앞다투어 각 지역의 대표음식을 선정하고 이를 관광마케팅의 소재로 활용하고 있다.

광주의 송정떡갈비 · 무등산보리밥, 목포와 영암의 갈낙탕, 나주 나주곰탕, 영산포 홍어삼합, 보성 벌교의 꼬막무침 · 전어구이, 강진의 한정식과 회춘탕, 담양 떡갈비와 돼지갈비, 전주의 전주비빔밥, 남원 추어탕, 하동 섬진강의 재첩국, 양산의 불고기, 광양의 숯불구이, 춘천 닭갈비, 수원 왕갈비, 제주 흑돼지구이, 의정부 부대찌개, 안동 찜닭, 강릉 초당두부, 마산 아귀찜 등 우리나라 각 지역은 오랜 역사와 향토성을 겸비한 대표음식이 있고, 그 지역을 찾는 관광객들이 반드시 들러야 하는 맛집이 있다. 각 지자체는 대표 음식을 주로 판매하는 외식업소로 음식 거리를 조성하였으며, 예로부터 전국적으로 소문난 맛집들은 관광객들의 필수 여행코스로서 맛집투어는 관광에서 가장 중요한 요소이다<그림 3-4>.

정보통신기술(information and communication technology, ICT)의 시대인 현재는 맛집관련 정보의 게시와 취득이 수월해지면서 그 형식과 수요가 상상을 초월하는 수준에 이르렀다. 온라인 서비스인 SNS(social network service)의 폭발적인 성장에 따라 맛집을 방문하고 음식사진 올리기를 일상으로 하며 파워블로거 활동이 활발해졌다. MZ세대라 불리는 젊은이들은 맛집소개 유튜버의 활동에 열광하고, 모바일 검색 등 인터넷을 활용하여 음식과 맛집에 대한 정보를 획득하고 방문하는 새로운 트렌드로 음식관광이 진행되고 있다.

<table>
<tr><td rowspan="2">광주광역시</td><td></td><td></td><td></td></tr>
<tr><td>광주 송정떡갈비</td><td>무등산 보리밥</td><td>유동 오리탕</td></tr>
<tr><td rowspan="2">전라남도 나주시</td><td></td><td></td><td></td></tr>
<tr><td>나주 곰탕</td><td>영산포 홍어삼합</td><td>구진포 장어구이</td></tr>
<tr><td rowspan="2">전라남도 보성군</td><td></td><td></td><td></td></tr>
<tr><td>보성 녹돈구이</td><td>벌교 꼬막무침</td><td>율포 전어구이, 전어회</td></tr>
</table>

자료: 광주광역시청, 전라남도 나주시청, 전라남도 보성군청 홈페이지

[그림 3-4] 광주광역시 · 전라남도 대표음식 사례

② 농가맛집 여행

농가맛집은 지역의 향토음식을 자원화하고 전통 식문화를 보급하고자 농가단위에서 소규모로 이루어졌던 농산물 가공사업에서 한층 발전된 형태로 '음식'을 통한 사업

모델로 운영되고 있다. 전통 음식관광의 일환으로 농업 및 농촌살리기와 밀접한 관계를 맺고 시도되고 있는 농가맛집은 농업인, 지역 식재료 사용, 농촌에 위치한 입지라는 동일한 여건 속에서 서비스 제공의 종류 및 수준에 따라 세 가지 유형으로 구분된다.

첫째, 외식형 농가맛집은 이미 알려진 향토음식을 주메뉴로 하여 판매하는 유형이다. 일반 외식업소와 흡사한 운영형태를 띠며 상설 및 예약제를 통해 운영된다. 조리 및 서비스 측면에서 체험형 농가맛집이나 외식과 체험형 농가맛집에 비해 전문적인 접객서비스를 제시하여야 한다.

둘째, 외식과 체험형 농가맛집은 향토음식 판매와 더불어 고객들이 요청할 경우 향토음식 체험 프로그램을 제공하는 유형으로 예약제 형태로 운영된다. 고객들에게 외식형과 같은 서비스를 제공함과 동시에 체험서비스를 제공하여야 하므로 업소를 대표하는 메뉴를 발굴하고 고객 체험프로그램과 연관된 장소, 기구, 시설을 갖추고 있어야 한다.

마지막으로, 체험형 농가맛집은 고객들에게 체험교육을 통해 향토음식을 보급하는 목적을 가지고 전문적인 조리 실습장을 갖추어 교육하는 유형이다. 고객이 향토음식을 전문적으로 체험할 수 있도록 프로그램을 개발하여 진행하며, 국가나 지자체에서 지정한 음식명인이 운영하거나 동네 부녀회와 생활개선회 등에서 협동조합을 구성하여 전문적인 향토음식 체험교육을 실시한다.

2) 음료시식 관광

① 와이너리 투어(winery tour)

와이너리(winery)는 포도주를 만드는 양조장을 말한다. 와이너리를 불어로는 샤토(château) 또는 도멘(domaine)이라고 한다. 와이너리 투어는 와인을 제조하는 양조장을 찾아가서 편안히 와인을 즐기며 여유롭게 구경하고, 멋진 풍경과 와이너리에 들러 멋진 풍경을 보며 와인 테이스팅을 하는 투어이다.

② 맥주 투어(brewery tour)

브루어리(brewery)는 맥주 공장을 뜻하며 일 년 내내 소량으로 다양한 맥주를 생산하므로 관람객들이 직접 맥주 양조장을 찾아 계절별, 시리즈별로 다양한 맥주를 맛볼 수 있다. 맥주가 만들어지는 원리, 재료, 맥주 생산과정을 처음부터 끝까지 직접 확인할 수 있으며 양조설비 사이를 직접 돌아보며 설명을 듣고 체험해 볼 수 있는 양조장 투어 프로그램이다. 맥주 생산실과 제조 과정은 물론, 물류시설 관람과 컨베이어 벨트 가동을 통한 주요 공정을 살펴보고 맥주와 어울리는 피자, 감자튀김 등을 먹으며 여유롭게 맥주를 즐길 수 있다.

맥파이 브루어리

[그림 3-5] **제주 수제맥주 투어**

③ 막걸리 투어

먹걸리는 찹쌀, 멥쌀, 보리, 밀가루 등을 쪄서 누룩과 물을 섞어 발효시킨 한국 고유의 술이다. 경기도 포천 산사원(전통술박물관), 충남 당진 신평양조장 등 국내에 여러 막걸리 투어가 있다. 막걸리에 대해 배우고, 직접 만들어 보는 체험뿐만 아니라 다양한 술 전시를 감상하고 술과 함께하기 좋은 다양한 전통 주안상차림 등도 맛볼 수 있다.

④ 카페, 빵집 투어

카페는 주로 커피뿐 아니라 맥주, 와인, 아페리티프, 과일 주스 등의 음료와 크로크무슈, 샌드위치, 각종 샐러드, 샤퀴트리 및 콜드컷 등 간단한 식사류를 판매하는 업소이다. 카페는 이색적인 스타일을 살린 인테리어, 독특한 분위기, 바다 등 전망을 살린 테마형 카페가 있으며, 커피가 주가 되고 그 외에 다양한 빵과 간편한 음식을 먹을 수 있는 브런치 카페로 구분할 수 있다. 카페 투어는 유명한 카페에 들러 시그니처 커피를 마시며 원두 로스팅에 따른 커피 맛의 차이를 느끼는 투어이다. 카페는 커피와 디저트를 함께 판매하여 사람들이 쉴 수 있는 휴식공간으로 변하고 있는 추세이며, 강릉 키크러스커피와 차온, 부산 라이프커피앤티, 울산 농도, 거제 시방리, 군산 미다원, 남원 미안커피, 여수 카페스테이, 구례 쑥부쟁이카페, 제주 우무푸딩 · 바이못 등 젊은이들이 좋아하는 힐링형 카페들이 많이 생겨나고 있다<그림 3-6>, <표 3-2>.

1박 2일 관광일정

관광지 방문

음식관광

카페투어

[그림 3-6] **강릉시 음식관광, 카페투어 일정**

3) 음식관광의 현황과 전망

음식은 국민의 삶과 더불어 국가나 지역문화와 밀접한 관계를 가진다. 세계 각국은 자국이 간직한 고유의 음식문화를 살펴보고 그 정체성을 파악, 유지, 계승하는 데 많은 공을 들이고 있다. 음식관광은 '관광자원의 한 유형이며, 음식을 소재로 한 관광상품 개발의 유형'으로 볼 수 있다. 순수하게 음식이라는 요소만으로 음식관광을 이해하기에는 한계가 있고 관광객의 요구 또한 훨씬 복잡하다. 관광지 방문, 체험, 쇼핑 등 주로 명소에 중점을 둔 관광에서 이제 음식과 더불어 즐거움과 휴식에 가치를 두고 어디든지 찾아 나서는 힐링과 건강으로 관광의 패러다임이 변화되었다.

우리나라 각 지자체는 관광객을 유치하고자 지역의 향토음식과 특산물 홍보, 외식업 소개, 음식과 관련된 이야기 등을 주로 한 마케팅을 경쟁적으로 펼치고 있다. 우리나라의 빠른 경제성장과 급변하는 IT환경에서 관광에 접근하는 세대별 접근방식이 다른 것은 MZ세대들의 멀티미디어와 SNS 사용실태를 보더라도 충분히 가늠할 수 있다. 변화하는 관광객의 소비환경에 부응하는 음식관광 상품개발과 급변하는 시대적 요구에 능동적으로 대처하기 위해 각 지자체는 지역을 마케팅하려는 태도로 지자체별 홈페이지를 관광의 홍보 · 마케팅의 통로로 활용하고자 하는 변화가 요구된다. 음식관광의 활성화를 위해서는 시각적 만족을 추구하는 관광에서 오감만족을 추구하는 각 세대별 관광 취향을 분석할 필요가 있고, 경험 중심의 마케팅 지원에서 실시간 관광수요와 공급을 측정, 분석, 예측할 수 있는 스마트 관광산업 육성이 필수적 요소이다.

〈표 3-2〉 **힐링과 건강을 위한 맛집 · 카페 투어 예시**

지역	맛집, 카페, 관광지, 숙소
강원지역 강릉시	• 맛집, 카페: 초당두부, 감자옹심이, 소담(뽕잎돌솥밥), 카페 차온(약재 쌍화차) • 관광지, 숙소: 힐리언스 숲 치유 테라피(종지산), 동하마을 수목원(원주시), 강릉헬스케어힐링센터, 아르떼뮤지엄, 아뜰리 에릴리
	• 맛집, 카페: 미트컬쳐(스웨디시 미트볼), 키크러스 커피(연탄빵), 정동진 초당순두부, 대굴령 민들레 동산(민들레 오리백숙) • 관광지, 숙소: 주문진 해안(촬영지), 강릉항(요트투어 · 패들보드), 대관령 치유의 숲, 탑스텐호텔
경상지역 부산시, 울산시	• 맛집, 카페: 해운대 암소갈비집(감자국수), 라이프커피앤티, 해운대 노포포장마차(랍스타 거리), 떡장인 방앗간(떡볶이), 데니스 카페(라떼) • 관광지, 숙소: WEK 부산, 파라다이스호텔(오션스파, 리트리트 스파), 펴퓸72
	• 맛집, 카페: 함양집(고래밥상), 언양 기와집불고기, 밀양시골밥상(생가자미찌개), 약선진가(약선삼계탕), 카페 농도(꽃차), 온양 발리정원(한식 브런치) • 관광지, 숙소: 슬도등대, 태화강 국가정원, 대운산 치유의 숲, 빌라 오아시스
전라지역 군산시, 순천시	• 맛집, 카페: 째보식당(꽃게장), 이성당(단팥빵), 빈해원(물짜장), 미다원(다도체험), 한일옥(쇠고기뭇국), 옥돌슈퍼(수육, 해물라면) • 관광지, 숙소: 초원사진관, 히로쓰 가옥, 군산근대미술관, 진포해양테마공원, 동국사(일본식 사찰, 테라피 요가), 화담여관, 야미도, 경암동 철길마을
	• 맛집, 카페: 도원경(짱뚱어탕), 남도사또밥상(꼬막), 나눌터(도토리묵), 매실로, 고봉, 고데레 • 관광지, 숙소: 순천만습지, 순천만국가정원, 스카이큐브, 낙안읍성
제주도	• 맛집, 카페: 넉둥베기 접짝뼈국(향토음식 접짝뼈), 우무 푸딩(우뭇가사리), 약선명가(백수오 삼계탕), 맨도롱해장국(겡이국), 바이못(브런치) • 관광지, 숙소: 새별오름, 중문색달해수욕장, 씨에스호텔, 다나요가, 금오름, 비체올린 카약
	• 맛집, 카페: 공존(비건), 성산마씸(흑돼지, 옥돔), 섭지회관(고등어, 딱새우), 비케이브 카페 • 관광지, 숙소: 오투힐리조트 요가, 명상, 성산일출봉, 제주씨월드, 민징굴, 섭지코지, 유민미술관

전라남도청 홈페이지 음식관광 안내화면

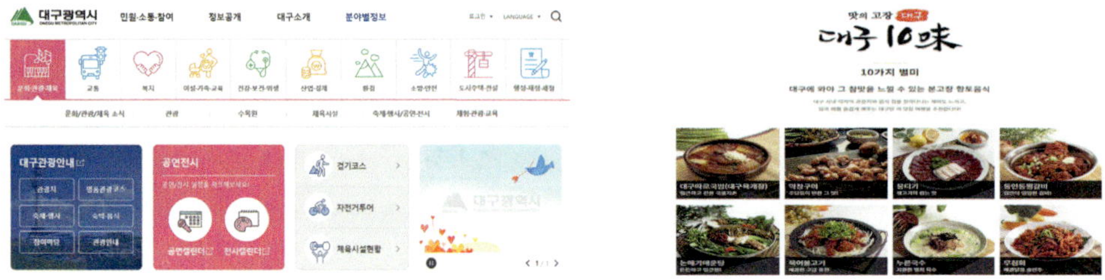

대구광역시청 홈페이지 음식관광 안내화면

[그림 3-7] **지자체 홈페이지 음식관광 홍보 사례**

9

Chapter

푸드테라피

건강에 좋은 음식을 찾아 장수하고자 하는 인간의 마음은 동서고금을 막론하고 모두 같을 것이다. 사람들은 삶의 질을 높이고 건강하게 오래 살고자 하는 무병장수를 기원한다. 산업화에 의한 경제발달과 생활수준의 향상으로 인간의 평균수명이 늘어났고, 65세 이상 인구가 20%가 넘는 초고령 사회로 접어들면서 사망률은 감소했다. 육류 소비 증가와 식물성 식품소비 감소에 따라 만성질환과 악성 신생물 등의 순환기계 질환이 사망원인의 수위를 차지하고 있어, 균형 잡힌 식생활과 바람직한 생활양식이 100세 시대를 살아가는 방법일 것이다.

1. 푸드테라피와 약선음식

세계보건기구(world health organization, WHO)는 '건강이란 단지 질병이 없거나 허약하지 않은 상태를 뜻하는 것이 아니고, 신체적 · 정신적 그리고 사회적으로 완전하게 양호한 상태를 의미한다.'라고 정의하였고, 히포크라테스는 '음식으로 고치지 못하는 병은 약으로도 고칠 수 없다'고 했다. 조선시대 의서(醫書) 『동의보감(東醫寶鑑)』에 기록된 약식동원(藥食同源)은 '약과 음식은 그 근원이 같다'는 뜻으로, 동양의학에서는 음식이 단순히 영양을 공급하는 의미만을 가지고 있는 것이 아니라, 음식 자체가 지닌 에너지를 통해 우리 인체의 조화와 균형을 유지, 회복, 증가시킨다고 하였다.

음식은 우리 몸이 필요로 하는 에너지를 생성하기 위해 외부로부터 식품을 섭취하는 수단이며 식품에 함유된 영양소는 생명을 유지하기 위해 없어서는 안 될 필수성분이다. 음식은 오감을 만족시켜 우리에게 즐거움을 주는 기능도 크지만, 우리 몸의 대사기능을 조절하여 건강을 유지 · 증진하고 질병을 예방하는 생체조절기능이 더욱 중요하다 하겠다.

1) 약선과 음양, 오행

푸드테라피란 식품을 뜻하는 'Food'와 치료, 요법을 뜻하는 'Therapy'의 합성어로 식품을 통해 질병을 치료, 예방하고 심신을 안정되게 하는 건강요법을 말한다. 일례로 우리 조상들은 의식동원(醫食同源) 또는 약식동원(藥食同源)이라 하여 의약품과 식품의 근원을 동일한 것으로 생각하였다. 또한 중국에서도 수천 년 전부터 음식을 약과 동일선상에 놓고 중요하게 여겼으며, 동양의학에서는 이를 약선(藥膳)으로 부르고 있다.

일반적으로 약(藥)은 질병이나 상처 따위를 고치거나 예방하기 위해 쓰는 물질을 말하며, 선(膳)은 반찬, 선물(膳物), 희생(犧牲) 고기를 뜻하는 한자어로 이는 고대 제사의례와 밀접한 관련이 있다. 고대 제사에서 신에게 바쳤던 희생물의 고기는 신성한 의미를 지닌 것으로, 이것을 나눈다는 것은 제사의 성스러운 의미를 함께 공유한다는 뜻이다. 선물은 이러한 희생고기를 나주어 주는 것이며, 약선에서의 '선' 자는 그러한 '귀한 음식'의 의미를 가지고 있다고 할 수 있다. 약선(藥膳)이란 동양의학, 한의학 이론을 근거로 하고 현대의 식품학, 조리학, 영양학, 위생학 등의 관련 지식을 적극 활용하여 건강의 증진과 질병을 예방·치료하는 목적으로 이용되는 음식으로 정의할 수 있다.

한약재

약선 식재료

[그림 3-8] **약선음식 재료**

약선음식을 섭취하기 위해서는 사용되는 재료와 조리법이 어떤 사람에게 적합한지를 한의학 이론을 근거로 하여 올바른 약선을 선택하는 것도 필요하다. 음양(陰陽)과 오행(五行)은 동양의 전통적인 자연철학사상으로 인간과 자연을 인식하고 해석하는 세계관과 방법론이다. 음양은 햇빛의 특징을 근거로 밝고 따뜻한 물체나 현상은 양에 귀속시키고, 어둡고 서늘한 물체나 현상은 음에 귀속시킨다. 음과 양은 상호대립되는 사물을 대표하기도 하지만 하나의 사물 내부에 존재하고 상호대립하고 있는 양방면이라고도 할 수 있다. 오행은 우주만물을 구성하는 오재(五材), 즉 목(木)·화(火)·토(土)·금(金)·수(水)의 다섯 가지 물질의 운동변화를 말한다. 이는 결국 건강한 몸을 가진 사람이 개인, 가정, 사회, 국가적으로 더욱 충실하고 행복한 삶을 살아갈 수 있다는 이념과 맞닿는다.

동양의학적 개념에 따른 약선요법은 '계절'을 고려한다. 봄·여름·가을·겨울은 각각 온(溫), 열(熱), 량(凉), 한(寒)이 특징을 지니고 있다. 이 계절적 요소가 인체의 오장육부와 경락, 기혈에 큰 영향을 미치기 때문에 계절적 변화에 따라 치료 원칙을 달리해야 한다는 것이 약선요법의 기본 원리이다. 영양학적으로는 제철식품이 신선도가 가장 높으며, 신체가 제철에 필요로 하는 영양소를 풍부하게 함유하고 있다. 한의학적 음양오행과 접목시킬 수 있는 피토케미컬 함유 식품과 영양소 및 효능을 아래 〈표 3-3〉에 나타내었다.

〈표 3-3〉 **한의학적 오행에 따른 식품 분류와 영양성분**

오행	색	신체부위	식품별 함유 영양소	식품의 효능
火	붉은색	심장	토마토의 라이코펜, 사과의 캠페롤, 포도의 폴리페놀, 고추의 캡사이신	고혈압, 동맥경화 예방
木	초록색	간	시금치의 클로로필, 올리브유의 불포화지방산	조혈작용, 변비 예방, LDL, 콜레스테롤을 낮춤
水	검은색	신장	검은콩의 안토시아닌	항산화 작용으로 노화 억제
土	노란색	위	녹황색 채소의 카로티노이드	시력 유지, 면역력 증진, 노화 방지, 정상적인 성장과 발달
金	하얀색	폐	양파의 케르세틴, 양배추의 살포라페인	고혈압 예방, 항암 기능

2) 식사요법과 피토케미컬

일상생활에서의 합리적인 영양섭취는 건강을 증진한다. 따라서 각종 질병을 예방하기 위한 식사관리는 매우 중요하다. 평균수명이 계속 증가함에 따라 성인병을 비롯한 각종 만성질환이 증가하고 있으며, 이는 일상생활 습관 중 식생활과 매우 밀접한 관련이 있다. 식사요법이란 환자와 허약자 또는 건강인을 위한 식사관리로서 어떤 질병이

양적 또는 질적으로 부적당한 식사 섭취에 의해 일어나는가를 밝히고, 그 질병의 발생을 예방하는 것이다. 질병이 발생된 환자의 경우는 질병에 따른 대사이상에 적응하여, 신속한 회복과 병의 재발방지를 위해 적당한 영양을 공급하는 것을 목적으로 한다.

〈표 3-4〉 식품 중 파이토케미컬의 종류와 기능

색	식품	파이토케미컬의 종류	기능
빨강	토마토	라이코펜	전립선암 예방, 심장질환 예방
	수박		
	사과	페놀화합물	노화 지연, 암 예방, 콜레스테롤 강하
	딸기	안토시아닌, 엘라직산	노화 지연, 폐 기능 강화, 암 예방, 당뇨병성 합병증 예방
주황	살구	베타카로틴	항산화 작용, 암 예방, 심장질환 예방, 폐 보호기능
	당근		
	늙은 호박		
노랑(주황)	고구마		
	감귤류(오렌지, 자몽, 귤 등)	탄제린, 헤스페리딘, 리모넨	
초록	브로콜리	베타카로틴, 술포라판, 인돌, 루테인, 퀘세틴	노화 지연, 암 예방, 폐 지능 강화, 백내장 예방, 알레르기 염증반응 저하, 당뇨병성 합병증 예방
	케일		
	시금치	베타카로틴, 루테인, 지아잔틴	노화 지연, 암 예방, 폐 기능 향상, 황반 퇴화 및 백내장 예방, 시력감퇴 둔화, 당뇨병성 합병증 예방
	양배추	술포라판, 인돌	암 예방
	잎상추	퀘세틴	알레르기 염증반응 저하, 뇌와 기관지 종양의 성장 저지, 오염물질과 흡연으로부터 폐 보호
	부추	알릴 화합물	암 예방, 콜레스테롤 및 혈압 강하
초록(흰색)	쪽파		
	마늘	알릴 화합물, 퀘세틴	암 예방, 콜레스테롤 및 혈압 강하, 알레르기 염증반응 저하, 뇌와 기관지 종양의 성장 저지
	양파		암 예방, 콜레스테롤 및 혈압 강하, 알레르기 염증반응 저하, 뇌와 기관지 종양의 성자 저지, 오염물질과 흡연으로부터 폐 보호
	배	퀘세틴	알레르기 염증반응 저하, 뇌와 기관지 종양의 성장 저지, 오염물질과 흡연으로부터 폐 보호
보라	블루베리	안토시아닌, 엘라직산	노화 방지, 암 예방, 콜레스테롤 강하
	포도	레스베라트롤, 엘라직산, 퀘세틴	심장병 예방, 암 예방, 알레르기 염증반응 저하, 뇌와 기관지 종양의 성장 저지, 오염물질과 흡연으로부터 폐 보호
검정	검은콩, 검은깨, 검은쌀, 석이버섯, 블랙올리브	안토시아닌	암 예방, 노화 억제, 콜레스테롤 강하, 시력개선 효과, 혈관 보호 기능, 항궤양 기능

자료: 100세 시대를 위한 건강한 식생활, 교문사, 신말식 외 5인

식단을 구성할 때 다양한 색의 식품을 사용하는 것이 좋다. 식품에 함유된 다양한 색깔은 식물이 자외선과 같은 외부환경으로부터 자신을 보호하기 위해 분비하는 식물성 생리활성물질인 파이토케미컬(phytochemical)로서 건강에 유익한 생리활성이 있다. 안토시아닌(자색), 플라보노이드(흰색), 카로티노이드(황색), 클로로필(녹색) 등 성분에 따라 식품의 색이 달라지므로 천연색소가 들어 있는 컬러푸드를 골고루 섭취하는 것이 건강에 좋다. 파이토케미컬은 채소나 과일의 껍질에 주로 함유되어 있고, 색이 진할수록 기능이 뛰어나다. 항산화 기능을 하는 비타민 A, 비타민 C, 비타민 E, 무기질인 셀레늄 성분 및 파이토케미컬을 함유한 과일이나 채소를 충분히 섭취하면 암이나 심장질환을 예방할 수 있다. 파이토케미컬에는 다양한 종류가 있으며 〈표 3-4〉와 같이 다양한 기능을 한다.

2. 푸드테라피의 분류

약선은 약이 되는 음식을, 푸드테라피는 약선음식을 섭취함으로써 건강을 증진시키는 치유를 의미한다.

푸드테라피는 건강에 좋은 영향을 주는 음식을 먹는 '섭취형'과 아동요리교육이나 노인요리치료처럼 활동을 통해 교육과 치료에 이용되는 '활동형'으로 나눌 수 있다.

1) 섭취형 푸드테라피

섭취형 푸드테라피는 식품과 음식 섭취를 통해 면역력을 높이고 질병을 예방하는 것을 목적으로 한다. 우리나라는 '약식동원(藥食同源)'이라 하여 약과 음식의 근본이 같다고 여긴다. 병을 치료하고 예방하기 위한 음식을 '약선(藥膳)'이라 하였고, 현대까지도 동양의학에서는 한약재를 달여 탕약을 만들거나, 음식을 먹어 병을 치료한다. 서양의학에서도 'kitchen medicine'이라 하여 허브나 향신료 등 매일 섭취하는 식품이 영양학 및 의학적으로 이점을 준다는 점에 관심을 가지고 있다.

과거의 푸드테라피가 단순히 건강식품 섭취에 그쳤다면, 현대의 푸드테라피는 현대의학과 융합하여 몸에 좋은 식품을 섭취하는 것 외에도 개인 맞춤형 검사와 처방, 유전체 검사, 식단, 레시피, 음식 체험 등 여러 가지 방법을 통해 건강을 관리하도록 변화했다.

섭취형 푸드테라피는 외식산업이나 단체급식에도 영향을 미친다. 서울 및 부산지역의 성인 여성들을 대상으로 한 조사에 따르면, 약선음식을 제공하는 레스토랑에서 소비자는 좋은 기능의 약선음식에 만족도가 높았으며, 요양병원의 노인환자를 대상으로 약선음식 제공 시 섭취율과 선호도를 조사한 결과 잔반율은 낮고 약선음식의 순응도가 높아 영양소 섭취가 증가하였다.

건강증진과 삶의 질을 추구하는 삶의 방식에 따라 푸드테라피 클리닉도 등장하였는데 음식이 약이 되고 약이 음식이 되게 하며, 개인이 지닌 자연 치유력(면역력) 증진, 질병예방과 치유를 목표로 운영된다. 비만, 당뇨, 고혈압, 뇌졸중 등 생활습관에서 오는 대사성 질환, 아토피, 알레르기 등 생활환경에서 오는 질환, 면역력이 감소하면서 발생하는 만성염증은 주로 영양 불균형으로 인해 나타난다. 자연을 찾아 힐링하고, 음식으로 몸과 마음을 치유하는 푸드테라피를 통해 건강한 삶을 추구하는 사람들이 지속적으로 증가하고 있다. [그림 3-9]는 자연과 어우러진 푸드테라피와 도심에서 한방약재를 이용한 푸드테라피 운영사례이다.

강원도 파크로쉬 리조트앤웰니스

서울한방진흥센터 웰니스 프로그램

[그림 3-9] 섭취형 푸드테라피 운영사례

2) 활동형 푸드테라피

활동형 푸드테라피는 요리를 통해 정서발달과 수학적 사고 능력 향상, 건강한 식습관을 형성하게 하는 아동요리교육, 감각기관 자극을 통해 기억력 회복과 정신적 안정, 소외감 해소 등을 목적으로 하는 노인요리치료, 농어촌 자원을 활용하여 관광서비스 산업 발전과 향토음식 이해를 도모하는 향토요리체험 등이 있다.

코로나19 팬데믹 이후 '코로나 블루(코로나 우울)'라는 신조어가 생겨났다. '코로나'와 우울증을 표현하는 'blue'를 합친 단어로, 코로나19 확산 및 장기화로 외부 활동이 현저하게 줄어들고 사회와 단절되거나 자가격리를 하는 기간이 늘어나 우울감과 무기력증을 호소하는 현상이다. 일상 활동이 감소하고 식사를 불규칙적으로 하고 질 높은 영양소 섭취가 부족해지면 삶의 질은 낮아지고, 스트레스 인지 정도가 높아지며, 허리둘레 및 체질량지수가 증가한다.

심적 불안 해소와 우울감, 스트레스를 줄일 수 있는 방법으로 활동형 푸드테라피를 찾는 사람들이 증가했다. 커뮤니티케어센터, 복지관, 교육청, 보건소 등 다양한 치유를 목적으로 운영되는 기관에서는 중장년층 1인 가구의 우울증 · 고독사 예방, 심리치료 등을 목적으로 '푸드표현테라피' 프로그램을 운영하는 사례가 늘었다. 푸드테라피는 남녀노소 누구에게나 적용할 수 있고, 미용, 미술 등과 접목하여 다채롭게 이용할 수 있다.

푸드아트테라피(food art therapy, FAT)는 음식이나 음식을 만드는 재료를 활용하여 즉흥적으로 작품을 만들거나 그와 관련된 활동을 하여 참여자의 정서 및 정신세계를 표현하고자 하는 치료적 예술활동을 뜻한다. 식품을 매체로 하여 창의적인 놀이와 예술활동을 통해 자신의 내면세계를 표현하고 긍정적인 사고로 전환, 확장해감으로써 자아찾기와 자아초월, 대긍정에 이르도록 하는 심리치료 방법이다. 과일, 채소 등 식재료를 직접 보고 만지며 으깨거나 섞고, 배치하는 과정을 통해 식재료를 단순히 먹는다는 개념에서 벗어나 생명체가 지니는 힘과 아름다움을 확인하는 감성체험을 통해 자기효능감을 증진하여 자아성장을 이루게 한다.

농촌체험관광 네트워크 구축 사업으로 푸드테라피 전문교육, 요리심리상담사, 실버인지요리지도사 등 자격증 취득에 대한 교육이 활성화되고 있으며, 푸드테라피 수요 증가 트렌드에 따라 치유농업을 발전시키고 농장 간 네트워크를 구축해 농촌체험산업의 균형 발전을 이룰 수 있다.

3. 외식산업과 숲 · 해양 치유

1) 건강한 외식산업

외식소비행태조사에 따르면 1인 가구가 급증하여 1인 외식이 보편화되었고 혼자 밥을 먹는 혼밥을 넘어 혼자 술과 커피를 마시며 나홀로 외식을 즐기는 외식문화가 확산되었다. 가정간편식(home meal replacement, HMR)의 고급화, 외식산업과 신기술이 접목되면서 스마트폰을 이용한 플랫폼 서비스인 스마트오더(smart order), 스마트페이(smart pay), 배달대행 서비스, 식재료 배송서비스, 배달앱 등이 일반화되고 있다. 식품 관련 서비스업과 빅데이터 등의 정보통신기술(ICT)이 접목된 신산업 분야 푸드서비스 테크놀로지(foodservice-tech)라는 신조어가 등장하였다. 배달앱이란 소비자가 앱을 통해서 주문할 수 있도록 음식점을 모아놓은 프로그램으로, 배달앱을 통한 주문에 대해서는 배달앱 본사에 수수료를 지불하는 방식이다. 스마트폰을 통해 음식점 정보 제공, 예약, 배달 등이 가능함에 따라 외식시장에서의 배달시장 규모는 더 확대되고 있다. 1~2인 가구의 증가는 외식의 간편화 경향과 연관성이 높아 편리성 · 소량화를 선호하는 트렌드를 확대시키고 있다.

푸드테크(food tech)란 식품산업과 정보 기술(IT)이 접목된 신산업 분야로 전 세계적으로 주목받는 시장이다. 기존의 개념이 단순히 식품문화의 과학화였다면, 이 신산업은 소비자들이 음식을 맛있고 간편하게 소비하려는 요구를 충족할 뿐 아니라, 인류의 식량문제를 책임질 차세대 먹거리 개발로까지 나아가는 등 그 영역을 확장하고 있다. 햄버거처럼 빨리 만들어 빨리 먹는 인스턴트 음식이 아니라, 유명한 셰프가 직접 구성한 레시피나 식자재를 보내줘서 주문자가 굉장히 빨리 만들어 먹을 수 있게 해주는 패스트푸드 2.0이 뜨고 있다. 국내에서도 농업 · 식품 · 외식 분야에 도전하는 스타트업이 늘고 있다. 이들은 건강한 농법으로 생산한 식재료로 만든 맛있는 음식을 언제든지 먹고 싶은 곳에서 먹거나 만들기까지 거쳐야 할 모든 단계에 혁신을 시도하고 있다.

우리나라는 2000년대에 들어서 에스닉 푸드에 대한 관심이 높아지기 시작했다. 경제적인 풍요로움과 함께 외식에서 도입된 웰빙 열풍과 다양한 해외 경험으로 타국의 문화를 쉽게 접할 수 있는 기회가 주어졌기 때문이다. 에스닉 푸드에는 주로 동남아, 남미, 중동, 유럽 등의 전통음식이 포함되는데, 이들 음식은 채소를 비롯한 각종 허브 향신료 등 저칼로리 재료를 사용해 웰빙요리로 주목받고 있다. 대표 음식으로는 베트남의 쌀국수, 인도의 커리, 태국의 똠얌꿍 등 동남아 음식이 있다. 2025년에는 국민의 20%가 65세 이상인 초고령 사회로 접어들게 되었다. 고령화 시대의 외식소비 트렌드는 건강지향이 가장 큰 비중을 차지하고 간편화·다양화·고급화 경향이 더욱 인기를 끌 것이다.

전라남도 목포 시푸드전문점 피시테리언

전라남도 목포 대표 주전부리 목화솜빵

제주도 향토음식 돔베고기 전문점

제주도 향토음식 갈치조림 전문점

[그림 3-10] **푸드테라피를 적용한 외식산업**

국내외 디저트 외식시장 규모도 점점 커져 최근에는 디저트 가격이 식사 가격과 비슷한 수준까지 올라왔으며, 식사를 대체하거나 식사 겸용으로 디저트를 즐기기 시작했다. 신체와 정신, 사회적으로 건강을 추구하는 웰니스 시대에 맞게 지역의 특산물을 활용한 향토음식 전문점, 발효음식 전문점, 비건 레스토랑, 시푸드 레스토랑, 곤충 음식점 등도 주목할 만한 성장세를 보이고 있다. 현재 국내에서 완전 채식을 하는 비건 인구는 약 50만 명으로 추산되며 이들의 입맛을 잡기 위해 달걀, 우유, 버터 등 동물성 재료를 전혀 사용하지 않는 비건 베이커리가 개발되었다. 식물성 팽창제를 사용하여 볼륨감과 응집력을 높이고 촉촉함을 증가시켰다. 또한 두유와 베지터블 오일 등을 사용해 보습력과 가벼운 식감을 주며, 에그포비아 등의 이슈에서 자유로워 일반 소비자들도 안심하고 먹을 수 있다.

2) 숲과 해양 치유 푸드테라피

우리나라는 산과 바다를 끼고 있어 숲과 해양을 이용한 웰니스 관광 프로그램 운영 최적의 조건으로 다양한 콘텐츠의 자연 교감 힐링시설을 보유하고 있다.

〈표 3-5〉 **광주 · 전남 힐링, 치유 기반 웰니스 관광 시설 현황**

치유 콘텐츠	웰니스 관광 시설 명칭
힐링 치유	광주광역시 무등산권 올레길, 테라피스파 등
숲치유	해남군 흑석산 치유의 숲 장성군 국립숲체원 장흥군 정남진 편백숲 우드랜드 고흥군 팔영산 편백 치유의 숲 광양시 백운산 치유의 숲, 나주 빛가람 치유의 숲 담양군 대나무 건강랜드, 순천 전통야생차 체험관 여수시 봉화산 자연휴양림(산림치유센터) 및 미평 산림욕장 화순군 만연산 치유의 숲 곡성군 치유의 숲 영암군 월출산 스테이션 및 숲속 웰니스 체험시설
해양치유	완도군 산림 · 해양 복합치유센터, 해양치유센터(명사십리 건립 중) 신안군 태평염전 해양힐링스파 보성군 환경성질환예방관리센터 무안군 성남리 치유센터
힐링 기반 체험형 관광	순천시 순천만 국가정원과 순천만 습지, 강진 푸소체험 곡성군 청소년힐링문화원 함평군 용천산 힐링센터
전라남도 민간정원	고흥 쑥섬(1호), 담양 죽화경(2호), 보성 초암정원(3호), 고흥 금세기정원(4호), 구례 쌍산재(5호), 보성 갈멜정원(6호), 고흥 장수호 힐링정원(7호), 장흥 하늘빛 수목정원(8호), 화순 허브뜨락(9호), 고흥 하담정(10호), 화순 무등산 바우정원(11호), 보성 성림정원–윤제림(12호), 장흥 월넛 치유정원(13호), 구례 천개의 향나무 숲정원(14호), 순천 화가의 정원산책(15호) 등

전라남도 보성군 제암산 치유의 숲

보성녹차 약선음식, 쌍화차

전라남도 해남군 흑석산 치유의 숲

흑석산 치유의 숲 명상, 요가

전라남도 완도군 해양치유 명사십리

명사십리 노르딕워킹, 해변엑서사이즈

[그림 3-11] **숲과 해양 치유프로그램과 푸드테라피**

자연과 교감하며 숲 그대로를 느끼는 산림욕 명상, 건강증진 및 심신 안정에 효과가 있는 참나무 숲에서의 족욕, 넓은 바다뷰를 보면서 모래사장에서 실시하는 해변엑서사이즈 체험, 개인성찰 및 트라우마 해소에 효과가 있는 싱잉보울 명상, 신체활동을 통한 스트레스 해소에 효과가 있는 노르딕워킹, 심신안정을 통한 건강증진에 효과가 있는 건강차 시음, 지역의 특산물을 이용한 음식을 맛볼 수 있는 치유음식 시식 등 자연과 함께 하는 숲치유, 해양치유 프로그램도 다양하게 운영되고 있다.

지역별로 다양한 감성 관광 자원이 분포되어 있고 체험형, 미식 등 관광시장이 지향하는 가치가 다양화됨에 따라 전라남도는 도내 민간정원을 지정하여 힐링, 치유를 주제로 지역주민이 가꾼 자연을 관광자원으로 활용하고 있다. 특산물로 만든 식·음료를 제공하고 농·수·축산업의 동반성장의 기회가 되어 고부가가치 창출을 보여주는 좋은 사례이다.

10 Chapter 식사와 건강

음식을 먹거나 음료를 마시는 활동을 통틀어 식생활이라 한다. 식생활은 삶의 질과 건강에 밀접하게 연관되어 있어 올바른 식생활을 하는 것이 중요하다. 영양소의 균형을 고려하며 다양한 식품을 적절한 양으로 섭취할 때 바람직한 식생활을 한다고 할 수 있다. 더 나은 식생활이 되기 위해서는 적절한 강도의 규칙적인 운동을 병행해야 한다.

1. 식품과 영양소

식품(食品, food material)은 한 종류 이상의 영양소를 가지면서 인체에 해가 없이 안전해야 하며, 인간이 요리하거나 날것 그대로 먹을 수 있는 것을 말한다. 식품은 영양성, 안전성, 기호성, 경제성을 갖추어야 하고, 식품의 종류에는 천연식품, 반조리식품, 조리식품, 가공식품 등이 있다.

영양(營養, nutrition)은 사람이 음식물을 통해 섭취한 영양소가 체내에서 소화·흡수되어 여러 가지 기능을 수행함으로써 생명 유지, 성장·발달 및 건강을 유지하게 하는 일련의 대사 과정이다. 영양소(營養素, nutrient)는 우리 몸을 구성하고 유지하는 성분이다. 영양소의 종류는 탄수화물 또는 당질(carbohydrate), 단백질(protein), 지질(lipid), 무기질(mineral), 비타민(vitamin)을 5대 영양소라 하며, 여기에 물을 포함하여 필수영양소라 한다. 인체는 식품을 통해 영양소를 섭취하고 건강과 생명을 유지한다.

우리는 생명을 유지하고 몸의 기능을 수행하며 여러 가지 신체활동을 하기 위해 에너지가 필요하다. 인제가 사용하는 에너지의 근원은 태양으로부터 오며, 이를 직간접적으로 동식물이 이용하여 탄수화물, 단백질, 지질의 화학결합 에너지로 저장한다. 우리는 식품을 통해 이들 동물과 식물의 저장 에너지를 공급받아 생명 유지는 물론 일상생활에서 필요한 여러 가지 활동을 수행할 수 있다.

〈표 3-6〉 영양소의 기능

영양소	기능	
탄수화물	• 에너지의 주요 공급원 • 체내 간, 근육에 저장	• 단백질 절약작용 • 많이 섭취 시 체지방으로 축적
단백질	• 체조직 구성 • 면역기능 담당	• 효소, 호르몬, 항체의 형성 • 탄수화물, 지방 부족 시 에너지로 사용
지방	• 에너지원으로 사용, 체온유지 • 신경조직의 구성성분 • 필수지방산 공급	• 외부 충격으로부터 신체 보호 • 음식의 맛을 고소하게 함
비타민	• 조효소 역할 • 빈혈, 피부병, 구루병, 감기 등의 예방과 치료를 도움 • 피부를 건강하게 함	
무기질	• 체내 기능 조절	• 신체의 구성 성분
물	• 신체의 구성성분 • 혈액의 주성분으로 영양소, 노폐물 운반	• 체온 유지 • 노폐물을 소변으로 배설

1) 탄수화물

탄수화물은 곡류 또는 감자, 전분류, 당류, 과일류, 채소류 등의 구성성분으로 한국인이 하루에 섭취하는 에너지의 55~65%를 공급하는 가장 중요한 에너지 영양소이다. 식물은 광합성을 통해 포도당과 같은 단당류를 합성하고 이것을 다당류로 전환하여 저장할 수 있으며, 동물은 필요량만큼 합성할 수 없으므로 주로 식물로부터 섭취한다.

식품 중에 함유된 탄수화물은 1~2개의 단당류로 구성된 단순당질과 3개 이상의 단당류가 결합하여 만들어진 복합당질의 두 가지 형태로 구분할 수 있다. 더 이상 분해되면 탄수화물로서의 성질을 잃게 되는 기본단위는 단당류이며 포도당, 과당, 갈락토스, 이당류는 맥아당, 서당, 유당이 있고 이를 단순당질이라고 한다. 복합당질에 비해 소화에 걸리는 시간이 짧으므로 소화흡수가 빠르다. 복합당질은 단당류가 여러 개 결합하여 만들어진 것으로 전분, 글리코겐, 식이섬유 등이 있으며 올리고당도 복합당질에 속한다. 식이섬유와 올리고당은 인체의 소화효소에 의해 분해되지 않으며, 복합당질은 단순당질에 비해 혈당을 서서히 올린다.

탄수화물은 일상적인 상황에서 뇌와 적혈구의 유일한 에너지 급원이고, DNA와 RNA의 구성성분이며, 식이섬유는 대장에서 체내 유익균의 생장을 돕는 등 여러 가지 필수기능을 하므로 반드시 섭취가 필요한 영양소이다. 필요량 이하로 저탄수화물 식사를 할 경우 신체는 근육 등의 체조직을 분해해서 혈당을 생합성하는 원료로 쓰게 되고 지방으로부터 케톤체를 합성하여 에너지원으로 사용한다. 이런 상태가 장기간 지속되면 체단백질이 감소될 뿐만 아니라 대사되지 못한 케톤체가 증가하여 산독증을 유발할 위험이 높아진다. 반면 탄수화물을 과량 섭취하면 비만 위험이 높아지고 혈액 내 중성지방이 증가하여 당뇨나 고지혈증, 대사증후군의 위험이 높아진다고 보고되고 있다.

전곡류, 채소류 등의 형태로 섭취하는 복합당질은 혈당을 천천히 올리고 인슐린 분비를 과도하게 자극하지 않으므로 건강에 유익한 탄수화물로 간주된다. 탄수화물을 섭취한 다음 혈당이 상승하는 속도를 0~100으로 나타낸 것을 혈당지수(glycemic index, GI)라고 하는데, 수치가 높은 식품은 혈당을 빠르게 상승시켜 인슐린을 과잉 분비하게 하고 이로 인해 체지방 축적이 일어나 비만이 촉진될 수 있으며, 특히 당뇨병 환자는 주의해야 한다.

2) 지질

지질은 탄수화물, 단백질과 같은 열량영양소이나 단위 g당 에너지가 높아 비만을 초래하고 심혈관계 질환 및 암의 발병 요인이라는 부정적인 측면이 크게 부각되어 있다. 그러나 지질은 체내의 여러 주요한 기능을 유지하는 데 꼭 필요한 필수영양소로서 그 중요성을 간과해서는 안 된다. 지질은 탄소, 수소, 산소로 구성된 유기화합물로서 물에 쉽게 용해되지 않으나 에테르, 알코올, 벤젠 등의 유기용매에 녹는 특성이 있다. 지질은 크게 중성지방, 인지질, 콜레스테롤로 분류되며, 실온에서 고체인 지질은 지방(fat), 액체인 지질은 기름(oil)이라고 한다.

지질은 섭취하는 포화지방산, 불포화지방산, 트랜스지방산의 종류나 양에 따라 이상지혈증, 동맥경화증, 고혈압, 심장병 등 심혈관질환, 암 발생과 관련이 있다.

3) 단백질

단백질은 신체의 기본적 구성물질이며 열량 영양소로서 중요하다. 탄소(C), 수소(H), 산소(O) 및 질소(N) 등의 원소로 구성되어 있고 기본 구성단위는 아미노산(amino acid)이다. 현재 식품에서 발견되고 체내에서 영양소로 이용되고 있는 아미노산은 20종이며, 단백질은 아미노산의 펩타이드 결합(peptide bond)으로 이루어진 고분자 화합물이다. 단백질은 질소(N)를 함유하고 있는 점이 탄수화물이나 지질과 다르고, 질소의 함량은 평균 16%이며 유황(S)을 비롯하여 철(Fe), 인(P), 요오드(I) 등의 무기성분을 구성원소로 함유하기도 한다. 단백질은 체내에서 근육, 뼈, 장기의 구성은 물론 효소, 호르몬을 구성하고 영양소 운반작용과 면역항체 구성 등의 역할을 한다.

4) 비타민

비타민(vitamin)은 인체의 정상적인 기능과 성장 및 유지를 위해 반드시 식사로 섭취해야 하는 중요한 유기물질이다. 비타민 자체는 에너지를 생성하지 않으나 에너지를 생성하는 반응에서 보조효소로 관여한다.

비타민은 물과 기름에 대한 용해도에 따라 지용성 비타민(fat soluble vitamine)과 수용성 비타민(water soluble vitamine)으로 분류한다. 지용성 비타민에는 비타민 A, D, E, K가 있으며, 수용성 비타민에는 비타민 B군과 C가 있다. 지용성 비타민은 과량 섭취하면 체내에 축적되어 독성이 나타날 수 있다. 수용성 비타민은 체내에서 합성되지 않으므로 반드시 매일 식사를 통해 섭취해야 한다. 비타민은 균형 잡힌 식생활을 통해 충분히 공급된다.

지용성 비타민은 소장에서 수용성 소화액과 잘 섞이지 않으므로 지방과 마찬가지로 담즙에 의해 유화된 후 소장에서 흡수된다. 지방과 함께 흡수되므로 지방의 흡수가 원활해야 흡수가 잘 된다. 수용성 비타민은 소장에서 물과 함께 쉽게 흡수되어 혈액으로 들어온 후 체내 각 부분으로 이동하며, 사용하고 남은 여분은 소변으로 배설된다.

영양불량으로 인한 비타민의 결핍은 건강에 악영향을 미친다. 비타민 A가 결핍되면 면역력 저하로 인해 감염에 대한 저항력이 약해지며, 뼈와 치아의 성장 발달이 손상되어 성장 지연현상이 나타난다. 대표적인 증상으로는 야맹증, 결막건조증, 각막궤양,

모낭각화증이 있다. 비타민 D가 결핍되면 소장에서의 칼슘 결합단백질 생성을 지연시켜 칼슘이 흡수되지 못하므로 골격이 정상적으로 석회화되지 못해 다리가 휘게 되는 구루병과 골연화증, 골다공증 등이 나타난다. 비타민 B_6가 결핍되면 피부염, 빈혈, 구각염, 간질성 혼수, 말초신경장애, 우울증과 신경과민 등의 문제가 발생하며 심해지면 전신경련을 포함한 신경장애가 나타날 수 있다.

반대로 식품이나 보충제로 인해 상한 섭취량 이상의 비타민을 섭취하면 과잉증이 발생한다. 비타민 A의 과잉증 초기에는 식욕 상실, 시력 저하, 성장 지연 등의 문제가 발생하고, 장기간 지속될 경우 골격이 약화되며, 피부가 노랗게 변하는 고카로틴혈증이 나타난다.

5) 무기질

무기질(mineral)은 완전 연소되지 않으며 원소나 이온으로 작용한다. 체내 대사, 근육운동, 성장과 유지, 수분 평형, 생식 등에 필요하고 열, 빛, 산, 알칼리에 의해 제거되지 않으며, 동식물에 존재한다. 식물 내의 무기질은 땅속의 무기질 함량과 숙성 정도에 따라 다르다. 인체 내에서 필요한 무기질은 40여 종이며, 인체에 들어있는 무기질은 20여 가지로 매우 다양하다. 체내 필요량이 100mg/일 이상이면 다량무기질, 100mg/일 미만이면 미량무기질로 분류한다. 인체는 탄수화물, 지질, 단백질 등이 약 30~35%, 물 60~65%와 약 4%의 무기질로 구성되어 있다.

무기질은 경조직의 일부분으로 신체를 구성하는 기능 외에 신체에서 일어나는 많은 대사과정을 도와 체액의 산·알칼리 평형 유지, 경조직이나 호르몬, 효소, 비타민의 구성성분, 삼투압 유지, 대사 촉매작용 등의 조절작용을 한다. 고섬유소 식사 시 칼슘, 철, 아연, 마그네슘의 흡수를 감소시킨다. 따라서 무분별한 무기질의 보충은 문제가 된다.

대표적인 무기질은 칼슘, 마그네슘, 철, 아연 등이 있다. 칼슘은 99%가 골격과 치아에 존재하는데 정상적인 석회화와 골격의 유지를 위해서는 비타민 D, 비타민 K, 인, 플루오린, 마그네슘, 단백질이 필요하다. 혈액응고와 신경전달, 근육의 수축과 이완에 관여하며 칼슘이 결핍될 경우 골질량과 골밀도가 감소되어 골 미세구조의 이상으로 뼈가 약해져 쉽게 부러지고 금이 가는 골다공증이 발생한다. 그러나 과잉될 경우 근육과 신장 등 연조직에 축적되어 신장 기능을 손상시키고 철이나 아연과 같은 다른 영양소의 이용률을 방해한다.

철은 세계적으로 가장 결핍증이 흔하게 나타나는 영양소이다. 철은 산소의 운반과 대사에 관여하는 단백질인 헤모글로빈과 미오글로빈의 구성성분이다. 철이 결핍되면 적혈구의 크기가 작고 혈색소의 농도가 낮은 소적혈구성, 저색소성 빈혈이 나타나며, 증세로는 혈액의 산소 운반능력 감소로 인한 창백한 피부, 피로감, 빈번한 호흡, 면역능력 감퇴, 식욕 감퇴 등의 증상을 보인다. 철 결핍성 빈혈이 나타나려면 이미 결핍이 상당히 진행된 상태이므로 평상시 철이 풍부한 식품을 섭취하여 미리 예방하는 것이 중요하다. 철의 과잉증은 영양 보충제나 철분제를 과다 복용하여 인체에 저장능력 이상으로 철이 축적되었을 때 나타난다.

6) 물

물은 인체의 60~70%를 구성하는 필수영양소이다. 일반적으로 체수분의 약 20%를 상실하면 생명이 위험하므로, 물은 다른 영양소보다 훨씬 자주 공급해 주어야 한다. 체내에서 작용하는 물의 기능은 신체의 구성성분, 영양소와 노폐물의 운반, 체온 조절, 용매 역할, 전해질 균형, 윤활제 역할 및 외부 충격으로부터의 보호 등 매우 다양하다. 물은 체내에서 혈액의 주요 성분으로 존재하며, 세포로 영양소를 운반해 주고, 대사산물과 같은 노폐물을 소변 또는 이산화탄소의 형태로 신장 또는 폐를 통해 제거한다.

신체는 다양한 생리적 상태와 외부환경의 변화에도 불구하고, 체외로부터 수분을 섭취하고 체내의 수분 필요량에 맞추어 체수분을 배설함으로써 항상 일정한 수준의 체수분량을 유지하고 조절한다. 세포내액의 수분 함량이 일정 수준 이하로 낮아지면 세포가 뇌로 신호를 보내 갈증을 느끼게 되고, 물을 마시도록 명령함으로써 세포가 탈수되지 않도록 보호한다. 수분 섭취량이 과도한 경우에는 세포외액의 전해질 농도가 낮아지게 되어 신장에서 소변으로 배설하는 수분량을 증가시킴으로써 과량의 체수분을 체외로 배설시킨다.

체내 수분이 비정상적으로 감소된 상태를 탈수증이라 하며, 순수하게 수분 부족으로 인한 탈수증과 소금과 같은 염류 부족으로 인한 탈수증 두 가지로 구분할 수 있다. 수분 부족에 의한 탈수증은 충분한 수분 공급에 의해 회복되며, 염류 부족에 의한 탈수증은 수분과 함께 소금을 공급해야 회복할 수 있다.

2. 식사구성안

식사구성안(food guidance system)은 질병이 없는 대다수의 국민들이 건강을 최적 상태로 유지하여 질병을 예방하고, 도움을 주는 데 필요한 영양소 섭취수준을 제시하였다. 식사구성을 위한 식품의 1인 1회 분량 설정은 국민건강·영양조사 자료를 기초로 하였다. 영양소 섭취기준을 만족하는 1일 식사구성 즉, 식품군별 1일 권장섭취횟수를 제시하기 위해 개발된 것이 권장식사패턴이다. 식사구성안은 일반인에게 영양소 섭취기준에 만족할 만한 식사를 제공할 수 있는 식품의 양과 종류를 선택하도록 돕기 위해 고안된 식사계획안이다.

1) 6가지 식품군

식품군(food groups)은 균형잡힌 식생활을 위하여 날마다 섭취해야 할 식품들을 주된 영양소 조성에 따라 여섯 가지로 구분한 것이다. 여섯 가지 식품군은 곡류, 고기·생선·달걀·콩류, 채소류, 과일류, 우유·유제품류, 유지·당류로 나눌 수 있는데, 이 중 유지·당류의 경우 다른 식품을 통해 충분히 섭취할 수 있으므로 식사 시 다섯 가지 식품군을 섭취하는 것이 중요하다.

① 곡류

곡류는 탄수화물을 75% 정도 함유하고 있는 주요 에너지원으로 당과 전분뿐 아니라 식이섬유도 함유되어 있다. 도정도가 낮은 쌀이나 각종 잡곡을 통하여 충분한 양의 비타민을 얻을 수 있으며, 그 외에 비타민 B군과 아연 등의 영양소를 얻는다. 현미, 전곡 등의 곡류로부터는 식이섬유를 섭취한다.

곡류 중 현미는 도정률이 가장 낮으며 식이섬유가 풍부하고 영양소 손실이 없어 단백질, 비타민 B_1, 비타민 B_2가 풍부하다. 유럽에서 많이 섭취하는 귀리는 척박한 땅에서도 잘 자라기 때문에 동유럽, 북유럽, 러시아에서 많이 재배한다. 귀리는 70%가 탄수화물로 이루어져 있으나, 섬유질이 많고 글루텐 함량이 높아 적은 양으로도 큰 포만감을 느낄 수 있어 다이어트 식품으로 불린다. 최근 주목받는 카무트(kamut)는 밀의 한 종류이며 고대 이집트때부터 재배되어 왔다. 단백질 함량이 높고 글루텐 함량이 낮다는 점에서 선호도가 높으며, 고소한 향의 풍미가 있어 파스타면, 빵 등으로 이용한다. 식이섬유, 마그네슘, 아연, 셀레늄이 풍부하게 함유되어 있다.

② 고기 · 생선 · 달걀 · 콩류

인간이 생명을 유지하고 활동하는 데 중요한 근육은 단백질로 구성되어 있어 식품을 통해 단백질을 섭취하는 것이 중요하다. 동물성 단백질로는 육류, 가금류, 달걀이 있고, 식물성 단백질로는 콩류가 있다.

가장 대표적인 육류는 소, 돼지, 가금류에는 닭, 오리 등이 있다. 육류 중 소고기는 동물성 단백질 중 가장 양질의 단백질을 제공한다. 양고기는 L-카르니틴이 풍부하여 다이어트에 좋다. 생선은 전 세계에서 소비되는 동물성 단백질의 70% 이상을 차지하고 있을 정도로 대중적으로 섭취되는 동물성 단백질이다. 등푸른 생선은 오메가-3 지방산이 풍부하여 비만, 심혈관질환 등의 환자에게 좋고, 적색육을 가진 생선은 미오글로빈이 풍부하다.

식물성 단백질은 대두, 서리태, 강낭콩 등이 있으며 최근에는 병아리콩, 렌즈콩 등 여러 종류의 콩이 소비되고 있다. 대두는 두부나 된장을 만들 때 쓰이는데 발아하여 싹을 틔우면 콩나물이 된다. '밭의 고기'라고 불릴 정도로 단백질과 지방이 풍부하다. 성인병 예방에 효과적이며 이소플라본이 다량 함유되어 여성 갱년기에 도움이 된다. 서리태는 안토시아닌이 풍부해 비만, 노화 방지에 효과적이다.

③ 채소류

채소는 인간이 먹을 수 있는 식물로 섬유질, 비타민, 무기질이 풍부하며 과채류, 협채류, 근채류, 경엽채류로 분류한다. 채소류는 당근, 무, 배추와 같이 흔히 볼 수 있는 채소부터 아티초크, 오크라, 펜넬과 같이 독특한 채소까지 그 범위가 넓고 다양하다. 아티초크는 국화과에 속한 다년생 식물로 지중해 연안과 바닷가 근처에서 자라며 줄기가 약 2m까지 자란다. 이탈리아와 프랑스 등 유럽에서 애용되며 100g당 63kcal로 열량이 낮고 칼륨이 풍부하다. 섬유질이 다량 함유되어 변비와 구토, 복통 등 증상에 효과적이며 시나린이 풍부해 간에 좋다. 펜넬은 고대 로마에서 유래되어 아티초크와 함께 유럽의 수산물 요리에서 많이 사용된다. 펜넬은 이름은 낯설지만 회향이라 하여 『동의보감』에도 기록되어 있다. 매운맛이 나지만 독이 없고 위를 따뜻하게 한다고 해서 약재로 사용되어 왔다. 클로로겐산, 아네톨, 리모넨, 퀘르세틴과 같은 항산화제가 풍부해 항염, 항암, 항균, 항산화 효과가 있고 심장병을 예방한다.

④ 과일류

과일은 식용으로 하는 식물의 열매를 말하며, 식이섬유, 비타민과 무기질이 풍부하며 단맛이 나서 선호도가 높은 식품이다. 감, 살구, 망고, 파파야 등에는 비타민 A가 풍부하고, 레몬, 감귤, 유자, 딸기에는 비타민 C가 풍부하다.

⑤ 우유 · 유제품류

우유는 암소의 젖으로 영양소가 풍부하다. 락토스(유당)는 장내 유산균의 증식을 촉진하고 정장작용을 하며 칼슘의 흡수를 도와준다. 비타민 B군이 특히 많고, 불포화지방산이 함유되어 있으며 단백질과 칼슘이 들어있다. 우유는 발효하거나 응고하여 유정을 분리한 형태로 가공을 거치기도 하는데, 요구르트, 치즈, 버터, 생크림이 모두 우유로부터 만들어진다. 우유 속 유당을 소화하지 못하는 유당불내증이 있는 사람들은 유당을 제거한 치즈나 요구르트를 섭취하는 것이 좋다.

⑥ 유지 · 당류

지방군에 속하는 식품은 식물성 기름, 고체 지방, 견과류, 씨앗, 드레싱 등이 있다. 지방군에 속한 모든 식품은 적은 양의 섭취로도 높은 열량을 내므로, 적정체중을 유지하기 위해서는 튀김보다는 조리거나 볶는 요리, 나물 무침 등에 양념으로 소량씩 사용하는 편이 좋다. 호두, 잣, 땅콩 등의 견과류는 불포화지방산의 좋은 급원식품이다. 조리 시에는 고체성 기름(버터, 마가린 등)보다는 식물성 기름(참기름, 들기름, 식용유 등)을 사용하는 것이 좋다. 견과류는 불포화지방산의 좋은 급원이지만, 열량이 높으므로 열량 조절을 위해 1일 1~2교환단위 이내로 섭취량을 제한하도록 한다.

2) 식품구성자전거

식품구성자전거(food balance wheels)는 여섯 가지 식품군을 식생활에서 차지하는 중요성에 따라 자전거 바퀴에 면적을 배분한 것이다. 자전거 뒷바퀴의 식품군별 식품은 매일 다양한 식품군별 식품을 필요한 만큼 섭취하는 균형 있는 식사의 중요성을 강조하고 자전거 앞바퀴에 그려져 있는 물은 충분한 물 섭취의 중요성을 의미한다. 자전거에 앉아있는 사람은 규칙적인 운동을 통한 건강체중 유지의 중요성을 의미한다<그림 3-12>.

자료: 보건복지부 · 한국영양학회, 2020 한국인 영양소 섭취기준

[그림 3-12] 식품구성자전거

3) 식품군별 대표식품과 1인 1회 분량

우리나라 여섯 가지 식품군의 대표식품을 편의상 기억하기 쉽고 사용하기 편하도록 제정한 1인 1회 분량으로서 통상적으로 대부분의 국민이 1회 식사에서 섭취하는 것으로 추정되는 식품의 양을 나타낸다.

4) 권장식사패턴

일반인을 대상으로 식사구성안에 있는 '식품군별 대표식품의 1인 1회 분량'의 하루 총 섭취 횟수를 나타낸 것으로, 개인의 성장 유무와 총에너지 필요추정량에 따라 미리 조성해 놓은 식사조성표이다.

3. 질병과 건강관리

식사(食事)는 일반적으로 하루 세 번 아침, 점심, 저녁으로 나누어 행해진다. 음식을 먹는 행위를 식사라고 하며, 인간이 생명을 유지하기 위해서는 외부로부터 반드시 식품을 섭취해야 한다. 식사 시 중요한 것은 어떤 음식을 어떻게 먹느냐이다. 메뉴를 정할 때는 음식의 맛, 온도, 색, 향 등 관능적인 특성을 고려해야 하고, 영양소와 열량 등 영양학적 특성도 고려해야 한다.

식단은 계절마다 제철인 식재료를 이용할수록 좋다. 봄에는 날씨가 온화하고 따뜻하여 주꾸미, 꼬막, 두릅, 쑥, 달래 등 나물이 잘 자라므로 냉이된장국이나 주꾸미 숙회 등을 반찬으로 하면 좋다. 여름에는 날이 뜨겁고 비가 충분히 내려 옥수수, 토마토, 전복, 장어와 기타 과일들이 제철이 된다. 가을은 추수의 계절로 봄, 여름 동안 잘 자란 열매를 수확하는 때로 사과, 배, 홍합, 무가 제철이다. 겨울은 날이 추워 일반적으로 열매는 잘 맺지 않는다. 유자와 귤, 석류처럼 비타민 C가 풍부한 과일과 굴, 명태, 아귀가 제철이다.

1) 비만

(1) 비만의 원인

비만이란 체지방성분에 비해 지방조직이 과다하게 축적된 상태이다. 비만 'obesity'의 어원은 ab(over)와 edere(to eat)를 합한 것으로 음식을 필요 이상 과하게 섭취하면 섭취한 에너지와 에너지 소비 사이에 균형이 깨져 소모되지 않은 섭취에너지 부분이 지방으로 전환되어 피하조직과 복강 등에 축적된다. 일반적으로 체지방량을 통해 비만을 확인한다. 남성 25%, 여성 30% 이상일 때 비만으로 판정하며 몸무게가 많이 나가더라도 체지방량이 적은 경우는 비만이 아니다. 비만은 단순히 한 가지 요인만으로 발생하지 않는다. 식습관, 활동량, 나이, 유전, 선천성 질환, 신경내분비계 질환, 약물 등 여러 요인이 영향을 미친다.

비만인은 정상인에 비해 암 발생위험이 1~2배 증가하며 관상동맥질환은 2~3배, 2형 당뇨병이나 인슐린 저항증 등은 3배 이상으로 증가한다. 비만으로 인해 관련된 질병이 발생하여 건강에 악영향을 미치므로 영양관리를 통해 체중을 감량하고 건강을 개선해야 한다. 인슐린이 충분히 있음에도 불구하고 제대로 작용하지 못해 발병하는 당뇨병은 체중 감량 시 위험도가 30~60%로 감소하게 된다. 적절한 체중감소는 한 달에 2kg, 일주일에 0.5kg이다. 극단적으로 식사를 조절하고 운동량을 늘려 급속도로 체중을 감소하는 경우 오히려 건강에 나쁜 영향을 미치고 유지 또한 어렵다. 체중조절을 위한 식사 방법은 여러 가지가 있는데, 다음과 같다.

- 운동량만 늘리는 것보다 에너지를 적게 섭취하는 방법
- 당질, 단백질, 지방의 비율을 조정하여 섭취하는 방법
- 알코올과 설탕, 과당 등 단순당을 제한하는 방법

당질, 단백질, 지방의 비율을 조정하는 방법은 당질을 적게 섭취하고 지방이나 단백질을 많이 섭취하는 방법인데, 이 방법은 케톤이라고 하는 지방 분해물이 생성되어 부작용이 나타날 수 있으므로 주의가 필요하다.

식사일기를 작성하거나 식생활 습관을 개선하는 것 또한 체중조절에 도움이 된다. 가장 좋은 방법은 올바른 영양소 섭취와 운동을 병행하여 기초대사량을 늘리고 체지방을 연소하는 것이다.

(2) 비만 식사관리

체중감소를 위해 무리한 저열량식사를 하게 되면 여러 가지 임상적인 부작용이 초래될 수 있다. 당질을 지나치게 제한하면 케톤체의 과잉 생성으로 케토시스(ketosis)에 의한 산독증이 생기기 쉽다. 이를 예방하기 위해서는 하루에 최소 100g 이상의 당질을 전곡류 형태로 섭취하는 것이 좋다. 특히 식이섬유는 하루 25~30g 섭취를 권장하고, 단순당은 쉽게 소화·흡수되므로 섭취를 제한한다.

갑자기 저열량 식사를 하게 되면 체단백질이 분해되어 열량원으로 사용되므로 주의해야 한다. 동물성 단백질을 섭취할 때는 동물성 지방이 함께 섭취되므로 흰살생선, 달걀흰자, 두부, 닭가슴살 등 지방이 적은 식품을 선택한다.

지방은 가급적 필수지방산을 섭취하고 동물성 지방의 섭취를 제한한다. 불포화지방산과 포화지방산의 섭취비율은 2:1로 유지하는 것이 좋다. 특히 오메가-3 지방산의 섭취도 권장한다. 비타민과 무기질이 풍부한 채소와 과일을 충분히 섭취한다. 신진대사를 촉진하고 포만감을 주기 위해 충분한 수분을 섭취한다.

2) 심혈관질환

(1) 심혈관질환의 원인

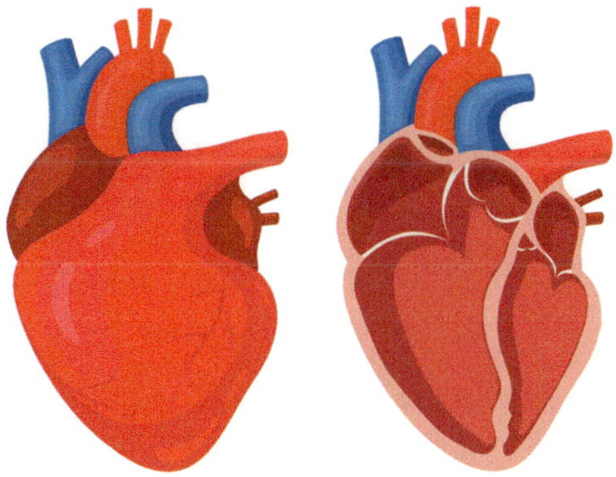

[그림 3-13] 심혈관질환

생활습관병이라 불리는 고혈압, 심근경색, 뇌졸중 등은 혈액 중에 중성지방이나 콜레스테롤이 많아져 혈액의 점도가 증가하여 혈류는 느려지고 혈관벽에 이러한 물질들이 축적되어 발생한다. 동맥 내벽에 콜레스테롤 플라크가 축적되면 동맥벽이 두꺼워지고 단단해져서 탄력성을 잃게 되어 동맥경화가 발생하고, 혈압이 상승하는 고혈압도 따른다. 동맥경화가 심해지면 혈전이 생성되는데, 대부분의 심혈관질환은 심장이나 뇌의 혈류를 막는 혈전에 의해 발생한다. 심장근육에 혈액을 공급하는 관상동맥의 혈류가 막히면 심장근육이 손상되고 결국에는 심근경색이 발생하며, 뇌혈관이 막히면 뇌졸중(중풍)이 발생한다. 심혈관질환은 혈관 내벽의 70~80%가 좁아질 때까지 증상이 없다가 갑자기 심장마비나 뇌출혈을 일으킬 수 있으므로 평소 혈액검사를 통해 중성지방과 콜레스테롤 수치를 미리 알아보고 예방에 힘써야 한다. 혈중 지단백질인 LDL과 중성지방의 농도는 정상범위보다 높고 HDL 지단백질 농도가 정상범위보다 낮으면 심혈관질환 발생률이 높다.

음식에 포화지방산이 많고 불포화지방산이 적은 경우, 즉 식물성 유지보다 동물성 지질 섭취량이 많으면 혈중 LDL 수준이 증가하게 된다. 따라서 포화지방산이 함유된 중성지방 섭취를 줄이고 단일불포화지방산과 다가불포화지방산, 특히 오메가-3 지방산이 많은 등푸른생선을 많이 섭취하는 것이 좋다. 또한 수용성 섬유소도 혈중 LDL 수준을 낮춘다. 혈중 중성지방은 과식, 당질의 과다 섭취, 흡연, 음주, 과체중과도 관련이 있으므로 운동량을 늘리고 금연과 금주를 하는 것이 좋다.

(2) 고혈압의 식사관리

① **체중조절**: 비만은 혈압 상승 원인, 표준체중 유지가 목표

② **나트륨 제한**: 1단계 · 2단계 고혈압 시 나트륨을 제한한 저염식 섭취

③ **칼륨 섭취 증가:** 칼륨은 나트륨 배출에 효과, K : Na 1 : 1 비율로 섭취
④ **알코올 섭취 제한:** 고혈압 환자는 남자 2잔, 여자 1잔 이내로 제한
⑤ **식이섬유와 수분 섭취:** 신선한 채소 · 과일 섭취, 이뇨제 복용 시 탈수 주의
⑥ **운동 및 생활습관 개선:** 유산소운동, 적정 강도의 운동, 스트레스 관리

3) 당뇨병

(1) 당뇨병의 원인

당뇨병은 췌장에서 분비되는 인슐린이 부족하거나 그 기능이 제대로 작용하지 않아 일어나는 대사성 질환이다. 당뇨병은 발병 원인에 따라 주로 제1형 당뇨병과 제2형 당뇨병으로 분류되며, 임신성 당뇨병과 영양실조, 기타 특정 질환에 의한 경우도 있다.

제1형 당뇨병은 인슐린 의존형 당뇨병(insulin dependent diabetes mellitus, IDDM)으로 인슐린을 만들어 내는 췌장의 베타세포가 주로 자가면역에 의해 파괴되어 발생한다. 제1형 당뇨병은 인슐린이 결핍된 상태이므로 치료하려면 반드시 인슐린 주사를 맞아야 한다. 제2형 당뇨병은 인슐린 비의존형 당뇨병(non-insulin dependent diabetes mellitus, NIDDM)으로 췌장에서 분비하는 인슐린은 충분하지만 말초조직에서의 인슐린 작용이 저하되거나, 췌장에서 필요량보다 적은 양의 인슐린이 분비되어 혈당이 높아져서 발병하게 된다. 제2형 당뇨병은 대개 40세 이후의 성인에게서 나타나는데, 우리나라 당뇨병 환자의 90% 이상이 제2형 당뇨병에 속한다. 제2형 당뇨병의 경우 식사요법, 운동요법과 경구 혈당강하제가 혈당 조절에 도움이 된다.

합병증으로는 과잉의 포도당이 체단백질이나 조직, 특히 눈과 신장, 신경조직, 혈관에 작용해서 생기는 말단혈관질환(발과 다리), 시력 약화나 실명, 신장질환, 신경 손상 등이 일어나기 쉽다.

탄수화물을 과잉 섭취하는 것 자체가 당뇨병을 유발하지는 않으나 탄수화물의 과잉 섭취로 인한 체중과다나 비만은 당뇨의 원인이 된다. 따라서 당뇨병 환자는 에너지 섭취를 줄이고, 단순당질보다는 전곡류와 식이섬유 같은 복합당질을 많이 섭취하여 혈당의 급격한 상승을 억제해야 한다.

(2) 당뇨병의 식사관리 기본원칙

① 매일 일정한 시간에 알맞은 양의 음식을 규칙적으로 먹는다.
적절한 열량섭취 및 규칙적인 식사는 혈당조절에 도움이 된다.

② 설탕이나 꿀 등 단순당의 섭취를 줄인다.
단순당은 농축된 열량원이며, 소화흡수가 빨라 혈당상승을 촉진시킨다.

③ 식이섬유소를 적절히 섭취한다.
식이섬유소는 혈당과 혈중지방의 농도를 낮추므로 혈당조절과 심장순환계 질환을 예방한다.

④ 지방을 적정량 섭취하며 콜레스테롤의 섭취를 제한한다.
동물성 지방 및 콜레스테롤은 심혈관계 질환의 위험을 증가시킬 수 있으므로 가급적 섭취를 줄이고 식물성 기름으로 섭취한다.

⑤ 소금 섭취를 줄인다.
과다한 소금섭취는 혈압을 상승시킬 수 있으므로 싱겁게 먹는 습관을 갖도록 한다.

⑥ 술은 피하는 것이 좋다.
술은 영양소가 포함되지 않으면서 열량을 많이 내므로 피하는 것이 좋다.

4) 암

고지방 식사로 인한 에너지의 과다 섭취는 암의 성장을 촉진한다고 보고되어 있다. 고지방식과 대장암, 결장암, 전립선암 등이 관련되어 있으나 유방암과의 관련은 적다. 그러나 동물성 지질 섭취량이 많을수록 암 발생률, 특히 대장암과 유방암 발생이 증가한다. 특히 동물성 지질에 많은 포화지방산과 오메가-6 지방산이 암 발생을 증가시킨다. 이 외에도 쇠고기, 돼지고기, 양고기 등의 붉은 살코기와 소시지, 베이컨 등의 가공

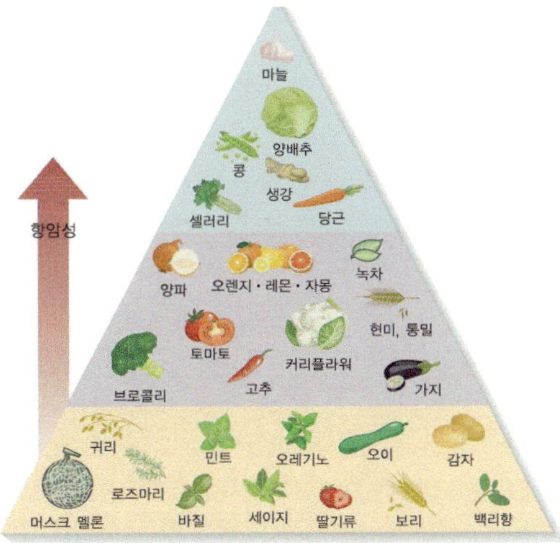

자료: 100세 시대를 위한 건강한 식생활, 교문사

[그림 3-14] 미국국립암연구소 암 예방식품 피라미드

육류 섭취는 대장암을 증가시키나, 가금류와 생선 섭취는 암 발생을 억제하는 효과가 있다. 운동량, 채소와 과일의 섭취량을 늘리고, 붉은 살코기와 알코올 섭취를 줄이는 식사를 하는 것이 좋다.

미국국립암연구소에서는 암 예방에 기여하는 식품을 항암성의 크기에 따라 피라미드 형태로 제시하였는데, 항암성의 측면에서 가장 중요한 식품으로는 마늘이 가장 꼭대기에 위치해 있다.

Chapter 11

음식의 광화(光華)

1. 커피

1) 커피의 기원

향기로운 한 잔의 커피는 적당한 신맛과 쓴맛, 단맛과 난맛, 구수한 향 그리고 무엇과도 비교할 수 없는 카페인의 매력까지 다양한 즐거움을 느끼게 해주는 음료 중 하나이다. 에티오피아의 칼디 목동설에 유래를 둔 커피는 꼭두서니과 쌍떡잎 식물로 치료효능이 강한 물질을 많이 함유하고 있어 예로부터 약용으로 사용되었고 종교와 식민지 문화 그리고 무역 등으로 전 세계로 확산되었다. 우리나라에도 19세기 말 커피가 들어와 고종 황제가 처음 맛보았다고 전해지며, 1953년 6·25 전쟁이 끝나고 미군이 주둔하면서부터 본격적으로 대중에게 알려졌고 1970년대부터는 국내 최초로 동서식품에서 인스턴트 커피 자체 생산에 성공하면서 폭발적인 사랑을 받았다.

2018년 기준 우리나라의 성인 1인 커피 연간 소비량은 353잔으로 세계 기준 132잔의 약 2.7배에 달할 정도(현대경제연구원)로 한국인의 커피 사랑은 증가 추세이다. 향기로운 커피 향과 함께하는 시간은 맛과 향뿐만 아니라 몸 담고 있는 공간의 분위기까지 마시는 커피 문화로 발전되었다. 커피 트렌드도 홈카페와 스페셜티(고급) 커피로 성장하면서 커피 소비는 꾸준히 증가하고 있다.

우리나라에 커피가 처음 들어온 것은 구한말 아관파천을 전후한 시기로, 러시아와 일본이 우리나라의 이권을 찬탈하려 각축을 벌이던 때에 커피가 전해졌다. 문헌에 의하면 1896년 고종 황제가 아관파천으로 러시아 공사관에 머물면서 커피를 즐겨 마셨다는 기록이 있다.

커피나무

커피열매

커피열매 수확

커피체리

커피생두(파치먼트)

선별(스크린 사이즈)

커피 로스팅

커피 원두

[그림 3-15] 커피 원두 제조 단계

우리나라 최초의 다방이라고 할 수 있는 것은 러시아 공사 베베르의 미인계 전략으로 한국 사교계에 침투한 손탁이란 여자가 러시아 공사관 앞에서 경영하였던 '정동구락부'이다. 이곳은 당구장과 다방을 겸한 곳으로 각종 다류와 양식을 선보였다고 한다. 한편으로는 일본인 나까무라가 서울에 문을 연 다방 '나까무라'가 최초의 근대식 다방이라고도 한다. 이러한 일본식 다방(깃샤텐)은 한·일 합방 직후 명동에 다수 문을 열었으나 이들은 모두 일부 고위층만이 드나들던 곳으로 일반인들은 감히 출입할 엄두도 낼 수 없었다고 한다. 이 당시에 커피를 처음 마셔 본 우리나라 사람들은 이를 서양의 국물이라 하여 '양탕국'이라고 이름 붙였다.

커피가 처음으로 판매되던 당시에는 커피 한 잔 값이 너무나 비싸 부유한 사람만이 마실 수 있었다고 한다. 그러던 중 6·25전쟁이 발발하여 미군이 주둔하면서 1회용 인스턴트 커피가 등장하여 무질서하게 유출됨으로써 일반화되었다. 그 당시 미군으로부터 유출된 인스턴트 커피는 카페인이 너무 많이 함유되어 있어 과음하면 불면증에 걸려 많은 사람들이 고생하였다고 한다. 1970년 국내 최초로 미국 제너럴푸드와 기술 제휴하여 인스턴트 커피생산에 성공했고, 동서식품은 1976년 세계 최초로 커피믹스를 개발하였다. 1988년 서울올림픽을 계기로 원두커피 수입이 개방되어 원두커피 소비가 가파르게 상승했다. 1999년 7월 스타벅스가 서울 이대점을 시작으로 국내에 원두커피 문화를 정착시켰다.

2) 커피의 분류

(1) 식품공전상의 분류

식품공전에서는 커피를 다류의 한 품목으로 규정하고 있으며, "커피 원두를 가공한 것이거나 또는 이에 식품 또는 식품첨가물을 가한 기호성 식품을 말한다."라고 정의하고 있다.

〈표 3-7〉 **주원료 성분배합기준에 의한 커피 분류**

종 류	정 의
볶은 커피	커피 원두를 볶은 것 또는 이를 분쇄한 것
인스턴트 커피	볶은 커피의 가용성 추출액을 건조한 것
조제 커피	볶은 커피 또는 인스턴트 커피에 식품 또는 식품첨가물이 혼합된 것
액상 커피	볶은 커피의 추출액 또는 농축액이나 인스턴트 커피를 물에 용해한 것 또는 이에 당류, 유성분, 비유크림 등을 혼합한 것

(2) 제품형태에 의한 분류

원두커피는 여러 가지 형태로 제품화하여 음용하는데, 혼합(blend), 향커피(flavored), 카페인 제거(decaffeinated) 및 레귤러(straight or origin) 등으로 구분할 수 있다.

〈표 3-8〉 주원료 성분배합기준에 의한 커피 분류

종 류	정 의
혼합 커피	• 서로 다른 2종의 커피가 혼합된 것 • 값이 저렴한 저급 커피에 약간의 고급 커피를 혼합하여 우아한 맛을 창출하는 방식
향 커피	• 커피 원두에 천연재료의 향을 첨가하는 방법으로 계피, 오렌지 등 천연재료 또는 향 시럽을 첨가하는 방법 • 인공 향을 투입시키는 방법은 커피추출 과정에서도 날아가지 않고 견딜 수 있도록 프로필렌 글리콜을 매개로 하는 강력한 향물질을 커피 볶는 과정에 첨가하는 방법
카페인 제거 커피	• 커피에 함유된 카페인에 예민하게 반응하는 사람들을 위해 카페인 97%를 제거 • 커피이름에 Decaf 표시를 함
레귤러 커피	• 원두커피 본래 그대로 음용하는 것

3) 커피의 성분과 효과

(1) 커피의 성분

커피의 품종이나 토양, 재배환경, 로스팅 등에 따라 성분 함유량이 차이 날 수 있는데, 일반적으로 수분과 단백질, 지질, 당질, 휘발성 유기산이 함유되어 있으며 특이성분으로 알코올, 알데히드, 케톤, 에스테르, 질소화합물, 카페올 등의 휘발성 물질로 생성되는 방향성분으로 구성된다.

커피에는 약 10% 정도의 수분이 함유되어 있기에 수분을 건조시킨 상태로 보관하게 된다. 건조된 생두에는 탄수화물이 많이 함유되어 있는데, 당류, 셀룰로오스, 리그닌 등으로 구성되어 있다. 조당분은 열을 가하면 물에 잘 녹으며, 갈색의 물질로 변하고, 커피의 쓴맛을 내게 되며, 열에 반응하지 않은 당이 단맛을 낸다.

커피 생두 중 조당분은 30% 내외로 가장 많은 비중을 차지하며, 설탕이나 포도당 같은 형태로 존재하는데, 열을 가하면 캐러멜로 변화하면서 커피색을 나타내고 향기와 감칠맛을 증대시키는 작용을 한다.

커피의 품질을 결정짓는 중요한 요소인 향은 휘발성 유기산에서 비롯된다. 이것은 원두를 로스팅하는 동안에 생기는 향성분의 전구물질로서 아세톤, 아세틸푸란, 피리딘, 푸르푸랄, 피롤 등이다. 원래 커피 생두 자체에는 향이 없으나 이를 일정한 조건에서 열을 가하면 원두 내부에서 이화학적인 변화, 즉 메일라드 반응(아미노산과 환원당이 일으키는 반응)이 일어나 커피 특유의 향이 생성된다. 향기성분은 휘발성이 있어 분쇄 후 그냥 방치하면 2주 후에 없어진다.

〈표 3-9〉 **커피 성분**

* 로스팅원두 100g 기준, 단위: mg

형태 \ 성분		로스팅원두	커피액
수분		2.2	99.5
단백질		12.6	0.2
지질		16.0	0.1
회분		4.2	0.1
탄수화물	당질	46.7	0
	섬유질	9.0	0
무기질	칼슘	120	3
	인	170	4
	철	4.2	0
	나트륨	3	2
	칼륨	2,000	55
비타민	리보플라빈	0.12	0.01
	니아신	3.5	0.3
비고		카페인 1.3%	드립식 추출: 레귤러 10mL에 뜨거운 물 150mL, 카페인 0.04% 함유함
		탄닌 8.3%	

(2) 카페인

카페인의 함유량은 1.3% 이내이고, 이뇨, 진통, 편두통 등에 효과가 있다. 카페인은 쓴맛이 나는 백색가루로서 물에 잘 녹는 알칼로이드의 일종이다. 알칼로이드란 식물에 포함되어 있는 질소화합물이라고 정의할 수 있다. 카페인, 테오피린 및 데오브로민이 있으며, 식물 중 15%에 포함되어 있는데 특히 콜라, 너트, 커피, 차, 코코아 등에 많이 포힘되이 있다.

식약청이 지정한 하루 카페인 권장량은 성인기준 400mg, 임산부 300mg, 어린이와 청소년은 몸무게 1kg당 2.5mg이다. 커피전문점에서 구입하는 아메리카노 1잔에는 보통 150~190mg의 카페인이 함유되어 있어 하루 2잔 정도가 적당하다.

〈표 3-10〉 **카페인 함량 비교**

식품	카페인 함량(mg)	한 잔의 용량(oz)
드립커피	115~185	8
에스프레소 커피	100~150	2
인스턴트 커피	60~100	8
코카콜라	45	12

4) 커피의 제조

(1) 블렌딩

커피 고유의 맛과 향기를 더욱 다양하게 만드는 기술로서 블렌딩의 목적은 첫째, 다양한 맛의 향기를 만들어 내고 둘째, 커피콩의 공급과 품질이 일정하지 않을 때 대체콩으로 품질을 유지하며 셋째, 고유 향미를 유지하면서 원가가 낮은 커피콩을 사용하므로 수익이 향상된다.

〈표 3-11〉 **블렌딩 방식에 따른 장 · 단점**

종류	장점	단점
선블렌딩 (Pre-roast Blending)	• Blending before Roasting • Pre Mix: 미리 배합하여 로스팅함 • 공정이 간편함 • 손실이 적음 • 맛의 조화가 생김	• 원두 종류에 따라 로스팅 조절이 불가능함 • 자유도가 떨어짐
후블렌딩 (Post-roast Blending)	• Blending after Roasting • After Mix: 각각 로스팅 후배합함 • 각각의 원두의 맛을 살릴 수 있으므로 로스터 만의 방식으로 로스팅함 • 자유도가 높음 • 로스팅 후 배합조정 가능함	• 공정이 여러 단계임

원두는 품종에 따라 맛과 향의 특성이 다르기 때문에 어떤 원두의 부족한 점을 다른 원두로 서로 보완하면서 더욱 조화로운 맛과 향을 얻을 수 있다. 보통 두 종류에서 다섯 종류의 원두를 혼합하는데, 너무 많은 종류를 배합하면 특징이 없는 커피가 되므로 가급적 피하여야 한다. 대표적인 2종 배합으로 에티오피아의 모카 커피와 인도네시아의 자바 커피를 반반씩 혼합한 모카와 자바가 가장 널리 알려져 있다.

(2) 로스팅

생두(green bean)에 열을 가하여 잠재되어 있는 독특한 맛과 향기를 추출하는 과정으로 '커피콩을 볶다' 혹은 '로스팅한다'의 의미이다. 녹색의 커피 생두는 커피의 고유한 맛과 향을 가지고 있지 않다. 커피 특유의 향은 커피를 볶는 과정인 로스팅 단계에서 생성된다. 이때 커피에 들어 있는 당, 아미노산 등이 서로 결합하는 갈변화 과정을 통해 색도 점점 진해진다. 생두의 생산지, 생산시기, 종류 등에 따라 로스팅 조건이 달라진다.

원두를 이용해서 우리가 마시는 음료를 만들기 위해서는 세 가지 공정, 즉 배전(roasting), 분쇄(grinding), 추출(brewing)은 꼭 거쳐야만 한다. 이 중 로스팅은 커피의 고유한 향미가 생성되는 유일한 공정으로 매우 중요하다. 커피를 볶는 기계를 로스터기(roasting machine)라고 부르며, 커피를 볶는 사람을 로스터(roaster)라 한다. 동일한 정도로 커피를 볶더라도 로스팅 시간이 길어질수록 향이 약해지는데, 이는 커피에 존재하는 유기산이 많이 분해되기 때문이다. 너무 높은 온도에서 단시간에 커피를 볶을 경우, 원두의 내부가 제대로 볶이기 전에 겉부분이 먼저 타들어가게 됨에 따라 생원두의 맛과 탄 맛이 함께 올라와 좋지 않다. 지나치게 낮은 온도에서 장시간 볶을 경우는 볶는 시간이 길어짐에 따라 생성된 향들이 많이 손실되어 맛이 없어진다.

커피는 볶는 과정에서 수분과 이산화탄소가 방출되기 때문에 무게가 15~20% 정도 감소하고 부피는 2배 가까이 증가하게 되는데, 옥수수를 튀기면 팝콘이 되는 것과 같다. 부피의 증가도 온도와 시간에 따라 영향을 받는데 고온에서 단시간 볶을 경우 부피의 증가가 크다. 부피의 증가는 커피의 추출농도와 밀접한 관계가 있는데 부피의 증가가 클수록 추출농도도 진해진다.

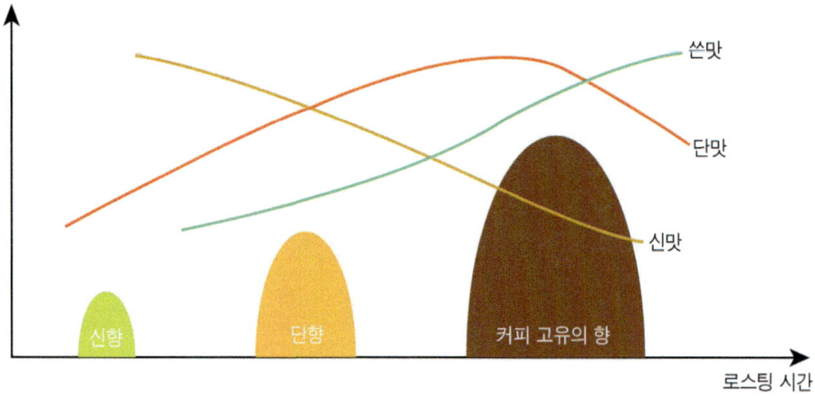

[그림 3-16] **로스팅 시간에 따른 맛의 변화**

〈표 3-12〉 **로스팅 과정**

구 분	설 명
건조단계 (drying phase)	콩 내부온도가 100℃에 도달할 때까지 일어난다. 이 단계에서 커피콩의 수분은 70~90%까지 소실되고, 흡열반응은 로스팅 초기 과정에서 일어나는 반응으로 수분함량이 감소하면서 원두 내 · 외부에 열의 침투가 이루어지고, 콩은 밝은 녹색에서 황록색으로, 옅은 노란색으로 색상의 변화가 일어난다.
로스팅단계 (roasting phase)	두 번의 크랙을 거치면서 콩의 부피는 증가하고 부서지기 쉬운 상태가 된다. 발열반응은 1차 크랙이 일어나는 시점으로 원두 내부조직이 팽창하면서 발열시키는 단계로, 2차 크랙에서 발열은 증가하며 오일과 이산화탄소도 많이 발생하는 과정이다.
냉각단계 (ciiling phase)	로스팅이 끝나면 즉각 열을 식혀야 한다. 이때 찬 공기의 순환이나 물을 분사시켜 냉각하게 되는데, 물이 많아지면 커피가 물을 흡수하므로 주의해야 한다.

로스팅은 커피 생두에 적당한 온도의 열을 가하여 일정시간 동안 커피의 내부조직을 변화시키는 가공공정을 말하며, 로스팅 강도에 따라 크게 약로스팅, 중로스팅, 강로스팅으로 나뉘는데, 로스팅 강도가 강할수록 신맛이 약해지고 쓴맛이 강해진다. 원두가 소량일 경우는 가스불에서 수망에 넣고 직접 손으로 로스팅하는 수망로스터, 1kg, 8kg 용량의 소형 로스터를 이용하고, 대량일 경우는 30kg, 50kg의 대형 로스터기를 이용한다.

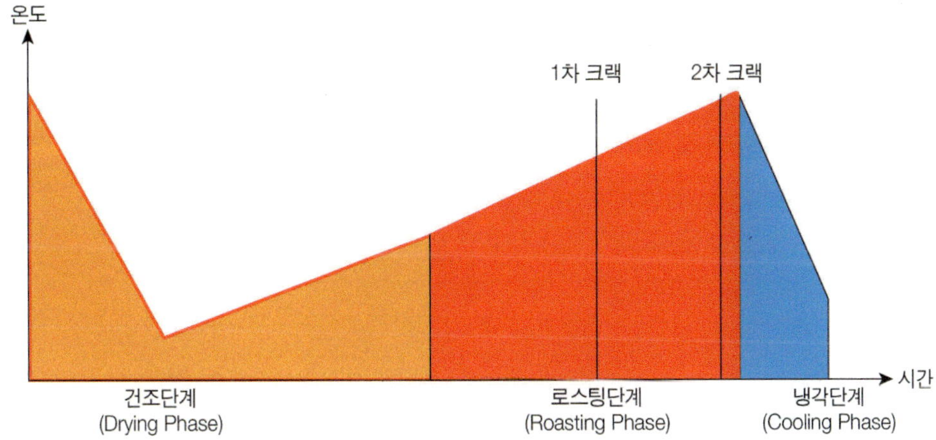

[그림 3-17] **로스팅 단계별 온도 변화**

수망로스터	1kg 용량 로스터	8kg 용량 로스터

[그림 3-18] **소형 로스터**

(3) 분쇄

원두를 커피액으로 추출하기 쉬운 상태가 되도록 가는 것으로 원두표면에 뜨거운 물(약 96℃)이 닿아 추출될 표면적을 넓히기 위한 작업이고, 분쇄한 커피의 형태는 고운 가루에서 지름 1mm 크기의 입자형에 이르기까지 서로 다른 입자들이 일정한 비율로 구성되어야 한다.

분쇄한 커피가루가 지나치게 미세하면 물의 흐름을 방해하여 좋지 않다. 입자 사이에 넉넉한 공간이 있어야 뜨거운 물이 스치면서 콜로이드 성분이 녹아 흘러나올 수 있기 때문이다. 커피의 신선도 면에서 볼 때 원두커피 분쇄는 마시기 직전이 가장 바람직하다.

〈표 3-13〉 추출방법에 따른 분쇄도

추출방법	분쇄 정도	추출시간
에스프레소	미분쇄 0.3 mm 이하	20~30초 이내
사이펀	중분쇄 0.5 mm	1~3분 이내
커피 메이커	일반 분쇄 0.6~0.9 mm	3~5분 이내
직접 끓이기	거친 분쇄 1 mm 이상	4~6분 이내

(4) 추출

추출은 커피에서 가용성분을 뽑아내는 것으로 처음에 분쇄된 커피입자 속으로 물이 스며들어 커피성분 중 가용성분은 용해되고, 그 다음 왕래된 성분들이 커피입자 밖으로 용출되는 과정을 거친다. 마지막으로 용출된 성분을 물로 뽑아냄으로써 추출이 이루어진다.

추출 시 물은 깨끗한 생수나 정수기의 물을 사용하는 것이 좋다. 경도가 높은 물과 이물질이 많은 물은 커피의 맛에 좋지 않은 영향을 미치기 때문이다. 물의 온도는 90~95℃가 적당하다. 96℃ 이상의 고온으로 추출하면 떫고 쓴맛 성분이 증가하고 90℃ 이하의 저온으로 추출하면 맛과 향기가 약하다.

커피 추출방식은 침지식과 여과식이 있다. 침지식은 오래된 추출방법으로 추출용기에 분쇄된 커피가루를 넣고 뜨거운 물을 붓거나 찬물을 넣고 가열하여 커피성분을 뽑아내는 방식이다. 여과식은 분쇄된 커피가루가 담긴 종이나 금속으로 된 필터를 물이 한 번 통과하여 커피성분을 뽑아내는 방식이다.

5) 커피추출 테크닉

(1) 핸드드립 추출법

커피추출 테크닉은 핸드드립(brewing) 등 기타 추출법과 에스프레소 머신 추출법으로 분류한다. 핸드드립 커피는 커피메이커나 에스프레소 머신 등 특별한 머신이나 복잡한 기구 없이 간단한 장비를 사용한 커피로, 커피를 추출할 때 주는 다양한 변수와 고급 원두를 활용하여 맛의 차이를 느낄 수 있는 마법 같은 커피 추출 방식의 메뉴이다.

〈표 3-14〉 **커피 추출법과 기구**

종류		내용	기구
침지법	달임법	뜨거운 물에 분쇄한 커피를 넣어 같이 가열하여 커피성분을 추출하는 방법	turkish coffee siphon percolater
	우려내기	커피가루에 뜨거운 물을 부은 후 압력을 가해 커피 액을 추출하는 방법	french press
여과법		여과용 필터에 커피가루를 넣은 후 물을 부어 커피성분만을 추출하는 방법	flannel drip paper drip dutch coffee
가압추출법		커피가루에 뜨거운 물을 압력을 가하여 통과시켜서 커피 액을 용해하는 방법	espresso moka pot

터키식 뚜껑 없는 커피 추출 도구인 이브릭에 커피가루와 물을 넣고 불에 달여 마시는 터키식 커피에서 19세기 멜리타 벤츠라는 여성이 발명한 멜리타 드리퍼로 깔끔한 커피만을 마시는 페이퍼 드립 커피가 유행하게 된다. 현재까지 수많은 드리퍼가 개발되면서 핸드드립(Brewing) 커피는 커피의 고유한 향과 맛을 그대로 느낄 수 있다는 장점과 홈카페 활용 증가, 핸드드립 강좌에 많이 활용되면서 더욱 친숙한 메뉴가 되고 있다.

[그림 3-19] **핸드드립 추출기구**

(2) 에스프레소 머신을 이용한 추출법

25초의 미학, 에스프레소는 강한 압력으로 짧은 시간 동안 뜨거운 물을 커피가루에 투과시켜 커피 성분을 최대한 빨리 뽑아내는 고농축 음료이다. 그리고 우유나 다른 재료들과의 베리에이션을 통해 다채로운 맛을 선보이는 좋은 소재이자 음료이기도 하다. 이탈리아에서 시작된 에스프레소는 빠른 속도로 세계에 전파되어 최고의 인기를 얻고 이탈리아 문화의 대명사가 되었다.

바 안에서 에스프레소 머신을 잘 다루며 음료를 제조하여 최상의 서비스를 제공하는 사람을 바리스타(barista)라고 한다. 에스프레소의 성공은 다양한 변수를 컨트롤할 줄 아는 바리스타와 커피를 준비하는 과정의 즐거움, 전문성을 발현하는 공간과 커피를 사랑하는 사람들의 흥미로움 때문일 것이다.

> "맛있는 커피는 천 번의 키스보다 황홀하고 무스카텔(단맛이 나는 백포도주를 만들거나 건포도를 만드는데 쓰임) 포도주보다 달콤하다." – 바흐

에스프레소 머신

그라인더

[그림 3-20] 에스프레소 머신 추출기구

2. 한국의 발효음식

인류는 전통적으로 발효식품을 만들고 섭취해왔다. 발효식품은 채소나 우유 등의 식품을 효모, 젖산균 등 미생물을 이용해 발효한 것으로 유익한 미생물로 인해 저장기간이 길어지고 유해균의 성장을 방지한다. 한국의 발효식품은 콩 발효식품, 채소 발효식품, 어패류 발효식품, 술, 식초로 분류할 수 있다.

1) 콩 발효식품

콩 발효식품은 동물성 단백질 섭취가 비교적 쉬운 육식 식습관의 목축 문화권보다 동물성 단백질식품의 섭취가 어려운 농경 문화권에서 발달하였다. 대표적으로 콩 발효식품에는 간장, 된장, 청국장, 즙장, 고추장 등의 장류가 있다.

백태(대두)

장류는 우리나라만이 가지고 있는 것이 아닌 동양의 고유한 발효식품이다. 식물성 단백질을 많이 함유한 콩에 적당한 소금 농도를 가해서 미생물의 작용으로 분해하여 육류와 같은 구수한 향미를 내게 하였기 때문에 조미료가 되는 동시에 저장성이 좋은 기본 상비식품이다. 콩의 원산지는 우리나라를 비롯하여 한반도 북쪽의 만주를 포함한 지역으로 보고 있다.

① 메주

장의 기본은 콩을 푹 삶아 메주를 제조하는 데 있다. 메주는 볏짚이나 공기로부터 여러 미생물이 자연적으로 들어가 발육하게 되고, 이들 미생물은 콩의 성분을 분해할 수 있는 단백질 분해효소(protease)와 전분 분해효소(amylase)를 분비하여 장의 고유한 맛과 향을 낸다.

메주는 붉은빛이 도는 황색, 즉 밝은 갈색이 나게 뜬 것이 좋다. 메주를 꼭꼭 밟아서 만드는 것은 콩 단백질의 결속력을 높여 주어서 미생물의 발효 증식이 잘 되도록 하기 위해서이다.

메주

밀기울 메주 아래 쑥을 깔고 띄운 메주

② 된장, 청국장

된장, 청국장

된장은 '되다'에서 유래한 말로, 백태(대두)로 만든 메주를 소금물에 넣어 발효한 것이다. 된장을 만든 후 남은 소금물을 끓이면 간장이 만들어진다. 재래식 된장은 종균의 접종 없이 자연발효로 제조되어 다양한 발효 산물이 생성되고 된장의 깊은 맛과 풍부한 향미를 만들어 낸다. 장을 담그는 것은 고대서부터 이루어졌는데, 『삼국지』에는 고구려가 장 담그기나 술을 빚는 일을 잘한다고 기록되어 있으며, 『삼국사기』와 『해동역사』에도 된장을 만들었다는 내용이 기록되어 있다.

청국장은 3대 영양소인 단백질, 지방, 탄수화물이 가장 질 좋은 형태로 녹아 있다. 그 특유의 냄새 때문에 호불호가 갈리지만 노화 방지, 항암 효과 등 생리활성 효과가 있다. 특히 콩은 조직이 단단하여 그대로 먹을 경우 소화율이 낮지만 청국장으로 만들어 먹으면 소화 흡수율이 높아진다. 청국장은 볏짚에 콩을 넣어 자연 발효시킴으로 볏짚의 고초균(바실러스균)과 공기 중의 고초균의 영향을 받는다. 그러므로 사용하는 콩, 만드는 사람, 날씨에 따라 다양한 맛이 나고 다양한 균이 발생하여 면역력을 더 높여준다.

③ 간장

메주를 소금물에 넣어 발효함

간장은 메주를 주원료로 하며 식염수 등을 섞어서 발효 숙성시킨 후, 그 남은 액을 가공한 것이다. 삼국 시대에는 간장과 된장을 모두 '장'이라 부르다가 고려 시대에 와서 장으로부터 분리한 맑은 액을 '간장'이라 불렀다.

음식에 따라 간장의 종류를 구분하여 사용하는데, 국 · 찌개 · 나물 등에는 색이 옅은 청장(국간장)을 쓰고, 조림 · 포 · 초 등의 조리와 육류의 양념, 상에 놓이는 초간장, 양념간장은 진간장을 쓴다.

간장은 소금에 의해 짠맛이 나고, 흰콩(백태, 대두) 글루타민산과 호박산에 의해 구수한 고기맛이 나며 포도당, 과당, 글리세린, 일부 아미노산 등에 의해 단맛이 난다. 간장의 쓴맛은 석회염, 기타 단백질 분해산물 등에 의해 나는데, 이는 단백질, 탄수화물, 인, 철, 칼슘, 아미노산, 비타민(B_1, B_2, P) 등이 들어 있기 때문이다.

④ 고추장

고추가 우리나라에 들어오기 전에는 천숙(川淑)을 섞은 된장을 담가 먹었으며 고추장은 고추가 한국에 전해진 후인 1700년대 후반부터 만들었다고 한다. 전통 고추장의 제조는 고추장 메주를 띄우는 과정에서 많은 종류의 세균이나 곰팡이류가 서식하고 이들이 분비하는 효소작용에 의해 전분질과 단백질이 저분자 물질로 분해되고 고추장 숙성 중에 생육하는 내염성 효모와 젖산균 등의 발효작용으로 각종 향미와 향기, 색택이 개량되며 다른 발효에 비하여 비교적 오래 숙성한다.

참외간장장아찌

표고버섯간장장아찌

도라지고추장장아찌

2) 김치

동치미

술지게미로 담근 김치

김치는 세계적으로 유명한 한국의 대표적인 발효식품이다. 채소를 소금에 절인 다음 양념하고 발효하여 저장기간이 길고 보존성이 좋다. 대표적인 김치로는 배추김치, 무김치, 총각김치 등이 있다. 김치는 과거 '침채(沈菜)'라고 하여 소금으로 절이고 발효한 하얀 김치가 보통이었다. 현대에서 흔히 보이는 빨간 김치는 고추가 도입된 후부터 만들어졌다.

유산균이 풍부하여 성인병 예방과 체중 감소에 효과적이며, 김치 유산균은 동물의 점막에서 혈액 내 항체인 IgA를 분비시키고, 바이러스로부터 방어하여 면역물질을 증가시켜 코로나 바이러스, 인플루엔자 감염을 방지한다.

3) 장아찌

된장에 묻은 고추장아찌

장아찌는 '장과(醬瓜)' 또는 '장저(醬菹)'라고도 하는데 제철에 나는 채소를 간장이나 된장, 막장, 고추장 속에 넣었다가 삭혀 먹는 저장음식을 말한다. 채소뿐만 아니라 육류나 어류도 살짝 익혀서 된장이나 막장, 젓갈 속에 넣기도 한다. 여러 달 후 장 속에서 맛이 든 것을 꺼내 그대로 먹기도 하지만 대체로 참기름을 비롯한 갖은 양념을 해서 무쳐 먹는다. 이와 달리 불에 익혀서 곧바로 먹는 것을 '숙장과' 또는 '갑장과'라고 한다.

4) 식해(食醢) · 젓갈

우리나라 수산 발효식품은 생선을 염장 발효시킨 것, 굴이나 조개류에 소금을 첨가하여 발효시킨 것, 생선에 무와 곡류를 넣어 짜지 않도록 발효시킨 것 등으로 나뉘며, 식해와 젓갈은 그 종류가 100가지 이상이 된다.

멸치젓에 묻은 파초장아찌

식해류는 그 명칭만 보면 우리나라 특유의 식품이지만 실은 아시아 일대에 널리 퍼져 있는 식품이다. 식해란 오래전에 식물과 곡물에 최소한의 소금을 섞어 숙성시킴으로써 곡물의 전분이 분해되면서 젖산이 생성되고, 이 젖산이 소금과 더불어 식물이나 동물의 부패를 막아주는 역할을 하여 교통이 발전하지 못하였던 시기에 소금이 많이 드는 김치류보다 식해류가 더 많이 식용되었을 것이라 추측된다.

돼지껍질식해

아시아 일대의 중요한 식품으로 정착되나 중국에서는 그 자취를 찾을 수가 없고, 한국에서는 고추의 유입으로 밋밋한 맛에 맵고 자극적인 맛의 첨가로 조화롭게 명맥을 유지하였으며 일본은 밥에 식초를 첨가해 날생선을 싸먹는 인스턴트식 식해인 초밥의 형태로 남아있게 된다.

1400년대 초 『산가요록』에는 7가지 식해류가 등장하고 있어 시대가 올라갈수록 식해는 우리 식생활의 주요식품이라는 것을 입증해주고 있다. 식해는 생선에 고춧가루, 무, 소금, 쌀밥, 엿기름을 섞은 다음 삭힌 발효식품으로, 매운맛, 짠맛, 신맛이 모두

꿩식해

느껴진다. 현재까지 전해 내려오는 가자미식해, 명태식해, 토하젓 등이 식해의 형태로 볼 수 있으며 특히 가자미식해는 함경도의 향토음식으로 강원도와 경상도에서 주로 볼 수 있고, 토하젓은 영산강에서 잡은 민물새우로 만들어 나주지역에서 볼 수 있다.

어패류에 소금을 첨가하여 발효시킨 젓갈은 소금의 방부력과 자체 내에 지니고 있는 프로테아제, 아밀라아제, 리파아제 등의 효소작용에 의해서 원료에 함유되어 있는 단백질, 글리코겐, 지방이 서서히 분해되어 특유한 맛이 생성되고 고유의 식품 향과 어울린다.

젓갈은 소금을 10% 내외 사용하는 저염 젓갈류, 20% 내외의 식염만을 침장원으로 하는 것, 30~35%의 고염도에서 장기간 저장되는 젓갈 제조법이 있다. 젓갈은 김치에 쓰이는 새우젓, 조기젓, 황석어젓, 멸치젓, 갈치젓 등이 있고, 반찬용으로는 명란젓, 창란젓, 굴젓, 조개젓 등이 있다.

5) 식초

식초는 3~5%의 초산과 유기산, 아미노산, 당, 알코올, 에스테르 등이 함유된 산성식품이다. 크게는 곡류, 알코올성 음료, 과실류 등을 원료로 하는 양조식초와 빙초산, 초산을 주원료로 하는 합성식초로 나누어진다. 강한 산성으로 방부효과도 있어 식품의 저장에도 이용되고 의약품으로도 이용된다.

우리나라에서 식초를 사용한 시기는 정확히 알 수 없다. 그러나 술이 변하면 초가 된다는 말이 있고 『지봉유설(芝峯類說)』에서도 '초를 다른 말로 쓴 술이라 한다'고 한 것으로 미루어 보면 초의 기원 및 제조법이 주류의 발달과 함께했을 것으로 본다.

6) 술

우리나라의 전통 술은 크게 탁주, 청주, 소주 세 가지로 나눌 수 있는데 탁주와 청주는 발효상태의 술이고, 소주는 여기에 증류과정을 거쳐서 도수를 높인 술이다. 술은 모든 의례와 세시풍속에 빠지지 않고 등장하며 탁주는 농주(農酒)라 부를 정도로 힘든 노동과 함께 하기도 했다. 하지만 약도 되고 독도 되는 술이 가진 양면성 때문에 취하되 실례하지 않기 위한 고유의 음주 예절이 등장하기도 했다.

누룩

1670년경에 안동장씨 장계향이 쓴 『음식디미방』은 현존하는 한글 조리서 중 가장 오래된 책으로 술 담그는 방법이 쉰세 가지가 나와 있는데 그 담그는 법이 까다롭고 세밀함을 요구한다. 종류로는 삼해주, 삼오주, 이화주, 점강청주, 감향주, 송화주, 죽엽주, 유하주, 향온주, 삼일주, 사시주, 소곡주, 일일주, 백화주, 동양주, 절주, 벽향주, 남성주, 녹파주, 소주, 밀소주, 찹쌀소주 등이다.

3. 명가음식 스토리텔링

1) 스토리텔링 마케팅

하나의 음식이 가치 있는 상품이 되기 위한 조건 중 하나로, 음식과 관련이 되는 문화를 전달하는 스토리를 그 예로 들 수 있다. 스토리텔링 트렌드는 전 세계적으로 나타나고 있으며, 문화영역과 소비영역 전반에 걸쳐 직·간접적으로 세상을 움직이고 있다. 스토리를 만들어내기 위해서는 소재를 발굴해야 하고, 좋은 스토리를 통하여 상품 자체와 그 브랜드 가치를 쉽게 이해할 수 있게 된다. 스토리텔링 마케팅(storytelling marketing)은 상품에 얽힌 이야기를 가공·포장하여 광고와 판촉 등에 활용하는 브랜드 커뮤니케이션 활동이다.

최근 식품의 산업화·세계화, 식품가공기술의 발달, 1인 가구 및 외식기회의 증가, 정보 기능 확대, 식품과 맛의 교류가 다양하고 빠른 속도로 이루어지면서 한국인들의 식생활 방식은 변화하였다. 담백한 음식보다 지질에서 오는 기름진 식감의 육류를 선호하게 되어 발효음식이 주가 되는 우리 고유의 향토음식은 맛과 조리방법 면에서 변화의 위기에 직면하였다.

급격한 환경 변화에 대응하기 위해서는, 먼저 고문헌이나 지역민을 대상으로 한 향토음식의 종류, 재료 및 조리법 발굴 등 1차적으로 '발굴, 보존, 육성'과정이 밑바탕을 이루어야 하며, 2차적으로는 새롭게 변형된 음식형태나 퓨전식 재료와 조리법을 사용하여 '유지·개발·보편화'가 필요하다.

역사적 스토리(story)를 가진 명가·종가음식을 발굴하여 조상 대대로 이어 내려온 향토음식으로서의 역사적 뿌리를 찾고 문화적인 가치가 존재하는 음식관광 상품으로서 혼을 불어 넣는 것은 매우 의미 있는 작업이다. 전라도는 비옥하고 넓은 평야, 남해와 서해를 접하는 넓은 바다, 산간지역의 지리적인 특성을 동시에 가지고 사계절 내내 다양한 식재료가 생산되며, 고명의 종류가 많아 음식이 매우 화려할 뿐만 아니라 맛이 일품인 특징이 있다. 또한 각 고을마다 부유한 토후들이 대를 이어 살아왔기에 음식에 있어서는 어느 지방도 따를 수 없는 풍류와 멋이 배어있다. 전라도의 명가·종가음식은 훌륭한 음식관광 상품이 될 수 있는 가치를 지니고 있다.

2) 명가음식 상품자원화 과정

음식관광은 관광객을 만족시킬 수 있는 유·무형의 모든 시설 및 대상, 관광주체와 관련된 서비스 등이 복합적으로 결합되고, 마케팅 가능한 재화 및 서비스를 포함한다. 미식(味食)은 기대를 품고 타 지역을 방문하는 관광객의 욕구 충족 대상으로, 그중 향토음식은 식음료 관광상품에 포함되는 대표적인 상품자원이다. 관광객에게 음식관광 상품이 지속적으로 그 가치를 갖기 위해서는 상업화된 단순한 주제보다는 그 지역의 전통과 문화, 종교, 역사적 배경을 바탕으로 오랫동안 전승·발전되어 온 독특하고 토속적인 소재를 발굴하여 가치를 불어 넣을 필요가 있을 것이다.

일반적으로 향토음식을 관광상품 자원화하는 과정에서는 특산물을 이용한 지방음식으로서의 지역적 특성만을 강조하여 상업적으로만 개발 및 보급하는 것은 관광객들에게 공감을 주지 못한다. 향토음식은 조리과정이 복잡하고 가짓수가 많아 조리인력이 많이 필요하며 대량생산 체제가 어려워 경제성이 떨어지므로 외식산업 운영자들이 전통음식의 취급을 기피하는 경향이 있다. 이에 음식을 그릇에 담는 모양, 젊은이들이 좋아하는 맛, 제공하는 음식의 분량이 관광객들이 추구하는 방식에 맞게 변형되어야 하는 문제점들이 대두되고 있다.

그러므로 명가·종가음식처럼 독특하고 토속적인 소재를 발굴하여 음식관광 상품으로 개발하기 위해서는, 그 지역의 정서적·문화적 측면의 복합적인 발굴, 상품화를 위한 역사성·향토성을 포함하는 스토리텔링 단계를 거쳐, 관광객의 정서에 맞는 상품화 요소들을 제시할 때 향토음식이 관광상품으로서 가치를 지닐 수 있다.

향토음식을 발굴하여 지역성을 띠는 독특한 맛과 그 조리법을 표준화하는 것도 중요하지만, 조사대상자의 거주 및 집안의 역사성과 사회·문화적 측면을 발굴하여 상품성을 극대화시키는 절차도 병행되어야 한다. 소비자가 공감할 수 있는 향토음식에 대한 정서적 체험을 유지시키는 관광상품으로서 그 반응을 유발하고, 향토음식이 관광상품으로서의 가치를 갖도록 스토리텔링적으로 정리할 방법을 아래와 같이 제시하였다.

지역의 대표성을 띠는 명가·종가의 입성 후 거주기간, 인적사항, 역사와 전통, 집인의 대표음식을 조사하여 명가음식 스토리의 이론적 토대를 마련하고, 음식상품이 관광상품화 될 수 있도록 광고의 시나리오에 사용되는 아이디에이션을 이용하여 단계별로 제시하는 방법을 활용하였다.

〈표 3-15〉 아이디에이션을 활용한 전라도 명가음식 스토리텔링

 〈그림 1〉 연암 김씨 종가	신라 김씨 왕족 후손인 영광군의 연암 김씨 집안은 조선시대 나라에서 정려를 내려 바깥 대문 누대에 정문(旌門)을 세웠다는 솟을 지붕 '삼효문(三孝門)'이 있다.	 〈그림 4〉 오이초선	전라도의 다른 명가에서 볼 수 없었던 궁중음식 오이초선이 있다.
 〈그림 2〉 15대 종부	김○희 종부는 연암 김씨 집안의 제사를 지내고 종택을 지키며 명가음식을 전수하고 있다. 종택은 안채와 사랑채, 곳간채, 사당, 안대문, 바깥대문, 마방간, 연지까지 갖춰 조선후기 양반 가옥의 대표 사례로 손꼽힌다.	 〈그림 5〉 홍어찜	제사상에는 조기찜과 홍어찜을 빠트리지 않는다.
 〈그림 3〉 종가음식	증조부가 궁에서 축관을 지내 음식 상차림이 궁궐제례와 같으며, 굴비, 조기, 홍어, 찹쌀, 매실 등 영광지역의 특산물을 다양하게 사용하였다.	 〈그림 6〉 조기찜	조기찜은 한 번 쪄낸 조기에 마늘, 실파, 깨, 달걀지단만을 고명으로 얹어 다시 찐다. 색이 밝으며 간은 싱겁게 한다.

〈표 3-16〉 전라도 명가의 집안 내력과 명가음식

지역	시조	명가의 집안 내력	명가음식	
광주광역시	온양 정씨	• 양림동 '개비석'으로 널리 알려짐 • 시조는 고려 호부상서 정보천으로 고려 태조 왕건이 탕정(옛 온양 이름)에서 살던 정씨에게 호장(戶長)이란 벼슬을 내렸고, 300여 년 전 군자감정을 지낸 윤경이 광주에 터를 잡았고, 광주 부윤 정광호 집안으로 조선 후기와 한말 당시 만석꾼 집안이다. • 소작지에서 올라오는 음식재료가 다양하고 풍부했으며, 젓갈, 김치가 맛있기로 유명하다.	찔기미 게젓, 양파 김치	• 뻘게에 간장, 생강을 넣어 1주일 후에 간장을 끓여 붓기를 3회 반복한다. • 2개월 지난 후에 게를 맷돌에 갈아 간장과 섞는다. • 고춧가루와 마늘, 파, 깨, 참기름을 넣는다.
			황토오리찜	• 지푸라기에 황토를 발라 솔잎을 깐다. • 오리 배를 갈라 내장을 제거하고 찹쌀, 대추, 황기, 밤, 마늘을 넣는다. • 지푸라기로 꿰맨 다음 가마솥에 2시간 가량 찐다.
나주시	김해 김씨	• 해남 원님, 김상호 제헌 국회의원, 김동규 전 법무부 차관, 김동환 전 광주시장 등 배출한 대표적인 호남 양반가이다. • 나주에서 손꼽히는 천석꾼 집안으로 김해 김씨 삼현파 종가음식의 맥을 잇고 있다.	반지, 된장, 간장, 고추상, 매실장아찌	• 풋고추를 처마 밑에 말려서 학독에 거칠게 갈아 토하젓을 넣는다. • 마늘을 많이 넣고 생강과 새우젓을 함께 갈아 찹쌀풀과 섞는다. • 절인 배추에 양념을 비비고, 굵직하게 썬 무를 함께 항아리에 넣는다. • 그 위에 잔새우를 끓여 밭친 젓국을 뿌린 다음, 국물을 흥건히 붓는다.
			가죽잎 부각	• 고추장, 청장을 넣어 찹쌀풀을 쑤어서 가죽잎에 발라가며 말린다. • 들기름을 발라 석쇠에 굽는다.
해남군	풍산 홍씨	• 도래마을, 풍산 홍씨 한의가 조선 중종 때 터를 잡고 집성촌을 이루었다. • 홍기헌 가옥은 중요민속자료 165호이며, 중심 맨 안쪽에 안채가 있고, 그 앞쪽에 곳간채가 있으며 안채의 중앙에 안마당을 사이에 둔 사랑채가 있다.	동아전과	• 10월쯤 분이 하얗게 일어난 동아를 썰어 꼬막가루를 묻혀 말린다. • 흰 물엿과 물을 동량 넣고 가마솥에서 약불로 졸인다.
			매실장아찌, 더덕장아찌, 표고장아찌	• 더덕은 고추장, 표고버섯은 집에서 담은 간장, 고춧잎은 된장으로 담는다.
	고산 윤선도	• 해남 윤씨가 집성촌을 이뤄 520여 년간 살아온 대표적 동족마을이며 조선 시대 문산이자 대표적인 시조 시인인 윤선도의 고택인 '녹우당' '어초은사당' '추원당'이 있다. • 녹우당(綠雨堂)은 조선조 효종이 스승이었던 고산을 가까이 두고자 수원에 하사하였다. 고산이 1669년 뱃길로 해남까지 옮겨와 다시 지은 집으로 안채와 사랑채가 'ㅁ자형'으로 구성, 조선 시대 상류층 주택의 모습을 잘 나타내며, 사적 제167호로 지정되었다.	비자강정, 곶감말이, 마람다식, 산자, 약과, 감단자, 갓김치	• 비자껍질을 벗겨 엿, 꿀을 발라 말리기를 수차례 반복한다. • 볶은 통깨에 굴려서 고물을 묻힌다.
			녹차설기, 녹차	• 녹차를 가루 낸 말차를 멥쌀가루와 섞는다. • 맵쌀가루와 켜켜로 넣어 찐다.

담양군	송강 정철	• 가사문학을 세운 송강의 터로 400년된 마을이며, 광주전남의 도학사상과 선비 정신의 맥이 흐르는 곳의 일원이다. • 식영정, 서하당, 소쇄원, 환벽당, 취가정, 독수정이 있어 정자와 원림의 절세지이다.	불뚱지	• 상추에 굵은 소금을 조금 뿌리고, 간수에 담갔다 건져 바구니에 밭친다. • 확독에서 고추와 마늘, 양파를 갈아 고추 양념을 만들어 상추를 비벼 담는다.
			고추장	• 물엿 대신 찰밥과 메주가루, 고춧가루만으로 만든다.
	고산 윤선도	• 고산 윤선도 11대손이 본가인 해남에서 담양으로 이주하여 종가 음식 맛을 그대로 살려 다양한 발효음식을 주로 하는 한정식당을 운영한다.	민물참게장	• 게장의 참게살과, 다진 쇠고기, 된장을 볶아 게딱지에 담아낸다. • 토하진석화,돔배·멍게젓, 홍어회, 호박잎, 연근조림, 떡갈비, 굴비
			양하죽순·깻잎장아찌,	• 가지가 열리는 늦여름에 피는 양하 꽃대에 간장을 붓는다.
영광군	연암 김씨	• 신라 김씨 왕족으로, 후손 상립은 성균관 진사, 훤과 종관은 문과급제, 14대조 인진(1599년생), 9대조인 재명(1738년생), 8대조인 함(1760년생)의 효성이 지극해 나라에서 정려를 내려 바깥대문 누대에 정문(旌門)을 세웠다는 솟을지붕 '3효문'이 있다. • 종택은 안채와 사랑채, 곳간채, 사당, 안대문, 바깥대문, 마방간, 연지까지 갖춰 중요민속자료 제234호 지정, 조선후기 양반가옥의 대표사례이다.	오이초선, 홍어찜,	• 삭힌 홍어를 그늘에 말린 다음, 한 김 나게 쪄서 고명을 얹는다.
			굴비찜	• 소금간을 한 조기를 그늘에서 말린 다음 한번 찐다. • 깨, 마늘, 실파만을 고명으로 얹어 다시 찐다. • 약식, 매실장아찌
장성군	노사 기정진	• 고산서원은 조선말 '長安萬目 不如長城一目'이라는 일화를 남긴 조선시대 6대 철학자 중의 한명인 노사 기정진이 강론했던 담대헌(澹對軒)이 있는 곳이다. • 노사선생의 문집과 신도비문 등이 보관돼 있는 '장서각', 서적과 생활용품 등이 있는 '장판각', 동재인 '거경재', 서재인 '집의재', 종택의 역할을 하고 있는 '고직사'가 있다.	가죽잎붕어찜	• 황룡강에서 잡은 붕어와 참가죽나무의 말린 잎, 무 등을 넣고 푹 끓인다. • 간장, 고춧가루, 마늘을 넣는다.
			죽순초무침,	• 서원 뒷산 대나무 밭에서 캐온 죽순을 쌀뜨물에 삶아 찢는다. • 집에서 담근 식초로 초고추장 양념을 만들어 무친다. • 청주, 집장, 조청, 깻잎장아찌, 인절미, 청국장, 호박잎쌈, 북어찜, 묵은지
	하서 김인후	• 하서(河西) 김인후(金仁厚, 1510–1560) 조선조 한국유학의 지평을 확장한 문신이요 문장이며, 인종의 스승이며 인종이 적은 화답시와 묵죽도가 판각되어 경장각에 있다. 국보로 국립박물관에 소장되어 있다. • 필암서원은 호남 유림들이 하서 김인후 선생을 기려 지은 사우, '확연루'와 수업을 받는 '청절당'이 있으며, 사적으로 지정되었다.	청주	• 밀누룩을 빻아 25℃에서 한 달 동안 발효시킨다. • 쪄낸 찹쌀과 섞어 물을 붓고, 25℃에서 4일간 불을 삭힌 다음 용수에 박는다. • 한 달이 지나 청주가 용수에 고이면 맑은 술을 떠낸다.
			집장	• 쌀, 밀, 메주콩을 삶아 띄우고 말려서 가루로 만들어 찹쌀로 죽을 쑨다. • 마당에 돌을 쌓은 뒤 '겨'로 불을 지펴 서서히 익힌다. • 고춧가루로 양념하되, 깔끔한 맛을 내기 위해 참기름, 깨를 넣지 않는다.

장흥군	장흥 위씨	• 신라 때 회주(장흥 옛 이름)군에 봉한 경(鏡)의 관향으로 신라 말 대각간 창주를 1세로 한 성씨로서 반계는 병자호란 때 의병을 일으킨 의인으로 '호남충의록'에 등재되었다. • 오헌정사는 '위성탁 가옥'으로 명명, 도 중요민속자료 제7호, 전형적 양반집 구조, 안채, 사랑채, 사당, 곳간채, 행랑채, 헛간채, 바다를 내려다보며 동남향 일직선 배치하였다.	파초장아찌,죽순초무침	• 파초대를 잘라 겉껍질을 벗긴 다음 하얗고 연한 부드러운 대를 그늘에서 하루 말려 멸치젓갈에 6개월 동안 담가 둔다. • 파초대를 꺼내어 고춧가루, 참기름, 마늘, 파, 깨로 무친다.
			게장	• 장흥 앞바다에서 잡은 어린 게에 간장을 부어 두었다가 3번 끓여 붓는다. • 게와 장을 분리해 놓았다가 상에 낼 때 게에 양념을 하고 장을 붓는다.
화순군	송광사	• 송광사는 조계산에 있으며, 신라 말 혜린(慧璘)선사에 의해 창건, 한국불교의 새로운 전통을 확립하였다. • 송광사 현고스님의 사찰음식을 조선조 대학자 학포 양팽손의 13대손이 전수받았다.	흑두부, 흑두부전골, 흑두부보쌈	• 검정콩을 5시간 물에 불려 맷돌로 간 뒤 무쇠솥에 넣고 참나무 장작불로 끓이며 주걱으로 저어준다. 반드시 장작불을 사용한다. • 검정콩물의 단백질을 응고시킬 때 간수를 넣는데, 바닷물을 사용한다. • 틀에 붓고, 돌로 눌러 물기를 빼고 모양을 만든다.
영암군	익제 이제현	• 망호정 마을은 익제 이제현 선생의 사당 '영호사'가 있고, 고려부터 내려온 경주 이씨 족보가 있다. • 익제(益齊) 이제현(李齊賢)은 고려(高麗) 충렬왕(忠烈王) 13년에 태어난 이고장 출신의 대 유학자이며 문신, 충렬왕(忠烈王) 27년(1301)에 나이 15세로 성균시에 장원하고 또한 문과에 급제, 성리학자로서 후진들에게 이기(理氣)에 대해 강론하였다.	약과	• 밀가루, 소금, 꿀을 섞고 동량의 참기름, 설탕, 물을 섞어가며 반죽한다. • 밀대로 밀어 5×3 크기로 썰고 5번의 칼집 내어 꽈배기 모양을 만든다. • 튀겨낸 약과에 꿀을 입히고 밤을 깎아 얇게 채 썰어 고명을 얹는다.

참고 문헌

저서

구철모 · 정남호(2021). 스마트 관광. 백산출판사.
김광호(2001). 식생활과 문화. 교문각.
김일호 · 박재연(2019). 커피의 모든 것. 백산출판사.
김천중(1999). 관광상품론. 학문사.
농촌진흥청 국립농업과학원(2010). 농가맛집 운영 가이드.
문현경 · 윤진숙 · 박혜련 · 김복희 · 이윤나(2018). 지역사회영양학. 신광출판사.
박영배(2014). 커피 & 바리스타. 백산출판사.
보건복지부(2020). 2020 한국인 영양소 섭취기준.
복혜자(2016). 한국의 음식문화와 스토리텔링. 백산출판사.
서유구 지음, 이효지 · 조신호 · 정낙원 · 차경희 편역(2007). 임원십육지, 정조지. 교문사.
서진우(2020). 커피 바이블. 대왕사.
신말식 · 서정숙 · 권순자 · 우미경 · 이경애 · 송미경(2017). 100세시대를 위한 건강한 식생활. 교문사.
양승(2007). 도호 약선 조리학. 백산출판사.
이성우(1984). 한국식품문화사. 교문사.
이영순(2018). 발효요리레시피. 예신북스.
이한창(1991). 발효식품. 신광출판사.
장계향(안동장씨 부인) 지음, 한복려 · 한복선 · 한복진 엮음(2010). 음식디미방. 궁중음식연구원.
장유경 · 박혜련 · 변기원 · 이보경 · 권종숙(2013). 기초영양학. 교문사.
장혜순 · 서광희 · 이병순 · 이해정 · 양수진 · 이승림 · 이순희 · 이정윤(2014). 질환에 따른 식사요법. 신광출판사.
전순의 편찬, 한복려 엮음(2007). 산가요록. 궁중음식연구원.
전희정 · 정희선(2009). 전통저장음식. 교문사.
정정희 · 권태영 · 허정 · 김용식 · 김광우(2014). Coffee N Coffee. 백산출판사.
조정순 · 한복선 · 양미옥 · 최윤희(2011). 약선조리 이론과 실제. 교문사.
한복려(2011). 다시 보고 배우는 산가요록. 궁중음식연구원.
한복려(2018). 수라일기 세트. 궁중음식연구원.
허채옥 · 권순형 · 김은미 · 원선임 · 박용순 · 박진희 · 김상연 · 정경아 · 김은영 · 박유신(2021). 기초영양학. 수학사.
황혜성(2005). 조선왕조 궁중음식. 궁중음식연구원.

학술논문 및 보고서 자료, 기타자료

강남년(2004). 함안지역 대표 음식의 발굴과 개발을 위한인지도 및 기호도 조사. 창원대학교 석사학위논문.
권명진 · 김영주(2016). 우울증 환자의 주관적 건강상태에 대한 융복합적 요인 분석. 디지털융복합연구, 14(6), 309-316.
김민정 · 이혜상(2015). 요양병원 노인환자의 약선음식 제공에 의한 섭취량 증가. 한국지역사회생활과학회지, 26(2), 303-311.
김정숙 · 김상애(2007). 남해군의 전통 향토음식 발굴 및 전승에 관한 연구: 생선국 및 탕의 조리법과 영양성분. 한국조리학회지, 13(2), 49-57.
김종털(2000). 내물림전동(향토)음식점의 육성 및 서비스품질 개선에 관한 연구. 중앙대학교 석사학위논문.
김철원 · 김태희(2007). 패스트푸드 메뉴 포지셔닝 연구 Part Ⅱ. 한국외식경영학회 학술대회 자료집, 151-163.
김홍렬(2019). 한국 음식문화관광 역사, 현황 및 활성화 방안 연구. 청주대학교대학원 석사학위논문.
남택영(2007). 당진 남부지역 관광상품 개발방안 연구. 관광정보연구, 26, 1-27.
류정아(2006). 지역문화콘텐츠 개발의 이론과 실제. 인문콘텐츠, 8, 47-49.
박영선(1999). 한산도 지역의 향토음식과 금기식품에 대한 인식. 한국조리과학회지, 15(1), 26-30.
복혜자 · 전광열(2014). 약선음식 제공 레스토랑의 선택속성이 구매의도와 고객만족도에 미치는 영향: 약선음식 가치 인식의 매개효과를 중심으로. 동아시아식생활학회지, 24(6), 943-953.
송고운(2006). 브랜드 정교화를 통한 장기적 브랜드 성장에 미치는 스토리텔링의 유용성 평가연구. 홍익대학교 석사학위논문.
신동화 · 박영자 · 권경순(1996). 지역 향토음식 발굴 및 정착을 위한 연구 개발: 무주 지역을 중심으로. 한국식생활문화학회지, 11(1), 8-11.
원융희(2002). 한국전통문화의 체험관광상품화 방안에 관한 연구. 관광연구, 16, 51-63.
윤선희(2008). 음식관광 관여와 지역애착도가 여행지 음식추구성향에 미치는 영향. 대구대학교 대학원 박사학위논문, 18.
이갑상(1980). 고추성분이 국균의 성장 및 효소활성에 미치는 영향에 관한 연구. 경희대학교 박사학위논문.
이영주(2008). 강원도 음식관광 활성화 방안 연구. 강원발전연구원, 8.
이정연(2017). 아동과 청소년을 위한 푸드아트테라피. 과학논집, 43, 65-77.
이준엽, 권미영(2009). 음식관광객의 관여가 음식관광 참여활동과 행동의도에 미치는 영향. 관광경영학회, 179-180.
장대자 · 김선아 · 김상희 · 이경개 · 이혜정(2005). 한국 전통음식의 우수 요인 발굴을 위한 소비자 인식 조사. 한국조리과학회지, 21(6), 800-810.
장석종(2006). 푸드테라피를 활용한 자연치유 증대방안에 관한 연구. 서울장신대학교 석사학위논문.
장석종(2018). 푸드테라피가 다차원적 건강에 미치는 영향. 한국콘텐츠학회논문지, 18(1), 222-231.
장정옥(1997). 한국의 향토 음식 문화에 대한 연구. 아세아문화연구, 제2호, 549-571.
주종재 · 신미경 · 권경순 · 윤계순(1998). 전라북도 향토음식의 조리법 표준화 및 영양분석(제1보). 대한지역사회영양학회지, 3(4), 630-641.

주종재 · 신미경 · 권경순 · 윤계순(2001). 전라북도 향토음식의 조리법 표준화 및 영양분석(제2보). 대한지역사회영양학회지, 6(2), 250-258.

차명옥(1997). 전주지방의 전통음식 조사연구. 전주대학교 석사학위논문.

최경희(2003). 대전시 지정 향토음식의 조리법 표준화 및 영양평가(설렁탕, 삼계탕, 돌솥밥). 한남대학교 석사학위논문.

최은경(2003). 한국음식의 상품화에 대한 연구. 수원대학교 석사학위논문.

한경수(2001). 한국에 있어서 관광의 역사적 의미 및 용례. 관광학연구, 25(3), 267-268.

한억(1994). 향토음식의 개발과 보급. 식품과학과 산업, 27(2), 15-37.

웹사이트, 언론자료

강원도청 홈페이지 http://www.provin.gangwon.kr

광주광역시 홈페이지 https://www.gwangju.go.kr

대구광역시 홈페이지 https://www.daegu.go.kr

부산광역시 홈페이지 https://www.busan.go.kr

울산광역시 홈페이지 https://www.ulsan.go.kr

전라남도청 홈페이지 https://www.jeonnam.go.kr

전라남도 나주시청 홈페이지 https://www.naju.go.kr

전라남도 보성군청 홈페이지 https://www.boseong.go.kr

전라남도 완도군청 홈페이지 https://www.wando.go.kr

전라남도 해남군청 홈페이지 https://www.haenam.go.kr

네이버 지식백과 https://terms.naver.com

온라인 중앙일보 https://www.joongang.co.kr

차움 푸드테라피 클리닉 http://www.chaum.net

한국민족문화대백과사전 http://encykorea.aks.ac.kr

헬스조선 https://health.chosun.com

보고서 자료, 기타자료

강동준 기자, 남도음식의 블루오션, 전라도가 맛있다, 무등일보, 2006. 7. 21.

김기훈 기자, 외국인 환자들, 푸드테라피에 관심, 매년 10% 이상 증가, 조선일보, 2021. 6. 14.

김태규 기자, 영남대 박용하 교수팀, 세계 최초 김치유산균 항바이러스 효능 규명, 뉴시스, 2016. 12. 28.

이현동 기자, 경남커뮤니티케어센터, 심리치료 돕는 '푸드표현테라피' 운영, 김해뉴스, 2021. 8. 31.

최창우 기자, 부안군, 농촌체험관광 네트워크 구축 푸드테라피 교육, 위키트리, 2021. 11. 26.

PART

4

웰니스 명상관광

명상관광은 웰니스관광의 한 유형으로서 명상과 요가 체험에 집중되어 있다. 이 장에서는 명상관광에 대한 개념과 유형을 알아보고자 한다.
명상관광은 명상과 마음챙김에 대한 체험을 포함한다. 명상은 다양한 종교적 전통을 배경으로 하고 있으나 현대의 명상은 종교적 색채를 제외하고 자신과 타인을 치유하고 돌봄을 제공할 수 있도록 정립되어 있다. 이 장에서는 명상과 마음챙김의 개념과 효과를 알아보고자 한다.
스트레스는 신체적 심리적 웰빙을 위협하는 것으로 인식되는 사건의 경험을 말하며 긍정적 스트레스와 부정적 스트레스로 나눌 수 있다. 스트레스의 부정적 효과는 신체적 질병과 탈진증후군과 같은 심리적 문제를 일으키지만 MBSR, SIY, MSC와 같은 마음챙김 기반의 명상프로그램을 통해 해소될 수 있는 것으로 나타났다. 이 장에서는 스트레스에 대한 개념과 스트레스에 대한 마음챙김 프로그램과 효과를 알아보고자 한다.
또한 마음챙김 명상은 정서적 이완이나 행복감뿐만 아니라 우리의 삶에서 생산성과 창의성을 높이고 리더로서의 능력을 기르는 데 도움이 된다. 이에 대한 연구결과들을 통해 마음챙김 명상의 생산적 효과를 알아보고자 한다.

학 습 목 적

명상과 마음챙김의 개념과 내용의 이해를 바탕으로 명상을 웰니스 관광의 요소로 반영하여 몸과 마음을 건강하게 돌볼 수 있는 건강한 정신습관을 향상시키고자 한다.

학 습 목 표

1. 명상관광의 개념을 알 수 있다.
2. 명상관광의 유형을 이해할 수 있다.
3. 마음챙김 명상의 정의를 알 수 있다.
4. 마음챙김의 효과를 이해할 수 있다.
5. 스트레스의 개념과 효과를 알 수 있다.
6. 스트레스 조절과 관련한 마음챙김 프로그램과 마음챙김의 효과를 이해할 수 있다.
7. 명상의 생산적 효과, 창의성, 대인관계에 미치는 효과를 이해할 수 있다.

12

Chapter

명상관광

점점 많은 여행객들이 명상, 요가와 같은 건강한 생활방식과 치유를 위한 여행을 시도하고 있다. 특히 코로나19로 인해 심신이 지치고 건강한 삶에 대한 관심이 높아진 상황이 이러한 시도의 당위성을 높여주고 유흥적 관광에서 웰니스 관광으로의 전환이 가속화될 것으로 예상된다. 이는 유명관광지 중심의 유흥직 관광은 전염성 높은 감염병에 노출될 위험성이 높아지기 때문이다. 반면 집단 감염을 방지할 수 있는 방법으로 사람들이 덜 밀집한 지역을 방문하여 자신의 신체적, 심리적 건강에 더 신경 쓸 수 있는 방식의 여행은 여행 동안 심신치유의 효과를 얻을 수 있고, 여행 후에도 건강한 생활방식을 습관화하는 데에도 도움이 될 수 있다.

2021국제트레블마트(SIM&SITMMT 2021)의 기조강연(포스트 코로나 시대, 웰니스 산업의 이해)에서 글로벌 웰니스 연구소(global wellness institute) 대표는 2017년 보고서에 근거하여 웰니스 관광객들은 다른 종류의 여행객 평균보다 50%에서 180% 정도 더 많은 비용을 지출하며 웰니스 관광은 전체 관광 산업보다 두 배나 빠른 속도로 성장하고 있다고 보고하였다. 또한 2019년 의료관광[1] 시장의 크기를 740억에서 920억 달러로 예상한 반면, 웰니스 관광[2] 시장의 크기를 6,390억 달러로 예상한 바 있다. Allied Market 연구소에서는 2030년에 이르

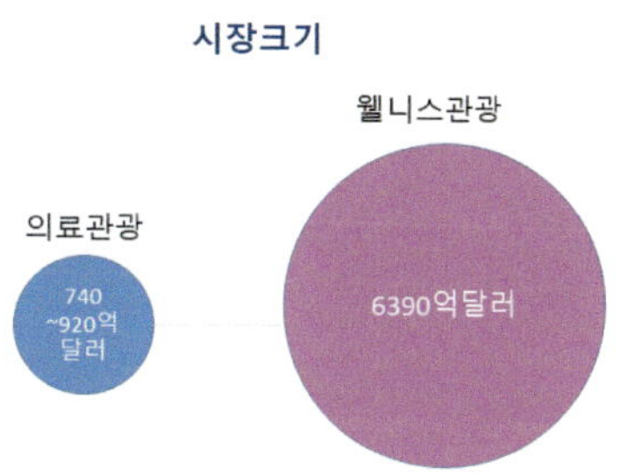

출처: 2021 서울국제트레블마트x서울의료관광 국제트레블마트(SITM&SITMMT 2021) 기조강연(Susie Ellis, CEO of the Global Wellness Institute)

---

1) 의료관광: 진단된 질병이나 질환에 대해 치료를 받거나 회복 또는 건강을 증진하기 위한 여행이며, 낮은 비용에 양질의 섭근성이 높으며, 집에서는 불가능한 치료를 받기 위한 동기에서 비롯된다.

2) 웰니스 관광: 건강과 웰빙을 유지, 관리, 또는 개선하기 위한 여행이며, 건강한 삶, 질병예방, 스트레스 감소, 나쁜 생활 습관을 관리하고 진정성 있는 경험을 추구하려는 동기가 작용한다.

러 웰니스 관광 시장의 규모가 약 1조 6천억 달러에 이를 것으로 내다봤다. 이는 웰니스 관광이 더 급속도로 성장하는 시장임을 뜻한다.

1. 명상관광이란

명상관광(meditation tourism)이란 명상을 통하여 몸, 마음, 영혼을 치유하기 위해 명상 센터, 요가, 템플 스테이와 같은 코스를 경유하는 관광을 말한다(네이버 국어사전). 명상관광은 참여자들에게 여행 동안 일상 생활에서의 산만함, 분주함을 멈추고 신체적, 심리적 활동을 통해 자기 내면의 경험에 온전히 집중할 수 있는 기회를 제공한다. 여행 기간은 하루 과정일 수도 있고 일주일 이상일 수도 있으며, 장소는 리조트나 명상 센터일 수도 있고, 도시 속이거나 자연 속일 수도 있다. 이곳에서 참석자들은 명상 활동을 하고, 어떤 여행의 경우 묵언(침묵)을 유지해야 하는 경우도 있다. 물론 명상이라고 해서 방석에서 가부좌 자세로 시간을 보내는 것은 아니다. 때로는 걷기도 하고, 먹기도 하고, 요가나 하이킹을 할 수도 있다. 이러한 프로그램을 통해 마음챙김 명상의 방식을 익히고, 체험하며, 몸을 이완하고 심리적으로 고요하고 맑은 경험을 할 수 있게 허용한다.

마음챙김의 상태를 유지하는 것은 몸과 마음에 짧은 자극을 주는 것보다 더 깊은 전환을 경험할 수 있는 기회를 준다. 그리고 일반적으로 참여자들의 안정감과 만족감을 높이고 낮은 긴장감을 제공하여 여행동안의 신선하고 긍정적 경험에 몰입할 수 있게 돕는다.

리트릿(retreat)은 안거나 피정에 해당하는 것으로 일상생활에서 벗어나 성당이나 수도원 같은 곳에서 묵상이나 기도를 통하여 자신을 살피는 일이다(네이버 지식백과). 즉 일종의 명상휴가라 볼 수 있다. 리트릿은 사찰이나 수도원 등에서 종교적인 목적을 벗어나 휴식과 힐링, 건강한 생활습관의 체험을 위해 숙박시설을 전문적으로 갖춘 리조트에서 할 수도 있고, 명상센터나 지도자들이 제공하는 명상이나 요가 리트릿도 있다. 리조트에서 제공하는 리트릿은 음악명상, 차명상, 요가, 명상 강의와 같이 다소 이벤트 형식이 많고, 명상센터나 지도자들의 리트릿은 다회기의 연속적인 프로그램으로 구성되는 경우가 많다. 그 외에 자연기반 치유관광을 위한 숲체험, 해변 트레킹과 같은 프로그램도 있고 명상이나 요가를 운동시설의 PT처럼 개인적으로 강습하는 프로그램(예, HOMEFIT)도 있다. 이와 관련하여 한국관광공사는 2022년 9월 기준으로 스파와 휴양림을 포함한 추천 웰니스 관광지 58선을 선정하여 소개하고 있다.

2. 명상관광의 유형

(1) 리조트

- **깊은산속 옹달샘 아침편지 명상치유센터**(충청북도 충주시 노은면 우성1길 201-61, https://godowoncenter.com) 숙박, 식사, 명상프로그램이 포함된 휴식형 체험 프로그램인 옹달샘 스테이를 제공한다.
- **오대산 자연명상마을 옴뷔**(OMV)(강원도 평창군 진부면 동산리 312, www.omv.co.kr) 오대천이 흐르는 오대산 자락의 숲에 위치해 있으며 '숲에서 쉬다, 자연을 먹다, 느리게 놀다'를 실천할 수 있는 힐링 스테이를 제공한다. 이와 더불어 차명상, 치유명상, 걷기 명상, 인도요가 등 마음수행을 체험할 수 있는 프로그램을 무료로 제공한다.
- **취다선 리조트**(제주특별자치도 서귀포시 성산읍 해맞이해안로 2688, https://www.chuidasun.com) 취다선은 차와 선을 취한다는 의미이며, 리트릿 프로그램으로 숙박, 조식, 다도, 명상클래스(4개 선택)를 제공한다. 또한 숙박을 이용하지 않는 사람을 위해 요가 및 명상 수업과 티클래스를 제공하기도 한다.
- **힐리언스 선마을**(강원도 홍천군 서면 종자산길 122, https://www.healience.co.kr) 국내 최초의 웰에이징 힐링리조트로 천혜의 자연 속에서 웰에이징을 위한 식습관, 운동습관, 마음습관, 생활리듬 습관을 체득할 수 있는 시설과 프로그램을 제공한다. 한국관광공사에서 추천하는 웰니스관광지 51선에 해당한다.
- **플럼빌리지**(https://plumvillage.org/) 프랑스 남서부 보르도 근처 위치한 가장 큰 국제 수행 센터로 틱낫한 스님이 설립한 최초의 승가공동체이다. 플럼 빌리지에서 공동체 생활을 통해 마음챙김을 수행하며 매년 세계 각지에서 수천 명의 명상 수행자들이 수행에 참여하고, 매년 열리는 4주간의 여름 오프닝 수련회에는 40여 개국의 아동, 청소년, 가족들이 방문한다.

(2) 템플스테이

템플스테이는 산사에서 수행자의 일상을 경험하는 체험 프로그램으로 템플스테이를 제공하는 개별 사찰이나 지역별 사찰을 모아놓은 사이트(www.templestay.com)에서 검색하고 예약할 수 있다. 예약가능한 프로그램은 체험형, 당일형, 휴식형으로 구분되며 각 사찰에서 제공하는 프로그램을 이용할 수 있다. 리트릿 시설에 비해 비용은 낮은 편이나 개인 준비물(세면도구 등)이 필요하다.

(3) 명상 센터

- **캘리포니아 스피릿 락 메디테이션 센터**(www.spiritrock.org) 세계적 명상가 잭 콘필드가 설립한 명상센터로 위파사나 명상과 통찰 명상을 깊게 체험할 수 있다.
- **담마코리아 위파사나 명상센터**(https://korea.dhamma.org/ko/) 전라북도 진안에 위치하며, 미얀마의 명상 지도자인 고엥카 선생의 위파사나 명상을 계승하여 수련생들에게 전수하고 있다.
- **한국MBSR연구소**(https://www.mbsrkorea.com/) 국내 유일의 MBSR 지도자 트레이너인 안희영 박사의 명상센터로 MBSR, MBCT, MSC와 같은 국제 공인 프로그램을 지도한다.

(4) 휴양림, 스파 등

한국관광공사는 추천 웰니스 관광지 58선을 서울과 수도권, 강원과 충천권, 경상권, 전라권, 제주권으로 나누어 소개하고 있다. 일부를 소개하자면, 서울과 수도권에는 올리파인 스파, 아쿠아필드 고양, 서울한방진흥센터, 비스타 워커힐 웰니스 클럽, 강원과 충청권에는 에덴힐스 뷰티&힐링파크, 동해무릉건강숲, 뮤지엄 산 명상관, 좌구산 자연휴양림, 경상권에는 스파랜드 센텀시티, 산청 동의보감촌, 국립산림치유원, 인문힐링센터 여명, 통영 나폴리농원, 전라권의 구이안덕 건강힐링체험마을, 순천만국가정원&순천만습지, 태권도원 상징지구, 제주지역의 제주허브동산, 서귀포 치유의 숲, 제주901 등이 있다.

13 Chapter 마음챙김의 개요

1. 마음챙김 명상의 기원

1) 명상의 의미와 유형

명상(meditation)은 특정한 대상, 생각, 활동에 주의를 집중하는 방식으로 주의력을 훈련시킴으로써 정신적으로 선명하고 정서적으로 안정된 상태에 도달하는 일종의 실천이자 훈련이다. 명상의 'meditation'과 의약의 'medicine'은 동일한 어근 'medi'를 사용하고 있으며 이는 라틴어 'mederi'에서 파생된 말로 '치료'의 의미를 가지고 있다. 어원에 비춰 보면 명상과 의약은 모두 괴로움을 치료한다는 뜻이다.

명상에 대해 생각할 때 사람들이 흔히 명상은 특정 종교에 심취한 사람들의 종교적 의식으로 생각하기 쉽다. 어떤 경우에는 현실 적응이 어려운 사람들이 혼란스러운 의식 상태에 빠져 현실을 도피하기 위한 방편으로 삼거나 복잡한 삶을 살고 있는 현대인들이 현실로부터 완전히 벗어나 이상향에 이르기 위한 수단으로 인식하는 경우가 많다. 그러나 명상은 본래 불교나 힌두교의 수행 방법에 국한되지 않으며 서구 철학자들이 깊은 사유를 위해 추구한 전통이 있다. 뿐만 아니라 가톨릭에서도 묵상과 피정과 같은 전통을 공유하고 있어 특정한 집단에 국한된 것이 아니다. 명상에 대한 이러한 기원으로부터 다수의 현대 명상프로그램들은 고통으로 벗어나기 위한 방법을 소개하고 있는 불교의 명상수행법에서 종교적 접근을 제외하여 누구나 자신과 타인의 돌봄을 위해 활용할 수 있게 재정립되었다.

명상은 수행 방법에 따라 크게 집중명상과 관찰명상으로 나눌 수 있다. '사마타(samatha)'라 불리는 집중명상은 주의를 지속적으로 한 곳에 집중하는 방법으로서 흔들

리지 않는 평온한 마음 상태를 경험하고 계발하는 것을 목표로 하며 만다라 명상이나 참선이 여기에 속한다. '위파사나(vipassana)'라 불리는 관찰명상은 지금, 이 순간, 이곳에서 일어나는 감각, 느낌에 열린 마음을 갖고, 판단하지 않은 채 고요히 살펴보는 것이다. 즉 관찰명상은 변화하는 의식과 현상에 집중하여 있는 그대로 바라보며 알아차리는 방법으로서 흔히 '마음챙김 명상'이라 불리고 있다.

2) 명상의 자세와 환경

(1) 앉기

앉기 자세는 가장 일반적인 명상 자세로 가부좌, 반가부좌, 평좌 자세로 나눌 수 있으며 몸의 균형과 집중력의 유지에 도움이 된다. 그러나 다리나 발, 그리고 허리에 불필요한 긴장감과 고통을 유발하여 집중력을 흐트릴 수 있어 필수적인 자세는 아니다. 앉기 자세에서는 어깨에 힘을 빼고 손은 무릎이나 허벅지 위에 편안하게 올려 놓으면 된다.

가부좌

반가부좌

평좌

[그림 4-1] 정좌 자세(가부좌, 반가부좌, 평좌, 의자에 앉기)

의자에 앉기

좌식 대신 의자 앉는 것도 전혀 문제가 되지 않는다. 의자에 앉을 때에는 등받이에 상체를 기대기보다 등받이에서 떨어져 의자의 앞쪽으로 허리를 펴고 앉는다. 발을 골반 너비로 벌려 바닥에 붙이고 어깨와 팔의 힘을 빼고 손을 모으거나 허벅지 위에 편안하게 올려놓으면 된다.

(2) 눕기

눕기 자세는 신체에 대한 긴장감과 불편함을 최소화하기 위한 자세로 바디스캔 시에 많이 사용된다. 물론 요통으로 누워있기가 불편한 경우, 눕지 않아도 되며, 눕기 자세를 대신하여 신체의 불편함을 최소화할 수 있는 자세를 취하면 된다. 눕기 자세에서는 쉽게 잠들 수 있으므로 주의가 필요하다.

누운 자세

(3) 서기

선 자세

서기 자세는 제자리에 서는 자세와 걷는 자세로 나눌 수 있다. 제자리에 서기 자세는 골반 넓이로 두 발을 벌리고 발바닥을 바닥에 붙이고 신체를 충분히 이완하여 서면 된다. 선 자세는 서서 하는 요가나 걷기의 기본자세이다. 단 주의할 것은 한쪽 다리에 힘을 싣거나 균형을 잃고 쓰러지지 않도록 주의가 필요하다.

(4) 명상 환경과 복장

집중에 도움이 되는 쾌적한 환경을 만들기 위해 반드시 산속에서 토굴을 파고 들어갈 필요는 없다. 오히려 바쁜 현대인의 일상에서는 완벽하지 않더라도 정리된 환경에서 가능한 정도의 쾌적함을 유지할 수 있는 환경에 적응하는 것이 더 필요하다. 방석이나 의자, 요가매트가 있으면 도움이 되나 반드시 필요한 것은 아니다. 음악을 틀어 놓고 명상을 안내할 수도 있으나 내면의 경험에 집중하는 데 오히려 방해될 수 있으므로 소리 명상이나 음악을 이용한 명상을 하는 것이 아닌 경우 음악 없이 명상을 실시할 것을 권한다. 분위기 조성을 위해서라면 자연에서 나는 소리(예, 새소리, 냇물소리, 파도소리 등)를 배경으로 하는 것이 이완에 도움이 된다.

2. 마음챙김 명상

1) 마음챙김의 정의

깨어 있는 마음, 알아차림이라고도 불리는 마음챙김은 명상을 기반으로 하는 수행의 한 유형이다. 마음챙김 명상을 서양에 확산시킨 대표적 인물은 미국 매사추세츠 대학교 의과대학 명예교수인 존 카밧진(Jon Kabat-zon)이다. 그는 생물학 박사이며, 매사추세츠 의과대학의 교수로서 스트레스 진료소와 마음챙김 센터를 설립하였다. 그리고 여기에서 1979년 마음챙김 기반 스트레스 감소(mindfuness-based stress reduction; MBSR) 프로그램을 개발하여 시행하였다. 다양한 명상과 요가 수행을 해본 그는 명상이 가진 종교적 특성을 제외하고 서구인들이 누구나 거부감 없이 접할 수 있도록 프로그램을 구성하였고, 과학적으로 결과를 입증하여 서구에서 명상의 열풍을 일으켰다. 그 결과, 마음챙김 기반 스트레스 감소 프로그램은 미국에서 의료 보험 수가가 책정되며, 정신의학 분야, 통증 클리닉, 암 환자, 심장병 환자, 임산부, 운동선수, 기업의 CEO와 직원을 위한 프로그램으로 활용되고 있다.

마음챙김에 대한 카밧진의 정의는 '지금 이 순간에 의도적으로 판단하지 않고 주의 집중을 하는 것'이다. 다시 말해서 마음챙김은 의식과 목적을 갖고 우리 내부와 주변에서 현재 일어나고 있는 것에 비판단적인 주의를 기울이는 것이다. 이는 바람이나 불편한 감정, 생각과 판단으로 인해서 지각이 왜곡되지 않으면서 삶에서 실제로 진행되고 있는 것을 명료하게 보는 것이다. 그리고 과거를 곱씹거나 미래에 대한 불안과 소망적 사고에 사로잡히기보다는 현 시점에 초점을 맞추는 것을 의미한다.

2) 마음챙김 명상의 태도

마음챙김은 현재의 경험을 수용적으로 자각하여 알아차리는 것이다. 카밧진은 마음챙김 명상을 통해서 현재의 순간에 주의를 집중하는 능력이 증진되고, 의도적으로 몸과 마음을 관찰함으로써 순간순간 체험한 것을 선명하게 느끼며, 또한 체험한 것을 있는 그대로 받아들이게 된다고 보았다.

또한 마음챙김 명상은 몸과 마음에 일어나는 현상과 체험을 있는 그대로, 즉 그러한 알아차림에 대해서 의미를 부여하거나 해석하거나 평가와 판단을 하지 않고 수용적 자세로 관찰하는 것이다. 이를 위해 필요한 것으로 카밧진은 아홉 가지 태도가 필요하다고 설명한 바 있다. 첫 번째는 '비판단'이다. 비판단이라는 것은 말 그대로 주의를 기울인 것이 '옳다'거나 '그르다'라고 판단하지 않는 것이다. 두 번째, 수용은 내가 원하는 것을 포기하고 원하지 않는 것을 상황의 압력으로 인해 받아들이는 것이 아니라 주어진 것에 대한 적극적인 받아들임이며 매우 용기있는 태도이다. 세 번째는 '초심자의 마음'이다. 초심자의 마음은 처음 만날 때의 긴장감과 낯섦을 유지하는 태도이다. 네 번째는 '인내'이다. 인내는 참는 것이지만 억지로 참는다는 의미보다는 서두르지 않고 적절한 타이밍이 될 때를 기다리는 것에 가깝다. 다섯째는 '내려놓음'이다. 내려놓음은 내가 원하는 것을 붙잡고 매달리고 싶은 욕심을 내려놓는 것이다. 물이 흐르듯이 자연스럽게 흘려보내는 것이다. 여섯째는 신뢰이다. 신뢰는 자신과 타인에 대한 실패를 포함한다. 특히 우리의 신체가 우리의 건강과 실존을 위해 유기적으로 작용하여 자신을 돌보듯이 자신을 의심없이 돌보는 것이다. 일곱째, 애쓰지 않음이다. 애쓴다는 것은 욕심을 못 이겨 과격하게 집착하는 것이다. 마음챙김이 잘 될 때와 달리 마음이 혼란할 때에도 억지로 노력하여 효과를 얻으려고 하기보다 부족하고 혼란한 상태를 있는 그대로 인식하는 것이다. 여덟째는 '관용'이다. 관용은 자신과 타인에 대해 친절함을 가지는 것이다. 아홉째는 '감사'이다. 감사는 어려울 때나 좋을 때나 한결 같은 마음을 가지고 주변을 넓게 보고, 어려운 상황에서도 긍정적인 부분을 볼 수 있는 힘을 제공한다.

3. 마음챙김의 효과

마음챙김 명상은 4차산업 시대에 인간의 고유성을 회복하고 삶에 대한 만족감을 회복하는 데 중요한 역할을 할 수 있다. 마음챙김은 삶의 진행 속도를 늦추고 우리의 마음과 우리를 둘러싸고 있는 세상에서 진행되고 있는 것을 보다 선명히 자각할 수 있도록 도와준다. 그 결과 마음챙김 명상은 인간기능의 근본적 측면을 훈련함으로써 사고, 동기, 감정, 대인관계 등 많은 심리학적 영역에 걸쳐 긍정적 영향을 줄 것으로 예상된다. 또한 마음 챙김은 지혜와 자비 등 자신과 타인에게 이익을 줄 수 있는 자질의 개발에 도움이 되며 이를 통해 심리적 기능을 최적화시킨다. 이런 기능은 행동모드

(Doing mode)가 아니라 존재모드(Being mode)에서 가능하며, Tang, Hölzel과 Posner(2015)는 명상 수행 초기에는 애쓰는 행동이 많지만 마음의 떠돎(mind wandering)이 점차 줄어들다가 노력없이도 존재모드 단계로 전환한다고 설명하였다.

마음챙김 명상 훈련은 정신건강, 우울증, 불안 증상, 중독 및 중독 장애뿐만 아니라 신체건강에도 긍정적인 효과를 보인다. 마음챙김 훈련은 신체에 대한 내부수용성 주의를 개선하고, 이완을 향상시키고, 스트레스 관리와 대처기술을 향상시켜 신체건강을 개선하고 질병에 대한 위험성을 낮춘다. 또한 만성통증을 경감하고, 면역체계를 높이며, 호흡기 감염이나 감기 같은 임상적 증상을 감소시키고, 수면, 운동, 금연, 다이어트와 같은 건강관련 행동을 향상시킨다(Creswell, 2016).

1) 주의력

많은 연구들에서 마음챙김 훈련은 여러 차원의 주의력을 배양함으로써 심리적 안녕감을 개선한다는 점을 지적하고 있다. Wolkin(2015)의 연구에 따르면, 주의는 경각주의(alerting), 지향주의(orienting), 집행주의(executive attention)를 포함한 다양한 네트워크로 구성된다. 경각주의는 경계(vigilance) 또는 지속적 주의(sustained attention)라고도 하며 긴 시간 동안에 주의를 유지하는 능력이다. 지향주의는 선택적 주의(selective) 또는 분리된 주의(divided attention)라고도 하며, 가능한 감각적 투입에 주의를 모으는 능력이다. 집행주의는 갈등 감시, 주의전환이라고도 불리고, 경쟁적 인지부하의 상황에서 주의의 우선순위를 정하는 능력이며, 인지적 유연성(생각에서 생각으로 이동할 수 있는 능력), 자기조절(인지, 정서, 행동을 감시하고 조정하는 능력), 상위인지적 알아차림(metacognitive awareness, 주관적 관점에서 객관적 관점으로 전환할 수 있는 탈중심화나 재인식의 능력)을 포함한다. 이런 주의 네트워크의 기능만큼 마음챙김 명상의 메카니즘을 이해하는 데 중요한 것은 주의조절 양식인데, 그것은 초점화된 주의(focused attention)와 수용적 주의(receptive attention)이다. 초점주의는 집중명상에 해당하고, 수용적 주의는 관찰명상에 해당하며 주의의 분산과 비판단적 알아차림을 특징으로 한다. 이런 주의의 모든 차원은 마음챙김 명상으로 배양되고 반추적 사고를 줄임으로써 심리적 안녕감을 높여준다. 이는 탈중심화 능력을 길러주는 초점적이고 수용적인 주의가 작용하였기 때문이다. 반추는 부정적 사고와 감정에 과동일시하여 수동적으로 머물러 있는 것이며, 자라 보고 놀란 가슴, 솥뚜껑 보고 놀라듯이 자동적으로 부정적 생각에서 다른 부정적 생각으로 연결되어 심리적 건강을 해친다.

주의력은 광범위한 적응적인 행동에서 효과를 볼 수 있는 기본적인 능력이다. 주의력 훈련이 긍정적인 영향을 미치지 않은 인간 행동 측면은 거의 없을 것이다. 예를 들어, 주의력은 학습과 관련된 정신 과정에 있어 결정적으로 중요하다(LaBerge, 1995). 마음챙김 명상 훈련이 주의지속능력인 경각주의를 증진시킬 수 있다는 것을 보여주는 연구들은 마음챙김 명상 훈련이 학생들의 학습 능력을 개선할 수 있다는 가능성도 보여주고 있다.

마음챙김 명상 훈련이 주의력을 개선하는 것은 근본적으로 마음챙김 훈련이 경각주의, 지향주의, 선택주의를 포함하는 주의력 시스템 안의 한두 개 신경 네트워크를 키우기 때문인 것으로 보인다. 개선된 주의력은 교육, 직업, 그리고 다양한 일과 관련된 성과에도 기여할 뿐만 아니라 잠재적으로 사고, 감정, 행동의 자율적 통제를 가능하게 함으로써 감정 조절, 행동 조절, 정신과 육체 건강에 필요한 많은 심리적 기능과 행동에도 도움이 된다. 이러한 주의력의 효과를 정리하자면 다음과 같다.

(1) 자기 조절

통제 이론(Carver & Scheier, 1981), 정보처리방식이론(Watkins, 2004), 그리고 자기결정이론(Deci & Ryan, 1985)을 포함한 여러 심리학 이론들은 주의력이 많은 행동을 조절하는 데 있어 근본적이며, 알아차리는 주의력은 자신의 욕구, 가치, 흥미와 일관된 행동을 선택하도록 하는 데 특히 중요할 수 있다(Deci & Ryan, 1980). 개선된 주의력은 또한 자동적인 사고, 감정, 행동에 도움을 줄 수 있는데, 그중 일부는 조절이 되지 않으면 우울한 기분, 건강하지 못한 식습관, 고정관념과 같은 부적응으로 이어질 수 있다. Levesque와 Brown(2007)의 연구에 따르면 마음챙김 명상 훈련은 개인들이 그러한 자동성으로부터 풀려나도록 도울 수 있고 그리하여 행동 조절을 더 잘할 수 있게 된다.

효과적인 자기 조절은 심리적인 행복감, 창의성, 그리고 다른 가치 있는 결과들의 핵심 결정요인이다(Ryan & Deci, 2000). 따라서 알아차림 명상 훈련은 자기 조절 활동을 강화하여 긍정적으로 기능하게 할 수 있다. Tang, Hölzel과 Posner(2015)는 명상과 통합된 훈련이 자기 조절을 향상시킬 수 있으며, 이는 마음챙김 명상이 주의통제(attention control), 정서조절(emotion regulation), 자기자각(self-awareness)을 상호작용시키기 때문일 것이라고 제안하였다. 이런 증거는 스트레스를 받는 사람들의 자기 조절을 지원하는 명상의 역할을 조사한 네 개 연구(Weinstein, Brown, & Ryan, 2009)에서 찾아볼 수 있다. 연구 결과 기질적으로 마음챙김 수준이 높은 대학생들은 다양한 학업 스트레스에 노출되더라도 스트레스를 좀 더 약하게 평가했고, 좀 더 적응적인 전략을 사용했다는 것을 발견했다. 결국, 이러한 적응적인 평가와 대처 반응은 부분적으로 혹은 충분하게 명상과 주관적인 행복감과의 관계를 설명한다.

(2) 탈동일시

대부분의 현대 명상 훈련 형태는 주의력의 방향을 내부의 사고, 감정, 신체 감각에 집중하도록 한다. 긍정적인 기능에 대한 명상 훈련 효과는 개인이 보통 '나'라고 생각하는 이런 현상들로부터 탈동일시하는 데서 시작된다. 이는 인지적 탈융합(Hayes, Strosahl, & Wilson, 2012), 탈중심화(Fresco et al., 2007), 탈자동화(Dickman, 1983), 상위인지 자각(Bishop, 2004) 등과 같은 용어로도 표현된다. 명상 훈련자들은 적응적인 사고, 감정, 감각들뿐만 아니라 그런 경험 모두를 알아차리고 탈동일시하는 것을 배우게 되는데, 부적응적인 사고, 감정, 감각들을 알아차리고 탈동일시하는 것을 심리치료에서도 권장하는 것이다.

내적인 경험을 지속적으로 지켜보는 이러한 능력이 깊은 고요함과 평정심을 가져온다고 주장한다(Walsh & Shapiro, 2006). 알아차리는 주의력을 개인적인 선호, 편향성, 감정적인 경향에 적용하는 것을 배우면 이러한 특별한 관점과 경향들에 대한 의식이 습관적 사고나 감정 패턴과 같이 익숙한 것들에 의해 붙잡히거나 제한되지 않는 반응을 일으키는 자각을 키울 수 있다(Segal, Williams, & Teasdale, 2002). 이런 가능성은 기질적인 마음챙김 수준이 높은 개인들과 MBCT(알아차림에 기반한 인지치료, Segal, et al., 2002) 이수자들에 대한 연구에서 보여준다. 예를 들어, Brown, Weinstein과 Creswell(2012)는 사회적인 평가 압박 환경에서 기질적으로 마음챙김 수준이 높은 개인들은 스트레스에 대응하거나 스트레스원이 시작되기 전 기저선에서 신경내분비(코르티솔) 활성화가 낮고, 부정적인 정서가 낮은 것을 발견했다. Brown, Goodman, 그리고 Inzlicht(2013)의 연구에서 마음챙김 수준이 높은 개인들은 아주 자극적인 감정적 이미지에 대하여 짧은 시간 내에 대응하는 대뇌피질의 전기활동이 낮았다. 즉, 어떠한 자극에 대해 감정을 불러일으키는 초기 과정에서 부정적인 감정 반응이 올라오는 것을 조절할 수 있다는 것을 발견했다. 이 연구에서 마음챙김 명상이 이미 올라온 감정들에 대해 인지적이고 감정적인 반응을 더 잘 대응할 수 있도록 개선시키는 것뿐만 아니라 정신생물학적인 스트레스와 고통이 올라오는 것을 예방할 수 있도록 돕는다는 것을 알게 되었다. 관련 연구로 MBCT 이수자에 대한 사후 연구에서, 훈련 종료 때 기질적인 마음챙김 점수가 높았던 사람들이 명상 훈련 후 1년간 우울증 재발에 대한 민감성이 낮아진 것을 발견했다(Michalak, Heidenreich, Meibert, & Schulte, 2008).

개인적인 관점이나 감정적인 반응 성향으로부터 탈동일시하게 되면, 가설을 검토하고 숨겨진 가치를 알아보고 증거를 평가하여 객관적으로 결론을 평가하는 능력과 같은 비판적인 사고기술 개발에도 도움이 될 수 있다. 그러한 기술들은 또한 원만한 대인관계와 좀 더 창의적이고 포괄적인 사고와 행동을 키울 수 있다.

(3) 집착하지 않음

마음챙김 명상은 집착하지 않음과 관련이 있다. 어떻게 되어야만 한다거나 혹은 그럴 필요가 있다고 하는 고착된 생각에 고정되지 않도록 돕는다(Sahdra, Shaver, & Brown, 2010). 집착하지 않는 사람은 즐거운 사건이나 경험을 꽉 움켜잡고 유지하려고 애쓰거나 불쾌한 것들에 저항하는 경향이 적으며, 이렇게 사건이나 환경을 있는 그대로 수용함으로써 다양한 형태의 주관적인 행복감이나 정신적인 건강을 증진시키는 것으로 나타났다(Sandrao, 2010).

집착하지 않음은 자신에 대한 관심으로부터 벗어남을 의미하기도 한다(Brown, Ryan, Creswell, & Niemiec, 2008; Leary, 2004; Ryan & Brown, 2003). 즉 자기 입장에서 현실과 접촉하는 경향이 있는 사람들이 기존에 가지고 있던 인식, 사고, 신념, 평가, 관련된 감정을 떠나 현실을 인식한다는 것이다. 명상은 자기중심적인 기능과 고통에 취약함을 부채질하는 인지적인 작동으로부터 '밖으로 빠져 나가는' 능력과 관련된다. 현실에 대응하는 혹은 자신의 욕구와 기대에 따르는 내재적으로 혹은 외부적으로 인식된 요구가 없다면, 인생을 인생 자체로 만나는 능력을 키우게 되고, 거기에서 오는 만족감도 느낄 수 있다. 행복감은 좋은 것을 얻으려고 하고 나쁜 것을 피하려고 하는 것에 더 이상 연연해하지 않을 때, 사건과 경험을 통제하려는 노력들이 크게 줄어들게 되며,

이완하는 능력으로 나타난다.

명상수행은 생각, 감정, 느낌의 흐름을 지켜보는 것처럼 일어나고 있는 것에 대해 객관적인 입장으로 바라보는 것이며, 일상생활에서 집착을 줄이고 있는 그대로 머무르거나 즐기는 능력을 키운다. 집착하지 않음에 대한 연구는 아직 초기 단계이지만, 알아차림 명상 훈련을 통하여 다양한 개인적 그리고 대인관계의 혜택을 가져다주는 대표적인 수단으로 여겨진다.

(4) 통찰

탈동일시와 집착하지 않음을 포함하여 여기서 기술한 내용들은 심리적 고통이나 행동의 근원을 통찰하는 것을 장려한다. 통찰은 행복감을 증진시키거나 그러한 상태로 만들어주는 지렛대 역할을 할 수 있다(Brown, 2007). 마음챙김 명상으로 키워진 자신, 타인, 인간 본성에 대한 통찰이 자신과 타인에 대한 자비심으로 이어진다고 생각되지만(Davidson & Harrington, 2002) 이러한 관계를 검증한 연구들은 아직 없다.

2) 심리적인 행복감

지난 40년 이상 성인 학생, 지역 사회, 환자들과 함께 한 연구들에 의하면 명상이 부정적인 정신건강 징후들을 감소시키고 심리적인 행복감을 증진시킬 수 있다는 증거들이 나왔다(예, Baer, 2003; Brown, Ryan, & Creswell, 2007; Horimann, Sawyer, Witt, & Oh, 2010).

마음챙김 명상이 학생들의 정신건강에 미치는 효과는 이완, 명상과 흔히 결합되는 심리적, 물리적인 자기조절을 넘어서 확장된다. 다양한 이완 훈련에서 한 것이 심상화 기술을 통해 혹은 안내되는 정신적, 감정적, 몸 훈련을 통해 이완하려는 자기지시 의지다. 이완과 함께 스트레스 반응에 반대로 작용하고, 신체적 긴장에서 해방되어 몸과 마음의 평온한 상태가 오게 된다. 이와 대조적으로 마음챙김 명상은 경험을 바꾸려는 시도 없이 마음과 몸에서 무슨 일이 벌어지는지에 대해 단순히 주목하는 것을 수반한다. 그러한 결과들은 잠재적으로 행복감을 증진시키기 위해서뿐만 아니라 정신건강 문제에 대한 취약성을 줄이는 데도 중요하다(Joseph & Wood, 2010; Ryan, 2005). 특히, 긍정적인 감정 상태는 새로운 정보를 처리하고 유지하는 능력과 유연하고 창의적인 사고 패턴을 창조하는 능력을 높이는 데 있어서 가치가 있다(Fredrickson, 1998). 게다가 보다 긍정적인 감정을 보고한 개인들은 더 건설적이고 유연한 대처, 더 추상적이고 장기적인 사고, 스트레스를 주는 사건들에 대해 더 성공적인 감정조절을 보여주었다.

마음챙김 훈련이 행복감에 기여하는 것은 순간순간의 경험을 통해서이다. 현재 순간 일어나는 것에 주의를 기울이는 것을 통해서, 마음챙김 명상은 경험에 명료함과 생생함을 더해주는 것으로 생각된다(Brown & Ryan, 2003). 그래서 긍정적 사건으로부터 이익을 얻는 능력이 증가되어 긍정적인 경험에 대해 더 잘 인식하고 긍정적인 정서가 주는 확장과 축적의 효과를 더 많이 얻을 수 있다. 또한 현재 일어나는 것에 주의를 기울이면서 나타나는 동기 부여되고 몰입된 활동들이 기쁨과 활력을 만들어 낸다는 것을 보여준다(Csikszentmihalyi, 1990; Deci & Ryan, 1985). MBSR 같은 알아차림 명상 훈련 프로그램은 가장 일상적인 활동에서 발견되는 단순한 기쁨들을 강조하며, 관련 연구들은 먹는 것과 같은 일상적인 활동을 알아차리면서 주의를 기울이게 되면 그 안에 있는 기쁨을 늘릴 수 있다는 것을 보여준다(예, Arch, Brown, Della, Porta, & Kiken, 2014).

3) 긍정적인 대인 관계

다양한 명상 훈련들은 명상이 지닌 효과 중 공감, 자비심, 그리고 다른 긍정적인 대인관계 자질을 양성한다는 점을 강조한다(Walsh & Shapiro, 2006). 마음챙김 명상 훈련은 스트레스를 주는 대인관계 사건을 위협이라기보다는 도전으로 간주하고 접근하는 능력을 높여줄 뿐만 아니라 신뢰감과 타인과의 친밀함을 느끼도록 이끌어주는데(Kabat-Zinn, 1993), 아마도 이것은 충동적이거나 파괴적인 행동을 자제시키기 위해 생각과 감정을 관찰하는 능력을 향상시키는 것 때문일 것이다. 그리하여 명상은 건강한 일상의 대인관계 기능뿐만 아니라 사회적인 갈등에 대한 적응적인 반응을 키워줄 수 있다.

공감은 다른 사람의 감정 상태를 이해하고 확인하는 능력과 관계된 중요한 사회적 기술이다(Deutsch & Madle, 1975). 최근의 여러 연구들은 마음챙김 명상 훈련이 이 좋은 자질을 키울 수 있다고 제안한다. 예를 들어, Shapiro, Schwartz, and Bonner(1998)는 MBSR 수행집단이 통제 그룹에 비해 공감능력을 증진시킨다는 것을 발견했다.

4. 마음놓침

마음챙김을 이해하기 위한 한 가지 방법은 그 반대말인 '마음놓침(mindlessness)'에 대해 생각해 보는 것이다. 마음놓침이란 현 시점에서 일어나고 있는 것을 자각하지 못하는 의식 상태, 즉 지금 이 순간에 일어나고 있는 것보다는 규칙과 일상적 순서가 지배하는 상태이다. 우리는 책을 읽거나 다른 사람과 대화를 나누면서도 마음은 자신의 생각, 정서, 걱정거리, 관심사, 미래에 대한 불안 혹은 과거사를 곱씹는 데 빠져 있을 수 있다. 마음놓침은 '전등은 켜 있지만 집에는 아무도 없다' 또는 '행동을 하고는 있지만 마음이 그 속에 들어 있지 않다'와 같은 말로 표현될 수 있다. 이처럼 마음놓침은 자기 자신의 안과 주변에서 일어나고 있는 것에 대한 인식이나 자각 없이 자동적으로, 무의식적으로, 습관적으로 일을 행하는 것이다. 우리는 잠시 생각해 보면 마음놓침 상태에서 살았던 많은 순간들, 즉 아무런 인식이나 자각 없이 일을 자동적으로 행했던 순간들을 분명 경험했을 것이다. 그 대표적인 예가 식사하기다. 식사할 때 우리는 뭘 하고 있는가에 대한 아무 생각 없이, 음식에 대한 느낌이나 입 안에서의 맛에 대한 별 주목 없이, 식사 전이나 식사 중 혹은 식사 후에 배가 고픈지 부른지에 대한 인식 없이 먹는 경우가 흔하다. 의식적으로 음식의 맛을 충분히 음미하지 않고 접시를 비울 정도로 바빠서가 아니다. 오늘날 대부분의 사람들은 TV를 보면서, 책을 읽으면서, 걸으면서, 심지어는 운전하면서 음식을 먹는다. 이런 상황은 모두가 먹기와 관련된 여러 신체적 감각을 알아차리지 못하게 만든다.

마음놓침은 심각한 사고와도 연결된다. 한 사례로 1982년 에어 플로리다 90편 여객기 추락사고를 들 수 있다. 당시 여객기는 마이애미에서 출발하여 워싱턴에 도착하였는데 사고 당일 그 지역의 날씨는 평소와는 달리 얼음이 얼 정도로 추운 날씨였고, 눈 폭풍으로 출발이 지연되던 상태였다. 그러나 기장과 부기장은 평소와 같이 습관대로 결빙 방지장치를 켜지 않은 상태로 이륙을 시도하다가 추락하여 78명이 사망하게 되었다. 놀라운 점은 기장과 부기장은 이륙 전 조종장치 점검 중에 결빙장치가 꺼져 있음을 확인하고도 그것을 당연하다는 듯이 받아들였다는 것이다. 이들이 주로 비행하던 플로리다는 미국에서도 연중 눈이 거의 오지 않는 따뜻한 날씨로 유명한 곳이었기 때문에 이들의 행동은 매우 자연스러웠을 것이다. 그러나 아무 생각 없이 틀에 박힌 절차를 따르거나 무의식 중에 어리석은 지시에 따른 대가는 너무나 가혹하였다.

마음놓침은 중독이나 혐오범죄에서도 나타난다. 도박이나 음주, 그리고 약물에 중독되는 경우, 개인별로 다양한 원인이 있을 수 있으나 공통적으로 도박, 음주, 약물에 지나친 의존으로 삶을 꾸려나가는 데 필요한 정상적인 기능에 손상이 일어난다. 이때 의존은 집착과 과동일시의 결과라 볼 수 있다. 사회적으로 만연해 있는 혐오감 또한 사회적 또는 문화적 영향으로 내면화한 고정관념이나 편견과 과동일시한 결과, 세상을 단편적 관점으로 바라보게 되고, 자신의 좁은 시야에 대한 통찰없이 혐오를 합리화하기 때문이다. 이러한 혐오가 심각하게는 여성에 대한 혐오범죄, 노인에 대한 혐오범죄, 인종에 대한 혐오범죄로 이어져 끔찍한 결과를 낳기도 한다.

14

Chapter

마음챙김의 적용

1. 스트레스에 대한 마음챙김

1) 스트레스란

스트레스(stress)는 신체적 심리적 웰빙을 위협하는 것으로 인식되는 사건의 경험이며 신체가 내부와 외부의 자극으로부터 자신을 방어하는 본능적인 반응을 포함한다. 사건 자체는 스트레스원(stressor)이라고 하고, 스트레스원에 대한 반응을 스트레스 반응(stress response)이라고 한다. 직업 환경에서 경험하는 스트레스는 직무 스트레스라고 하며, 직무 스트레스는 '직무요건이 근로자의 능력(capabilities)이나 자원(resources), 욕구(needs)와 일치하지 않을 때 생기는 유해한 신체적 · 정서적 반응'이라고 정의할 수 있다.

스트레스는 코르티솔이나 카테콜아민과 같은 스트레스 호르몬의 분비를 증가시켜 혈압 상승, 심장병과 암의 원인이 되고, 심리적으로 탈진증후군(burn-out syndrome)의 원인이 된다. 스트레스 수준이 높은 집단의 경우, 결근(또는 결석)과 이직, 안전사고, 불만족을 높이고 성과를 저하시키는 원인이 되기도 한다.

모든 스트레스가 부정적인 것은 아니다. 여키스-도슨(Yerkes-Dodson) 법칙에 따르면, 스트레스가 중간 정도의 강도일 때 수행성적은 가장 좋으며, 칙센트미하이(Csikszentmihalyi)의 몰입(flow)은 자신의 능력보다 조금 더 어려운 과제 수행에서 나타나며 더 쉬우면 지루함에 빠지고, 너무 어려우면 불안감에 빠진다는 점에서 어느 정도의 스트레스는 긍정적 효과를 가지는 것으로 보인다. 이러한 긍정적 스트레스(eustress)로는 새로운 일, 도전적이지만 달성 가능한 일, 잘한 일에 대한 인정, 책임과 권한의 추가, 승진 또는 원하는 일, 새로운 기능과 지식의 습득과 같은 것들이 있고, 부정적 스트레스

(distress)로는 부당한 대우, 업무과다, 불편한 관계, 지루하고 흥미 없는 일, 부적절한 지시, 필요한 정보와 자원의 부족과 같은 것들이 있다.

탈진증후군의 경우, 병원 응급실에서 기업에 이르기까지 다양한 집단에서 이슈가 되는 문제다. 이 탈진증후군을 부추기는 요인 중 하나가 바로 마음놓침이다. 경직된 사고방식(mindset) · 편협한 시각 · 낡은 범주에 의존하기, 결과지향주의와 같은 요인이 사람을 소진시킨다. 뒤집어 말하면, 맥락과 사고방식을 바꾸거나 과정에 집중하면 새로운 에너지가 생길 수 있다. 그래서 새로운 환경은 사람을 활기차게 만든다. 새로운 것을 배우고 새로운 영역을 설계하는 재미와 흥분이 있기 때문이다. 그러나 그 일에 익숙해질수록 열정과 에너지는 식어간다. 게다가 그 조직이 매사에 경직된 규칙을 적용하는 곳이라면 직원 처지에서는 어떤 문제가 생겼을 때 그것을 극복할 수 없는 문제로 느낄 것이다. 창의적으로 문제를 해결하기에는 위험부담이 너무 크기 때문이다. 그래서 '우리는 늘 이렇게 해왔다'는 식의 사고방식을 가진 관료적 조직에서 일하는 사람이 탈진증후군을 호소하는 경우가 많을 수 있다.

2) 스트레스 관리를 위한 마음챙김 프로그램

(1) 구글 SIY(내면검색 프로그램)

- 구글의 엔지니어 Chade-Meng Tan이 명상가, 승려, 신경과학자, 리더십전문가, 정서지능 전문가들과 개발한 프로그램
- 마음챙김, 공감, 연민, 정서지능을 향상시킴으로써 개인과 조직의 집단적 번영을 만들기 위해 개발된 구글의 마음챙김 기반 감성지능 개발 프로그램 2007년 개발 후 50개국에서 10만 명 이상의 사람들에게 프로그램을 제공하였으며, 참여한 개인, 팀, 조직에 지속적인 웰빙, 동기, 성과 개선에 긍정적 효과를 보이고 있음
- 마음챙김과 뇌과학에 대한 이해를 바탕으로 자기인식과 자기조절을 향상시키고, 동기부여하기, 공감능력 기르기, 긍정적 영향을 주는 셀프리더십 훈련으로 구성됨
- UN, 3M, P&G, Ford, NETFLIX, Disney channel 등 다양한 조직에서 도입함

(2) MBSR(마음챙김 기반 스트레스 감소 프로그램)

- 1979년 매사추세츠 대학교 의과대학 부설병원의 존 카밧진 교수가 만든 마음챙김 기반의 스트레스 감소(Mindfulness-based stress reduction) 프로그램

- 8주 집중 과정에서는 건포도 명상, 바디스캔, 호흡 알아차리기, 마음챙김 요가, 정좌명상, 유쾌한 일 알아차리기, 걷기 명상, 불쾌한 일 알아차리기, 생각 알아차리기, 선택없는 알아차림, 대인관계 의사소통에 관한 프로그램으로 구성됨
- 프로그램을 통해 스트레스 대처 방법, 몸과 마음의 이완 및 통증 관리방법, 변화와 어려움에 대한 대처 능력을 훈련하게 됨

(3) MSC(마음챙김-자기연민) 프로그램

- 임상심리학 교수 Christopher K. Germer와 Kristin Neff가 마음챙김과 자기연민(self-compassion)을 기반으로 만든 정서적 회복 프로그램
- 8주 집중 과정을 통해 자기연민을 구성하는 세 가지 요소인 마음챙김과 자기친절, 인간경험의 보편성과 관련된 수행 중심의 프로그램으로 진행됨
- 어려운 생각과 감정을 개방성과 호기심, 친절과 공감을 바탕으로 인식하여 정서적 웰빙을 강화하고 불안이나 우울을 감소시키며 건강한 생활습관을 유지하도록 도움

3) 스트레스에 미치는 마음챙김의 효과

명상이 코르티솔 수준을 변화시킨다는 결과에 대해서는 연구들마다 차이가 있지만 스트레스와 스트레스 관련 호르몬은 뇌를 표적으로 하며 정상적인 수준을 넘어서 과도한 스트레스는 뇌에 손상으로 이어질 수밖에 없다. 특히 스트레스로 유발된 뇌의 가변성은 전전두피질, 해마, 편도체와 공포와 관련된 기억과 자기조절 행동과 관련된 영역에서 두드러지게 나타난다(Tang et al., 2015). 이 영역들 간의 상호작용은 삶의 경험이 성공적인지 아니면 실패와 정신적, 신체적 건강의 손상으로 이어질지를 결정한다. 연구들에 따르면 중간에서 심각한 스트레스는 편도체의 부피를 늘리고, 전전두피질과 해마의 부피를 감소시킨다는 것을 보여준다. 그러

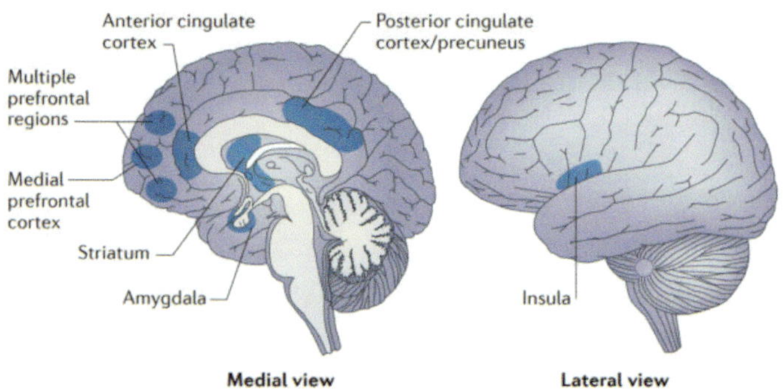

[그림 4-2] 마음챙김 명상과 관련된 뇌영역(Tang et al., 2015)

나 마음챙김 명상은 해마의 회백질 밀도를 높여준다. 게다가 마음챙김 명상 후 주관적 스트레스의 감소는 편도체 회백질 밀도의 감소와 상관이 있다. 이러한 결과는 마음챙김 명상이 스트레스에 대한 잠재적 중재와 예방전략이 될 수 있음을 보여준다.

명상 훈련은 편도체(Amygdala)의 반응성을 감소시킴으로써 정서적 반응을 개선시킬 수 있으며, 명상훈련을 통해 정서적 자극이 일어나는 동안 편도체와 복내측 전전두피질(ventromedial prefrontal cortex)간의 연결성을 높이는 것은 감정조절 능력에 유익한 효과를 발휘하는 메커니즘일 수 있다.

마음챙김 수준이 높은 사람들은 고통을 경험할 때 좌측 후측 대상피질(PCC) 부위가 불활성화된다. PCC부위의 불활성화는 디폴트 모드 네트워크가 불활성화된다는 의미이고 이는 뇌가 고통자극을 덜 반추하고 감정과 덜 연결지음으로써 고통에 덜 민감할 수 있게 된다. 디폴트 모드 네트워크가 활성화되면 고통에 대한 자극을 반추하게 된다. 디폴트 모드 네트워크는 뇌의 휴식을 방해하므로 비활성화될 때 뇌의 대사상태가 저하되어 뇌가 휴식하게 되고, 주의력이 높아지고, 노화를 막는 데 도움이 된다.

전측뇌섬엽(anterior insula)의 활성화는 내부수용감각의 통합이 증가됨을 의미한다. 내부수용감각은 내가 어떻게 느끼는가에 대한 감각으로 통증, 체온, 근육의 긴장감, 위장의 불편감을 포함하여 신체의 생리적 상태에 대한 통합된 감각을 제공한다.

〈표 4-1〉 **뇌영역별 마음챙김 명상의 영향**(Tang, Hölzel과 Posner, 2015)

뇌영역	기능	연구결과
전두엽피질 (ACC, anterior cingulate cortex)	주의와 정서에 대한 자기조절	호흡명상과 휴식기에 ACC 활성화가 강화됨
전전두피질(PFC, prefrontal cortex)	주의와 정서	정서 관련 스트룹 과제의 집행처리 과정에서 배측 전전두피질(dorsolateral prefrontal cortex) 활성화 강화
		복내측 전전두피질(ventromedial prefrontal cortex) 및 전두엽피질(ACC)이 뇌섬(insula)과 함께 활성화되어 마음챙김 훈련 후 불안이 해소됨
후방대상피질 (PCC, posterior cingulate cortex)	자기 자각	명상은 후방대상피질(PCC, posterior cingulate cortex)을 비활성화하고, 전두엽피질(ACC)과 배측 전전두피질(dorsolateral PFC)과의 결합 증가
		마음챙김 수준이 높은 집단에서 휴식기에 좌측 후방대상피질(PCC)과 중앙 전전두피질(medial PFC), 전두엽피질 간의 연결성이 감소함
		휴식상태에서 우측 후방대상피질(PCC) 활동을 강화함

뇌섬(insula)	알아차림과 정서 처리	호흡감각에 대한 내부수용감각에 집중하는 동안 전측뇌섬엽(anterior insula)이 활성화되고 배측 전전두피질(dorsomedial PFC)과 배측 뇌섬엽(posterior insula) 간 결합이 변경됨
		연민명상 동안 정서적 소리에 뇌섬엽 활성화 강화
		휴식 동안 좌측 뇌섬엽 활동 강화
선조체(striatum)	주의와 정서의 조절	휴식 동안 꼬리핵(caudate)과 조가비핵(putamen) 활동 강화
		보상 기대 중에 미상핵(caudate nucleus)의 활성화 감소
편도체(amygdala)	정서적 처리	명상이 아닌 상태에서 감정 사진에 반응하여 우측 편도체의 활성화 감소
		부정적인 자기 신념 진술에 반응하는 동안 우측 등쪽 편도체 활동 감소
		초보 명상가들의 마음챙김 상태에서 정서적 그림을 보는 동안 왼쪽 편도체의 수용체수 감소

4) 스트레스에 미치는 자기연민의 효과

(1) 스트레스 사건에 대한 자기연민적 대처

'연민(compassion)'은 팔리어 karuna의 번역어이고 타인이 고통에서 벗어났으면 하는 바람을 말한다. 이와 같은 불교에서의 사용과 달리 서구의 심리학자들은 compassion을 karuna(연민)에 국한시키지 않고 타인이 즐겁고 행복했으면 하는 metta(자애)의 의미까지 포괄하는 metta-karuna(자비)의 의미로 사용하고 있다.

자기연민(self-compassion)은 자신의 실수나 실패 또는 부적응으로 인해 고통이 발생할 때 자신에 대해 가지는 연민이다. 자기연민은 자아존중감과 .57~.59의 상관을 가진다. 이런 중간 정도의 양호한 관련성을 보이는 것은 둘 다 자신에 대한 긍정적인 태도에 관한 것이기 때문이다. 그러나 자기연민은 자기존중감과 달리 성공적 결과나 상대적 우위에 의해 획득되는 자아개념이 아니다. 그래서 자기연민이 부족한 사람은 자기비판으로 인해 자신에 대해 낮은 가치감을 가질 수 있다. 자기연민은 자신의 존재에 대한 내적인 인정과 수용에 해당하며, 자기친절, 인간경험의 보편성, 마음챙김의 요소로 구성된다(Neff, 2011). 자기친절은 자신의 실패나 오류에 대해 자기비난과 분노 대신 스스로에게 긍정적이고 따뜻한 격려의 말을 해주는 식으로 친절로 대응하는 것이다. 인간경험의 보편성은 실패, 손실, 좌절, 거절을 경험할 때 위축되고, 고립감을 느끼는 대신 누구나 겪는 고통임을 인식하고 적응적 대처를 촉진시키는 것을 말한다. 마음챙김은 스트레스 상황에 느끼는 부정적 감정에 휩쓸리는 대신 상황을 있는 그대로 알아차리고 대처함을 의미한다.

(2) 자기연민의 심리적 효과

자기연민은 신경증과 우울감을 낮추고, 삶에 대한 만족감, 사회적 연결성, 주관적 웰빙을 높여준다. 이러한 자기연민의 심리적 효과는 자기존중감의 효과를 통제하고도 여전히 유효하다. 자기연민이 높은 사람은 문제해결적 대처, 지원추구적 대처, 기분전환보다는 긍정적 인지재구성을 높이고, 회피 · 철회 반응을 낮추는 방식의 대처를 주로 한다(Allen & Leary, 2010). 긍정적 인지재구성은 스트레스 상황을 보다 긍정적으로 바라보기 위해 자신의 관점을 변화시키는 것이다. 자기연민이 높은 사람은 부정적 사건을 덜 끔찍한 방식으로 구성하기 때문에 자기연민은 어느 정도의 긍정적 재구성을 동반하게 된다. 자신에 대해 일반화된 비판적 평가나 현재 상황에 대해 저항하기보다 상황에 대한 책임감과 타인과의 동질성을 강하게 느끼는 경향이 있다.

➔ 디폴트모드 네트워크(default mode network, DMN)

- 의식과 자기 개념 형성, 일상에서의 신경활동 Auto pilot기능 담당.
- 하루의 47% 시간 동안 활성화되며 뇌 에너지의 60~80% 사용.
- 일할 때 DMN활동은 감소하지만, 전체 에너지 사용량의 5%만 증가시킴.
- 자기투영을 이루는 기억(과거)과 조망(미래), 마음의 이론(타인의 입장에서 생각하기) 영역과 거의 일치
- DMN은 창조성과 생산성을 높이지만 에너지 낭비, 잡념, 부정적 반추를 증가시킴

2. 생산성을 위한 마음챙김

인간의 마음은 한순간에 지구의 반대편으로 가서 방황하다가, 곧바로 현재로 돌아와 상황을 날카롭게 의식할 수도 있다. 한 순간에는 주변 환경을 살펴보다가도 다음 순간에는 자신의 내면을 깊게 들여다 볼 수 있다. 또 어떤 순간에는 과거로 갔다가 다음 순간에는 미래로 갈 수도 있다. 이렇게 늘 우리의 마음은 어디론가 가려고 하고 있고 이러한 사고 작용을 통해 주변과 자신을 인식하고, 타인과 상호작용하며, 학습을 한다. 이러한 복잡한 사고작용은 일을 할 때나 쉴 때를 구분하지 않고 작용하며 때로는 전혀 상관없는 대상 간의 연결점을 찾아 기가 막힌 발명품과 예술작품을 만들기도

한다. 그러나 복잡한 사고작용은 현재에 대한 경험을 놓치게 하고 자신의 신체감각을 잊어버리고 추상적인 개념의 세계를 좀비처럼 끝없이 방황하게 하기도 한다. 몸은 여기 있지만 마음은 여기가 아닌 어딘가를 떠도는 것이다. 마음챙김의 상태는 몸이 있는 곳에 마음이 있는 상태이므로 자신을 돌볼 수 있어 개인의 성장에 큰 도움이 될 뿐만 아니라 비판단적 인식으로 인해 사고의 틀을 벗어나 다양한 관점으로 대상과 문제를 바라볼 수 있게 하여 생산성과 창의성에 긍정적 영향을 줄 수 있다.

미래학자 유발 하라리, 스티브 잡스, 빌 게이츠 등의 세계 명사들이 명상을 예찬하고 실리콘밸리 IT 업계에서 시작하여 글로벌 기업에 명상 프로그램이 확산되고 있는 것은 우연이 아니다. 바로 마음챙김이 성장과 생산성에 중요한 역할을 하기 때문이다. 마음챙김이 생산성과 성장에 도움이 되는 이유는 기본적으로 주의력의 개선으로 회피하거나 얼어붙거나 싸우는 방식의 자동적인 대처보다는 합리적이며 집중된 방식의 대처를 하게 됨으로써 더 다양한 시도를 더 적극적으로 하게 되어 결과적으로 성취가능성을 높이고 생산성 있는 행동을 하게 된다. 이와 관련하여 생산적인 효과를 정리하자면 다음과 같다.

1) 업무성과와 관련한 마음챙김의 효과

마음챙김 명상의 효과는 직장 환경에서도 긍정적으로 나타난다. 마음챙김 명상은 앞서 언급된 것처럼 스트레스 인식과 탈진증후군, 이직의도를 낮추고, 웰빙을 높일 뿐만 아니라 개인의 업무 성과와 사회적 관계와 더불어 업무몰입(work engagement)과 하위요인인 활력(vigor), 헌신(dedication), 몰두(absorption)에도 유의하게 긍정적인 효과가 있다. 그리고 개인의 마음챙김은 팀과 조직 풍토에도 긍정적인 영향을 미친다. 그 이유는 마음챙김이 주의에 대한 자기 조절 능력을 향상시키기 때문이다(Kersemaekers et al., 2018). 뿐만 아니라 마음챙김 명상은 주의의 지속과 주의의 할당(원하는 시간과 장소에 주의를 기울이는 것), 주의의 유연성, 작업기억과 장기기억을 향상시킨다(Van Vugt, 2019).

2) 창의성과 관련한 마음챙김의 효과

많은 연구들이 창의성과 마음챙김의 관련성이 긍정적이고 마음챙김이 창의성을 강화할 수 있다고 본다. 선행연구들은 마음챙김이 집중력을 높이고, 판단에 따른 두려움을 낮추고, 열린 사고를 강화하며, 혐오적 자의식을 감소시킨 결과들을 증명하였다.

이러한 결과들은 논리적으로 마음챙김이 창의성을 높여줄 것이라는 가정을 지지한다. 또한 명상의 두 가지 유형인 관찰명상은 확산적 사고의 향상과 관련이 있는 반면 집중명상은 수렴적 사고와 유의한 관련성이 나타나지 않았지만 부분적으로 마음챙김이 창의성에 영향을 준다고 볼 수 있다(Henriksen, Richardson, & Shack, 2020). 마음챙김의 반대 개념이라고 볼 수 있는 마음떠돎(Mind-wandering)은 의도적(마음챙김적) 마음떠돎과 비의도적 마음떠돎으로 나눌 수 있는데 이 중 의도적 마음떠돎만이 창의성과 관련성을 보였다. 의도적 마음챙김은 새로운 아이디어와 먼 거리 연합을 촉진할 수 있어 특히 교육장면에서 연구될 필요가 있다. 이러한 결과는 디폴트 모드 네트워크가 마음놓침임에도 불구하고 창의성과 관련성을 가질 수 있다는 사실을 설명해준다. 이러한 결과들이 마음챙김과 창의성 간의 관계에 대한 이해를 어렵게 만들지만 제한된 관점에서 현상을 바라볼 때와 달리 있는 그대로 본다는 것은 현상의 본질을 새롭게 볼 수 있는 가능성을 높여주기 때문에 창의성에 분명히 긍정적 영향을 줄 것이다. 확인되지 않은 사실이지만 스티브 잡스가 아이폰을 개발한 것도 명상을 통해 매 순간 틀을 깨고 소비자가 필요한 것에 대한 본질적인 탐구를 했기 때문이라고 한다.

3. 긍정적인 관계를 위한 마음챙김

마음챙김은 맥락에 대한 해석을 높이고(Fiol, O'Connor, 2003), 윤리적 의사결정을 도움으로써(Shapiro, Jazaieri, Goldin, 2012) 리더십 숙달을 높이고(King & Haar, 2017), 지시적 vs 지지적, 장기전략 vs 단기성과와 같은 이중성과 관련하여 리더의 유연성을 높여주는 것으로 나타났다(Baron et al., 2018). 또한 리더와 부하 간 관계에서 리더의 마음챙김은 마음챙김적 의사소통을 통해 부하의 만족감에 긍정적 영향을 주고(Arendt, Verdorfer, Kugler, 2019), 직원의 정서적 소진을 낮추는 것으로 나타났다(Reb, Narayanan, and Chaturvedi, 2014).

또한 마음챙김이 연인관계 만족에 미치는 영향에 관한 연구(Roberts, Jaurequi, Kimmes, & Selice, 2021)에서 마음챙김은 용서능력을 향상시킴으로써 연인관계 만족에 긍정적 영향을 주는 것으로 나타났다. 또한 마음챙김은 정서지능을 높여줌으로써 시기질투를 낮추며(Xiang, Dong, Zhao, Li, Zhao, & Zhang, 2021), 자기돌봄과 대인연결기술을 강화하였다(Orellana-Rios et al., 2017).

참고 문헌

곽경화, 김정주, 박성현, 윤미연.(2020). 행복과 성장으로 가는 마음경영. 광주여자대학교 MAUM교육원.

안전보건공단 위험성평가 지원시스템 보건분야 평가자료. https://kras.kosha.or.kr/health/health_tab02에서 2021. 9.29 인출.

Allen, A. B., & Leary, M. R. (2010). Self-Compassion, stress, and coping. Social and personality psychology compass, 4(2), 107-118.

Baron, L., Rouleau, V., Grégoire, S. and Baron, C. (2018), "Mindfulness and leadership flexibility", Journal of Management Development, Vol. 37 No. 2, pp. 165-177. https://doi.org/10.1108/JMD-06-2017-0213

Chade-Meng Tan. (2012). 너의 내면을 검색하라. (권오열 역). 서울: 시공사. (원전은 2012에 출판)

Creswell, J. D. (2017). Mindfulness Interventions. Annual Review of Psychology, 68(1), 491–516. doi:10.1146/annurev-psych-042716-051139

Henriksen, D., Richardson, C., & Shack, K. (2020). Mindfulness and creativity: Implications for thinking and learning. Thinking skills and creativity, 37, 100689. https://doi.org/10.1016/j.tsc.2020.100689

King, E., & Haar, J. M. (2017). Mindfulness and job performance: A study of Australian leaders. Asia Pacific Journal of Human Resources, 55(3), 298-319.

Langer, E. J.,(2008). 마음챙김. (이양원 역). 서울: 동인. (원전은 1990에 출판)

Neff, K. D. (2011). Self-compassion, self-esteem, and well-being. Social and personality psychology compass, 5(1), 1-12.

Orellana-Rios, C. L., Radbruch, L., Kern, M., Regel, Y. U., Anton, A., Sinclair, S., & Schmidt, S. (2017). Mindfulness and compassion-oriented practices at work reduce distress and enhance self-care of palliative care teams: a mixed-method evaluation of an "on the job" program. BMC palliative care, 17(1), 3. https://doi.org/10.1186/s12904-017-0219-7

Roberts, K., Jaurequi, M. E., Kimmes, J. G., & Selice, L. (2021). Trait Mindfulness and Relationship Satisfaction: The Role of Forgiveness Among Couples. Journal of marital and family therapy, 47(1), 196–207. https://doi.org/10.1111/jmft.12440

Shapiro, S. L., Carlson, L. E., Astin, J. A., Freedman, Bendict. (2006). Mechanisms of mindfulness. JOURNAL OF CLINICAL PSYCHOLOGY, Vol. 62(3), 373–386.

Shapiro, S. L., Jazaieri, H., & Goldin, P. R. (2012). Mindfulness-based stress reduction effects on moral reasoning and decision making. The Journal of Positive Psychology, 7(6), 504-515.

Tang, Y.-Y., Hölzel, B. K., & Posner, M. I. (2015). The neuroscience of mindfulness meditation. Nature Reviews Neuroscience, 16(4), 213–225. doi:10.1038/nrn3916

Teasdale, J., Williams, M., Segal, Z(2017). 8주 마음챙김(MBCT) 워크북. (안희영 역). 서울: 불광출판사. (원전은 2014에 출판)

Wolkin JR. Cultivating multiple aspects of attention through mindfulness meditation accounts for psychological well-being through decreased rumination. Psychol Res Behav Manag. 2015 Jun 29;8:171-80. doi: 10.2147/PRBM.S31458.

Xiang, Y., Dong, X., Zhao, J., Li, Q., Zhao, J., & Zhang, W. (2021). The relationship between mindfulness and envy: The mediating role of emotional intelligence. PsyCh journal, 10(6), 898–904. https://doi.org/10.1002/pchj.493

PART 5

웰니스 관광 PT 실무

마음챙김 명상에는 다양한 명상 실습들이 포함될 수 있다. 대표적인 실습으로는 호흡명상, 바디스캔, 정좌명상, 걷기명상, 먹기명상, 마음챙김 요가 등이 있다. 이 장에서는 아홉 가지 종류의 명상 실습들의 특징과 명상안내에 필요한 구성요소들을 알아보고자 한다.

학습목적

다양한 명상 실습들을 통해 명상의 원리와 특징을 이해할 수 있다.
명상을 안내하는 데 필요한 구성요소들을 이해할 수 있다.

학습목표

1. 스웨디시마사지 실습(안면관리)
   ① 스웨디시마사지의 다섯 가지 기본동작을 알고 매뉴얼테크닉을 적용할 수 있다.
   ② 피부상태와 부위에 적정한 리듬, 강약, 속도, 시간, 밀착 등을 조절하여 매뉴얼테크닉을 적용할 수 있다.
   ③ 스웨디시마사지를 위한 유의사항과 주의사항을 준수할 수 있다.
2. 아로마테라피 실습
   ① 관리목적(증상)에 맞는 아로마를 블렌딩할 수 있다.
   ② 향수의 정의를 알고 목적에 맞는 향수를 제조할 수 있다.
   ③ 아로마테라피를 위한 유의사항과 주의사항을 준수할 수 있다.
3. 스톤테라피 실습(다리편)
   ① 스톤테라피의 기본동작을 알 수 있다.
   ② 스톤의 특성을 이해하고 테크닉을 적용할 수 있다.
   ③ 스톤테라피가 인체에 미치는 효과를 알 수 있다.
   ④ 스톤테라피 시 유의사항과 주의사항을 준수할 수 있다.
4. 뱀부테라피 실습(다리편)
   ① 뱀부테라피의 기본동작을 알 수 있다.
   ② 뱀부테라피의 특성을 이해하고 테크닉을 적용할 수 있다.
   ③ 뱀부테라피 시 유의사항과 주의사항을 준수할 수 있다.
5. 풋테라피 실습
   ① 웰니스 풋테라피를 위한 발관리의 필요성을 설명할 수 있다.
   ② 웰니스 풋테라피 기기의 종류를 알고 효능과 효과를 이해할 수 있다.
   ③ 자수정 건식 족욕기의 사용방법 및 절차를 숙지할 수 있다.
   ④ 발관리 시 유의사항과 주의사항을 준수할 수 있다.

15 Chapter 웰니스 뷰티테라피 실무

1. 스웨디시마사지 실습(안면관리)

➔ 스웨디시 마사지를 위한 준비물

마사지크림 또는 오일, 유리볼, 타월, 해면, 티슈 등

가. 스웨디시마사지 수행과정

1) 매뉴얼테크닉을 위한 준비사항

① 작업하기 전 위생을 철저히 해야 하므로 손 소독을 청결히 한다.

② 선별된 영양 크림을 얼굴에 고루 펴 바른다.

③ 다섯가지 기본 동작 등을 활용하여 매뉴얼테크닉을 구사한다.

2) 매뉴얼테크닉 시 유의사항

① 주변 환경을 조용하고 편안한 상태를 만든다.

② 관리사의 손이 차면 관리 전에 따뜻하게 한다.

③ 시술 시 제품이 눈, 코, 입에 들어가지 않게 주의한다.

④ 관리사의 손을 크림이나 로션을 발라 부드럽게 한다.

⑤ 피부 유형에 맞는 제품을 선택한다.

나. 클렌징 및 온습포 사용법 익히기

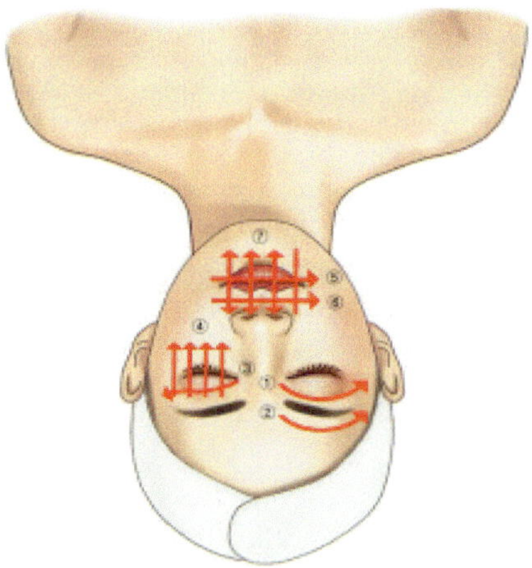

• **1차 클렌징**(포인트 메이크업 클렌징)
젖은 화장 솜에 메이크업 리무버를 묻혀 아이섀도 → 눈썹 → 아이라인 → 마스카라 → 입술 순서로 부분 화장을 닦아 낸다.

[그림 5-1] **포인트 메이크업 클렌징**

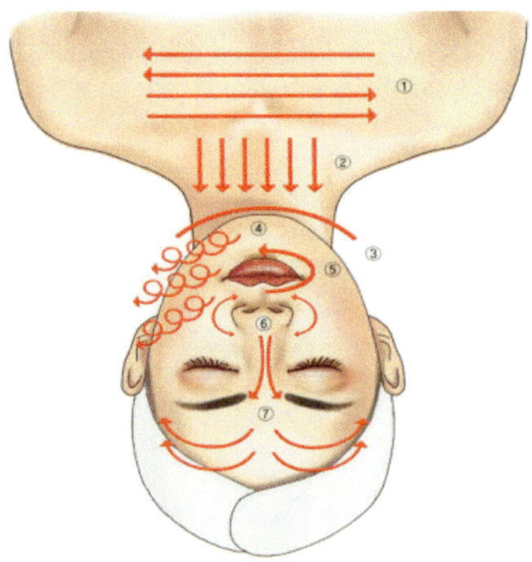

• **2차 클렌징**(얼굴 전체 클렌징)
클렌징 로션 또는 크림을 손바닥에 덜어 따뜻하게 한다. 얼굴과 목에 펴바른 후 가볍고 신속하게 순서대로 문질러서 지운다.

[그림 5-2] **얼굴 전체 클렌징**

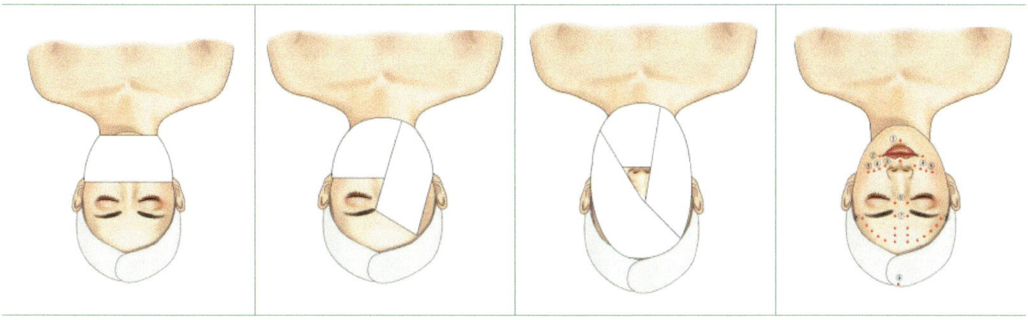

습포 사용 시 주의 사항
- 지성 피부: 피지를 녹이기 위해 뜨겁게 느낄 정도의 습포를 사용하는 것이 좋다.
- 건성 피부: 수분이 부족한 피부이므로 아주 뜨거운 습포는 피한다.
- 정상 피부: 유 · 수분의 밸런스가 조화를 이룬 상태이므로 약간 따뜻한 습포가 좋다.

자료: NCS 학습모듈 LM1201010212_17v4 p.8

[그림 5-3] **습포 사용 방법**

다. 매뉴얼테크닉의 기본동작

수기요법 / 동작		
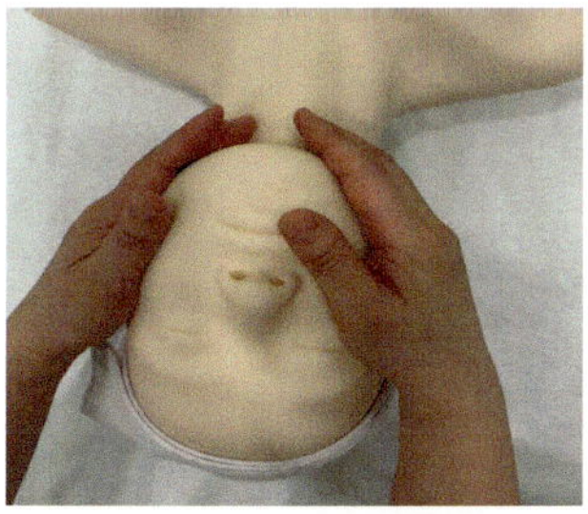 Effleurage (쓰다듬기)	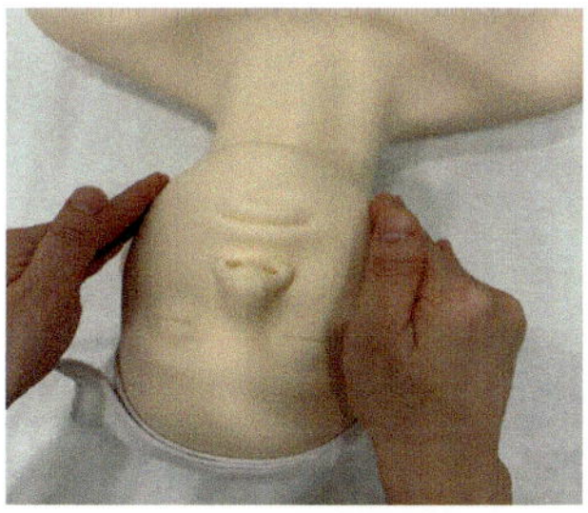 Friction(문지르기)	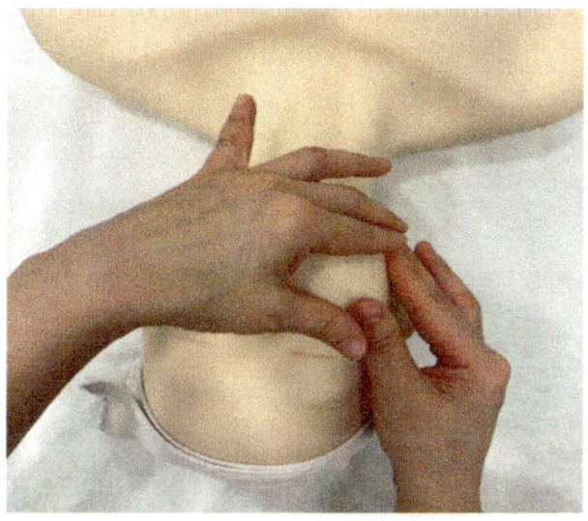 Petrissage(반죽하기)
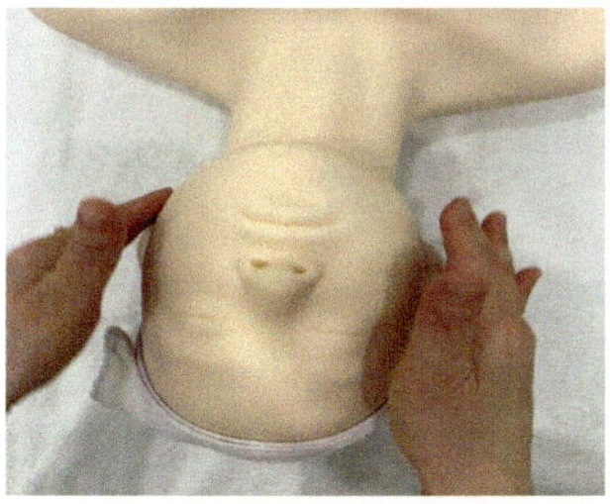 Tapotement(두드리기)	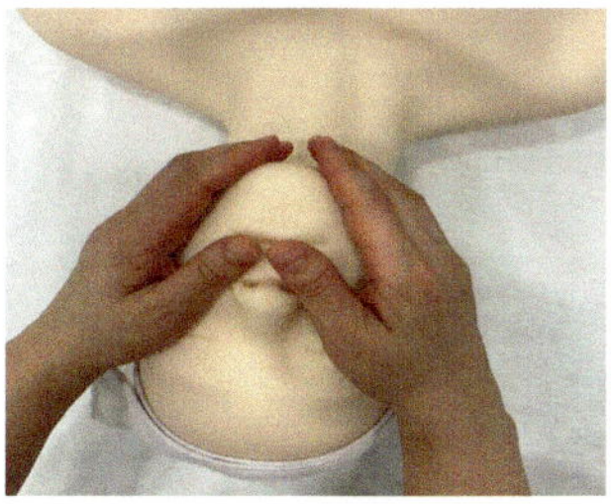 Vibration(떨어주기)	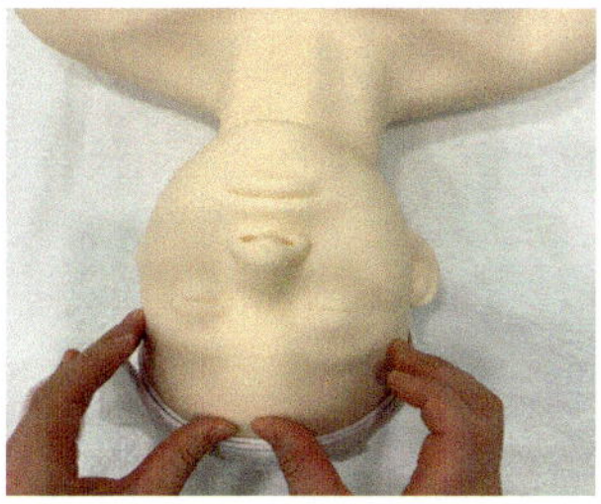 Compression(압박법)

NCS 학습모듈에서는 기본동작을 다음과 같이 명시하고 있다.
쓸이서 펴비르기, 밀착해서 펴비르기, 이루만져 펴비르기, 토닥토닥 펴비르기, 떨며 펴비르기

[그림 5-4] **매뉴얼테크닉 기본동작**

※ 손부위 명칭 알아보기

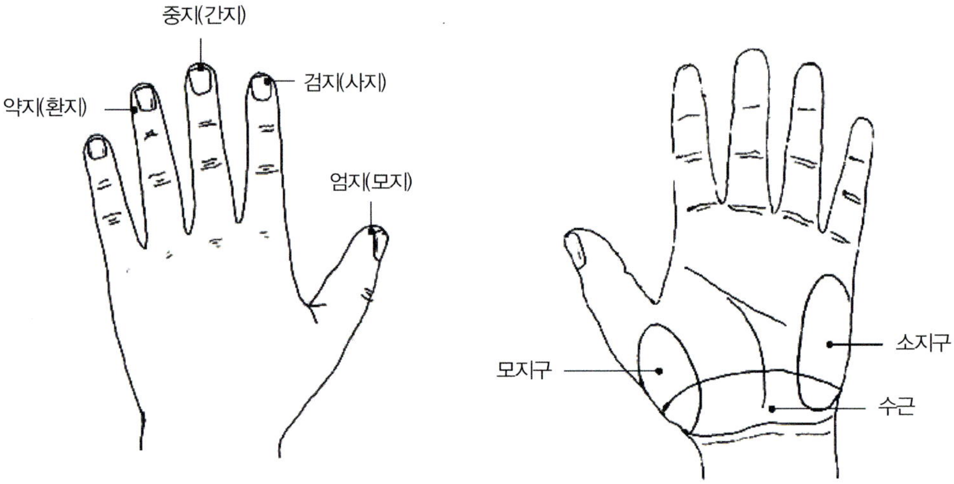

손등(수배면)　　　　손바닥(수장면)

[그림 5-5] 손 부위의 명칭

※ 얼굴의 에너지 포인트 알아보기

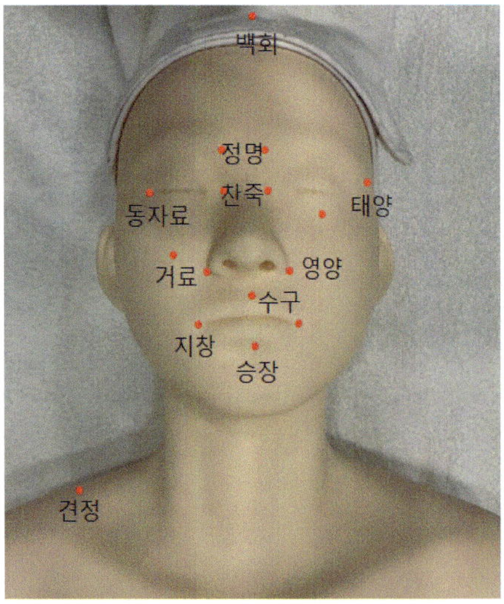

[그림 5-6] 얼굴의 에너지 포인트

※ 얼굴의 근육 알아보기

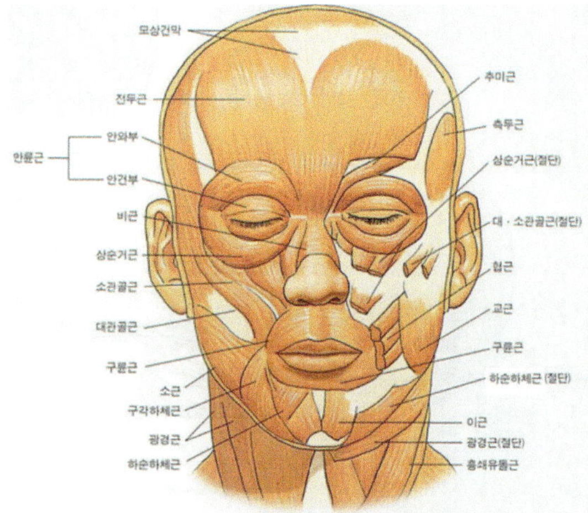

출처: 조수경 · 황미서 · 박은숙외(2007). 『피부미용실기교본』

[그림 5-7] 얼굴의 근육

라. 매뉴얼테크닉 마무리

1) 양손 바닥을 이용하여 가볍게 쓰다듬기 동작으로 쓸어 준다

① 턱과 입을 감싸고 하악각까지

② 볼을 감싸고 귀 옆까지

③ 이마에서 관자놀이까지 쓸어준다.

※ 피부관리 수행 시 가장 중요한 점은 혈액순환 및 림프배농을 원활하게 하기 위해 림프방향에 맞게 테크닉을 한다.

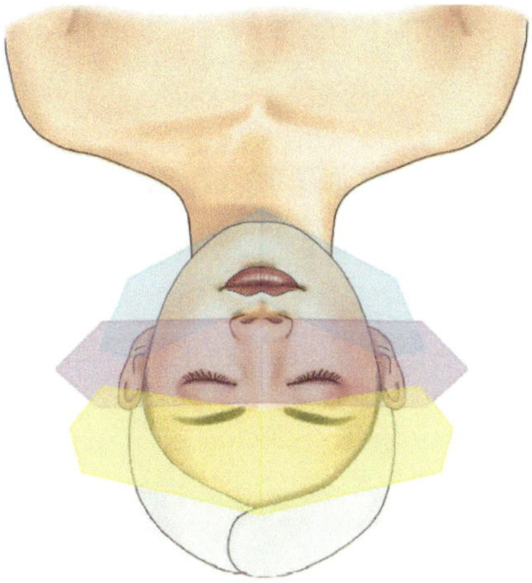

[그림 5-8] 얼굴관리 마무리

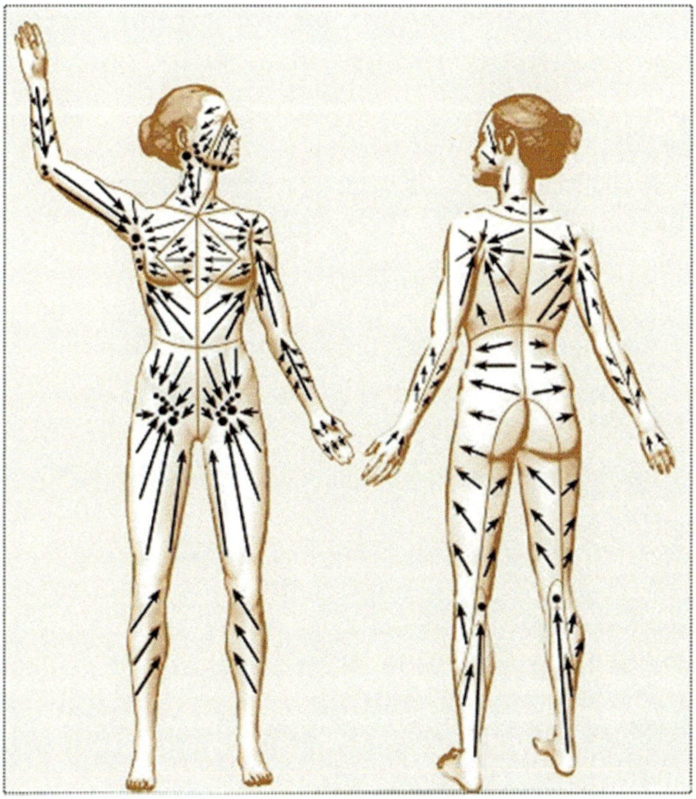

[그림 5-9] 림프 흐름의 방향

2. 아로마테라피 실습

➔ **아로마테라피를 위한 준비물**

에센셜 오일, 베이스 오일, 비커, 유리빨대, 스포이트, 차광병, 라벨 스티커 등 필요한 도구와 오일

가. 아로마테라피 수행과정

1) 아로마테라피 실습을 위한 준비 사항

① 패치테스트를 실시하여 향에 대한 안정성을 여부를 확인한다.

② 실습에 필요한 도구는 모두 소독하여 준비한다.

③ 블렌딩한 오일은 차광병에 넣어 냉암소에 보관한다.

2) 블렌딩 방법 및 절차

① 에센셜 오일, 베이스 오일, 비커, 유리빨대, 스포이트, 차광병, 라벨 스티커 등 필요한 도구와 오일을 준비한다.

② 먼저 베이스오 일을 비커에 8/10 정도를 담는다.

③ 에센셜 오일을 블렌딩 비율에 맞추어 베이스, 미들, 탑 순으로 넣고 남은 베이스 오일 2/10를 넣고 유리막대로 잘 섞는다.

④ 혼합 후 향을 대상자에게 맡아 보게 하고 향이 너무 강하거나 약할 경우 구성 비율을 조절하여 변화를 준다.

⑤ 블렌딩 오일은 차광병에 넣어 라벨 스티커에 블렌딩의 목적, 대상, 에센셜 오일 종류명, 베이스 오일의 종류명, 블렌딩 비율, 날짜, 사용방법, 주의사항 등을 적어서 냉암소에 보관한다.

3) 아로마 블렌딩 후 패치 테스트

① 사용한 경험이 없는 에센셜 오일은 신체에 적용 전 단계

☞ 반드시 패치 테스트를 실시하여 안전성 여부를 확인

② 방법은 거즈가 부착된 밴드에 에센셜 오일 1방울을 도포한 후

☞ 상완부위 안쪽에 붙이고 1시간 정도 경과한 후

☞ 테스트 부위가 붉거나 가렵다면 알레르기 현상이 발현한 것이므로 희석한 오일도 사용을 금함

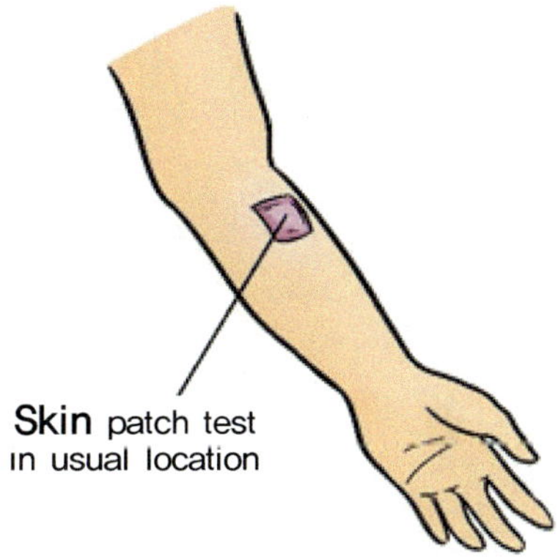

[그림 5-10] 패치 테스트

나. 관리목적에 따른 블렌딩 실습: 두피, 목, 승모근

1) 블렌딩 방법

※ 1회분 사용량 [사용할 제품은 30분 전 미리 희석하여 랩으로 덮어둠]

가) 스트레스 완화를 위한 블렌딩 실습

- 에센셜 오일: 라벤더 20dr, 레몬그라스 20dr, 캐모마일 저먼 10dr
- 캐리어 오일: 호호바 60ml, 아보카도 40ml

나) 근육 이완을 위한 블렌딩 실습

- 에센셜 오일: 페퍼민트 10dr, 타임(백리향) 10dr, 주니퍼(노간주) 5dr
- 베이스 오일: 호호바 40ml, 햄프시드오일(대마씨) 60ml

2) 나만의 블렌딩 계획하기

➔ **블렌딩하기(100mL 기준)**

다. 나만의 향수 만들기

➔ **향수제조 및 블렌딩하기(10ml 기준)**

① 용기를 소독한다.
② 용기에 베이스 6ml를 넣고 유성 E/O를 4ml를 넣고 잘 섞는다.

1) 기분전환, 집중력 향상을 위한 향수

사이클로실리콘
베이스 6ml

(그외 향료베이스; 알코올, 증류수
프로필렌글리콜

2) 나만의 향수를 자유롭게 만들어 봅시다

가장 향기로운 향수는 가장 작은 병에 담겨있다. -마르쿠스 아우렐리우스-

3. 스톤테라피 실습(다리편)

➔ 스톤테라피를 위한 준비물

고객관리 목적에 맞는 스톤 2배 수, 수건 중 1개, 소타월 5개, 해면, 유리볼, 스패출러, 화장지 등

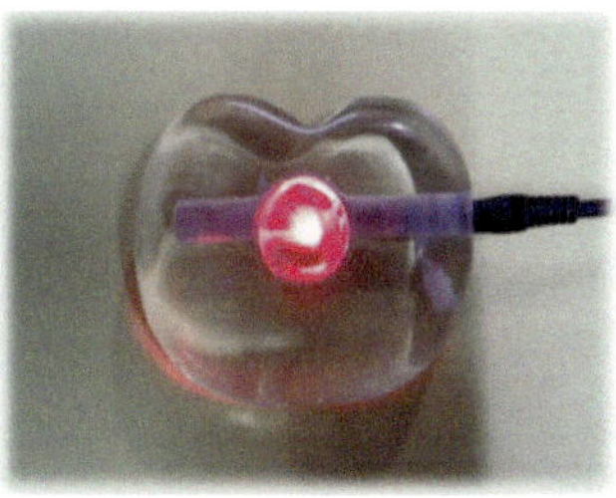
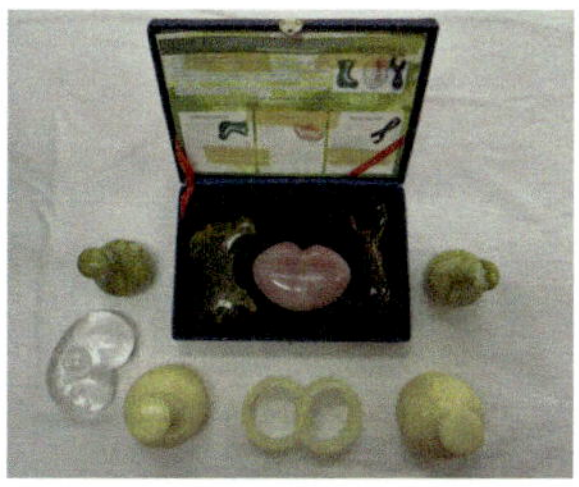

가. 스톤테라피 수행과정

1) 스톤 준비 사항

① 스톤의 열감을 계속 유지하기 위해 필요한 스톤용량의 2배수 이상을 준비한다.

② 스톤 온기구 등 사용기구를 준비한다.

③ 스톤 사용 후 알코올을 이용하여 오일기를 제거하고, 깨끗이 세척한 후 전자렌지에 약 30초간 적용 후 소독하여 보관한다.

④ 스톤은 사용하기 전 반드시 소독제를 이용하여 소독 후 사용한다.

➔ Tip : 스톤 세척방법

① 사용한 스톤은 알코올을 이용하여 오일기를 먼저 제거한다.

② 중성 세제를 푼 따뜻한 물에 담가 먼지 등의 불순물을 제거한다.

③ 세제를 충분히 씻어 낸 후 부드러운 타월로 물기를 제거한다.

④ 헹굴 때는 반드시 찬물을 사용하고, 주 1회 정도 세척한다.

2) 핫스톤과 쿨스톤의 특징

종류	특징
온스톤(hot stone)	• 심신안정으로 스트레스 해소 • 림프흐름의 원활로 노폐물 배출 • 모세혈관 확장으로 및 혈액순환 촉진 • 신진대사가 증진되고, 셀룰라이트 및 체지방 감소 • 근육이완 및 관절이완 • 기타
쿨스톤(cool stone)	• 혈관수축 • 부교감신경계 자극 • 면역력 상승 • 염증완화 • 기타
온스톤과 쿨스톤 교차관리	• 핫스톤 10~15분, 쿨스톤 5분관리 • 혈액순환의 증가 및 생리적 변화 • 피부의 탄력 강화 • 기타

3) 스톤의 크기와 종류를 선택하여 준비

출처: 교육부(2017). 피부미용 특수관리(LM1201010221,22,23,24,25,26,27). 세종: 한국직업능력개발원

[그림 5-11] **스톤 준비 - 온스톤(좌)과 냉스톤(우)**

4) 스톤 데우기

① 스톤은 고객의 관리 부위 및 관리 목적에 맞게 2배수로 준비한다.

② 스톤 온기구에 물을 채워넣고 보석 또는 스톤을 넣어 온도를 조절한다.

③ 스톤 온기구 속 물의 온도는 110~120℃가 넘지 않게 끓인 후 55~60℃를 유지하도록 수시로 온도계를 체크하며 조절한다.

워머기와 도구 워머기와 보석

출처: 교육부(2017). 피부미용 특수관리(LM1201010221,22,23,24,25,26,27). 세종: 한국직업능력개발원

[그림 5-12] **보석 및 스톤 워머기**

5) 안전 · 유의 사항

① 스톤의 성질을 파악하여 각 스톤에 적합한 소독과 재충전을 한다.
② 고객이 불편하지 않도록 스톤의 온도를 수시로 체크하며 관리하도록 한다.
③ 스톤 자체의 무게감이 있어 위험하므로 사용 시 떨어뜨리지 않도록 유의한다.
④ 스톤을 떨어뜨리거나 한꺼번에 운반하면 미세한 조각으로 깨어질 수 있으므로 수시로 손으로 부드럽게 만져 스톤의 상태를 점검한다. 이는 트리트먼트 시 고객에게 상처를 줄 수 있으므로 예방하는 것이다.

나. 스톤테라피 수행하기

1) 고객관리를 위한 스톤테라피 기법

테크닉 기법	적용방법
가. 글라이딩(gliding)	• 스톤의 매끄럽고 평평한 부위를 이용하여 근육 부위를 미끄러지듯이 가볍고 부드럽게 하는 동작이다. • 효과: 심신안정, 근육이완 • 적용부위: 전신에 스톤테라피 시작 끝에 적용
나. 스피닝(spinning)	• 평평하고 무게감 있는 스톤으로 원을 그리며 돌려주며 압을 깊게 눌러주는 동작 • 효과: 피부재생 및 지방분해 • 적용부위: 근육이 있는 부위
다. 탭핑(tapping)	• 두 개의 스톤을 이용하여 인체에 미리 올려 둔 온스톤(열을 전달하는 역할)을 다른 스톤으로 가볍게 두드려 주는 동작이다. • 효과: 온열효과, 부교감신경 안정화 • 적용부위: 복부, 등부위 등
라. 엣징(edging)	• 스톤의 모서리로 근육을 따라 깊숙이 문질러 주는 동작으로 딥티슈 관리(deep tissue massage)에 매우 효율적이다. • 효과: 신경안정, 근육이완 • 적용부위: 등부위. 복부부위, 대퇴부, 종아리 등
마. 코쿠닝(cocooning)	• 적용하는 인체부위에 타월을 덮어두고 스톤을 적용하는 동작 • 효과: 근육수축, 근육손상 부위 • 적용부위: 전신
바. 플러싱(flushing)	• 스톤의 가장자리 부분으로 인체의 말초 신경을 향하여 다림질하듯이 하는 동작이다. • 효과: 긴장완화 • 적용부위: 전신
사. 플리핑(flipping)	• 핫스톤과 쿨스톤을 교대로 적용하는 동작 • 효과: 혈액순환, 피부탄력 • 적용부위: 등부위, 복부부위, 대퇴부, 얼굴부위

2) 다리 후면 관리하기

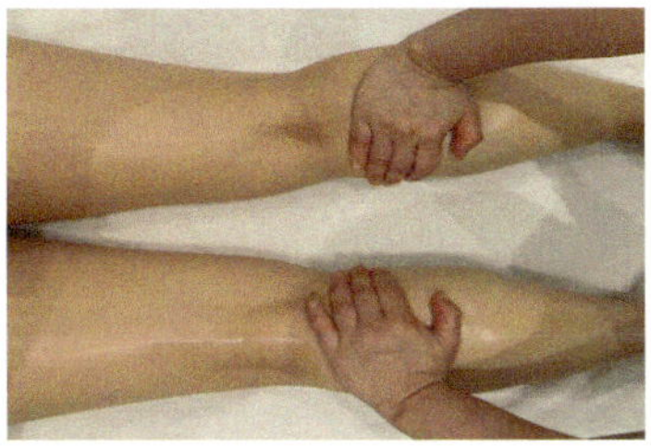

1) 다리 전체 오일 도포하기
손바닥 전체를 이용하여 길게 큰 원을 그리면서 허벅지까지 쓰다듬어 발끝까지 내려온다.(3회 반복)

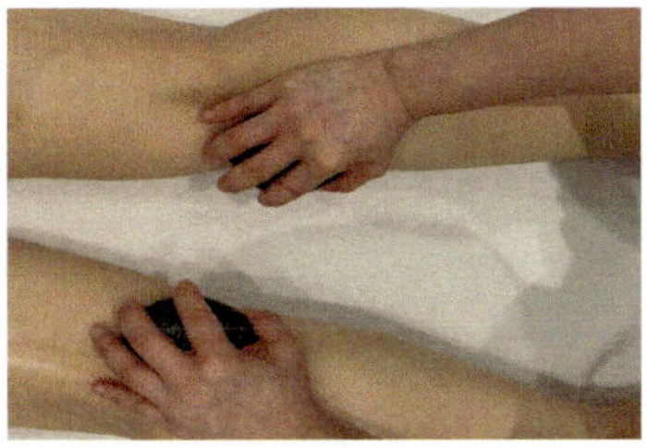

2) 하체 후면 전체 글라이딩 하기
두 개의 스톤을 이용하려 가볍고 부드럽게 동작하여 따뜻한 열을 전달한다.(3회 반복)

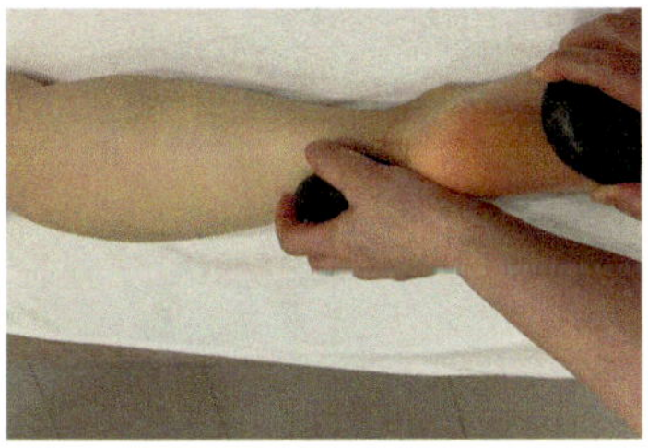

3) 용천혈 자극하기
따뜻한 스톤을 이용하여 발바닥 용천혈을 지긋이 눌러주면서 발 전체 반사구를 쓸어준다.

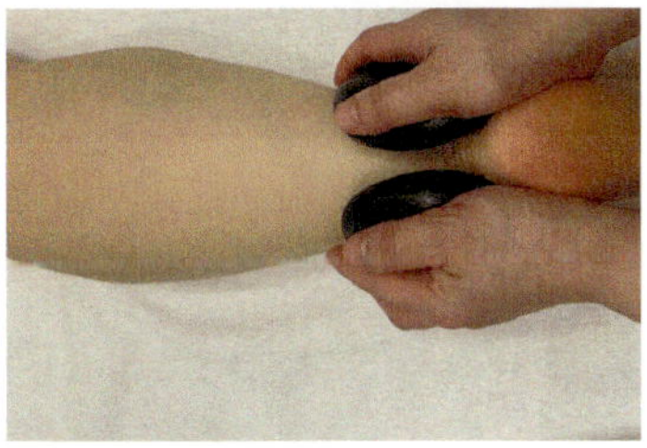

4) 발목 주위 밀어주기
스톤을 이용하여 종아리 전체 비복근 라인에 강약을 조절하여 밀어준다.

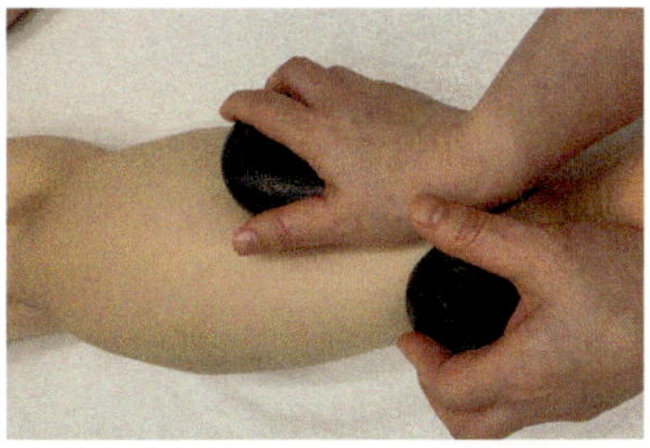

5) 종아리 전체를 나선형으로 스피닝하기
발목에서부터 종아리 전체를 나선형으로 쓸어준다.

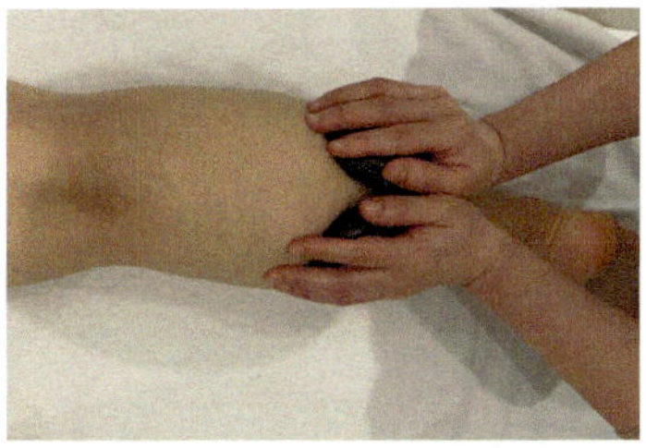

6) 종아리를 일자로 스피닝하여 올리기
발목에서부터 종아리 전체를 일자로 쓸어서 올려준다.

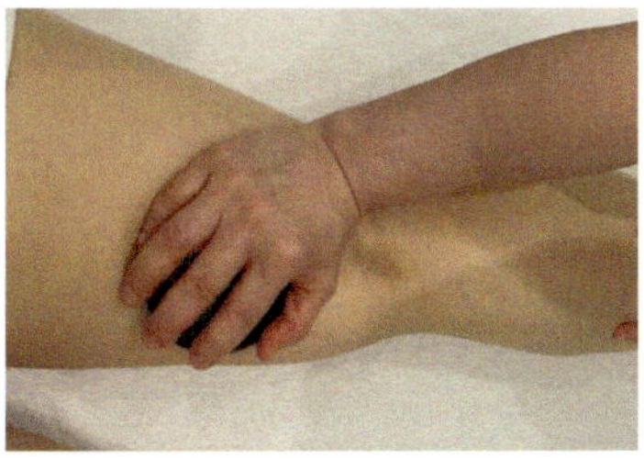

7) 허벅지 대퇴부 슬라이딩 하기
스톤을 이용하여 대퇴부 전체를 강약을 조절하여 대둔근 부위까지 글라이딩 한다.

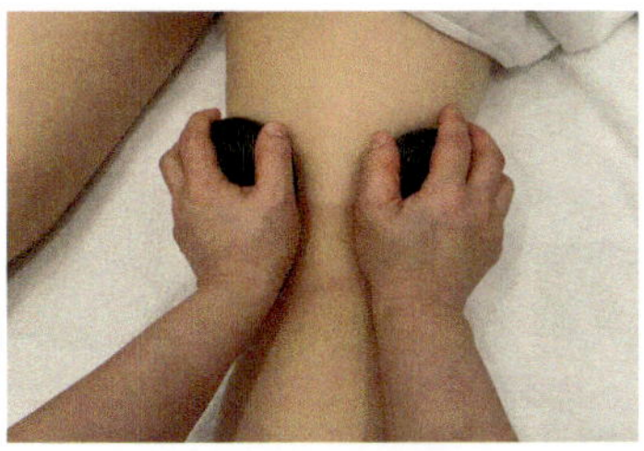

8) 대퇴부에서 중앙, 외측, 내측 전체 쓸어올리기
두 개의 스톤을 이용하려 원을 그리며 스피닝한다.(3회 반복)

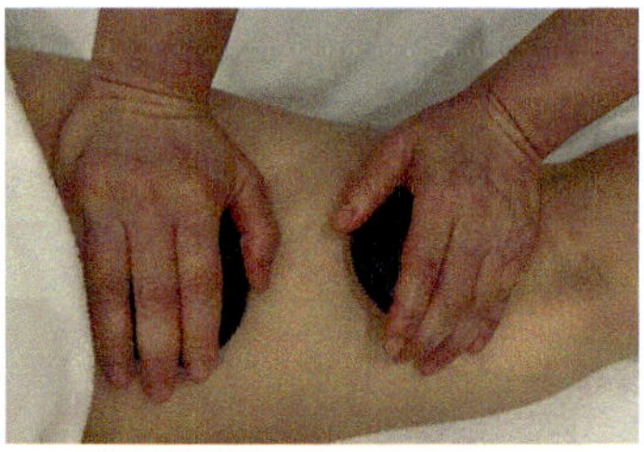

9) **대퇴부 쓸어주며 둔부 올려주기**
스톤을 이용하여 종아리 전체 비복근 라인에 강약을 조절하여 밀어준다.

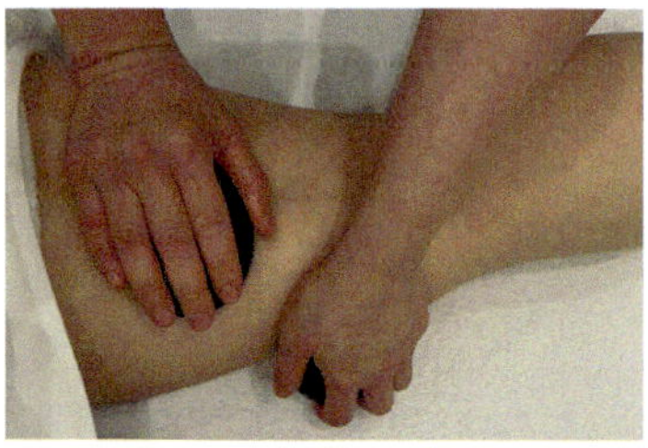

10) **대퇴부 전체 지그재그로 쓸어주기**
따뜻한 스톤을 이용하여 지긋이 눌러주면서 대퇴부 전체를 지그재그로 쓸어준다.

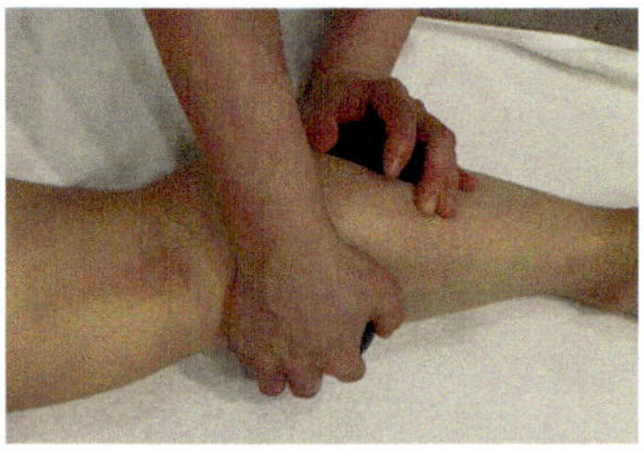

11) **종아리 전체 지그재그로 쓸어주기**
따뜻한 스톤을 이용하여 지긋이 눌러주면서 대퇴부 전체를 지그재그로 쓸어준다.

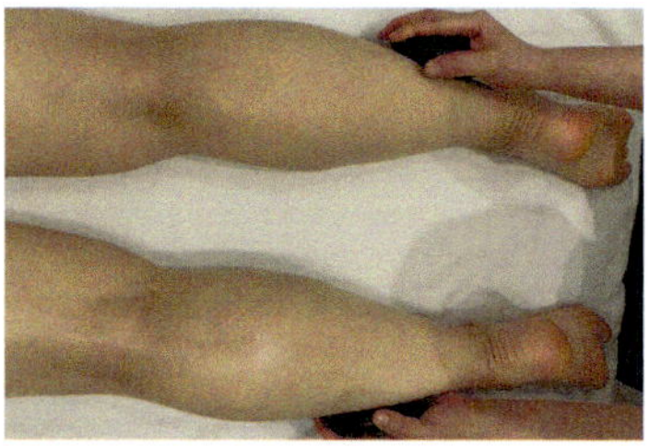

12) **하지 후면 전체 쓸어주기**
두 개의 스톤을 이용하여 하지후면 전체를 쓸어주며 환도혈을 자극하고 내려온다.

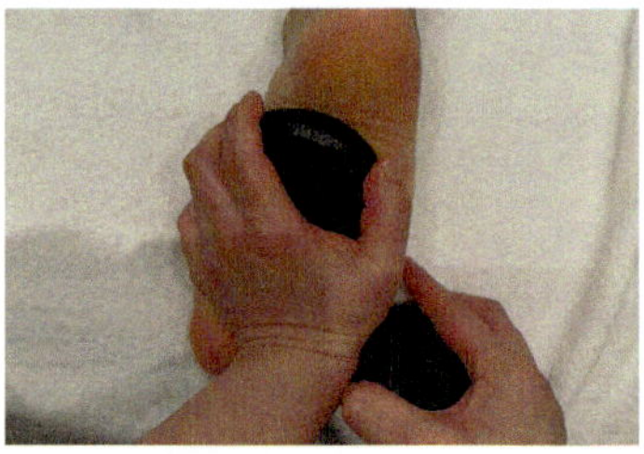

13) **발꿈치, 발바닥 쓸어주기**
두 개의 스톤을 이용하여 발꿈치 부분을 자극한 후 용천혈을 자극하여 발가락 끝까지 쓸어준다.

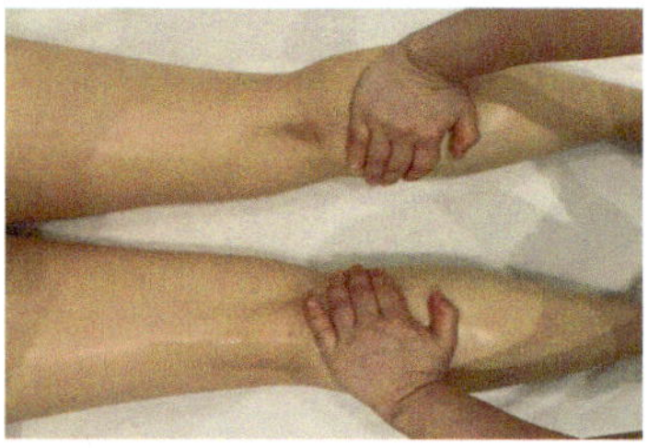

14) **다리 전체 쓰다듬기**
손바닥 전체를 이용하여 다리 전체를 쓰다듬으며 발끝까지 내려와서 마무리한다.

4. 풋스파 테라피 실습

풋스파시설

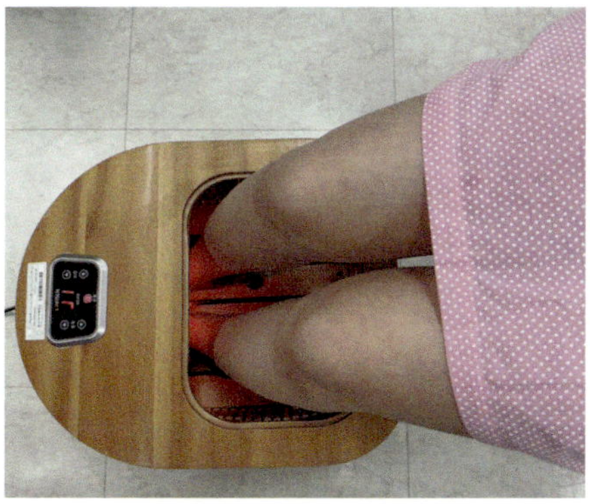

좌훈과 족욕을 한 번에

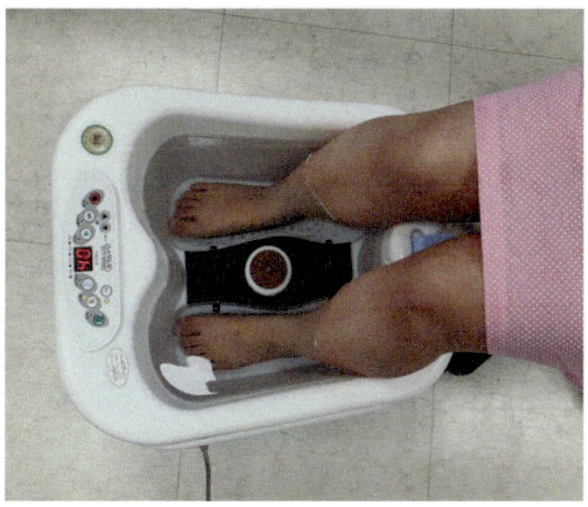

습식 각탕기(물)

건식 각탕기(백수정과 자수정)

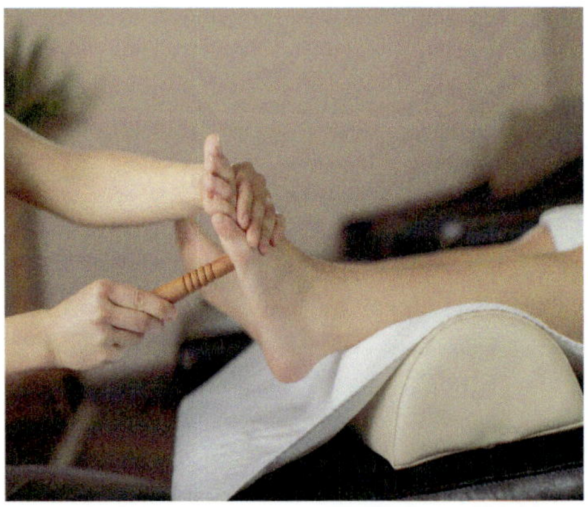

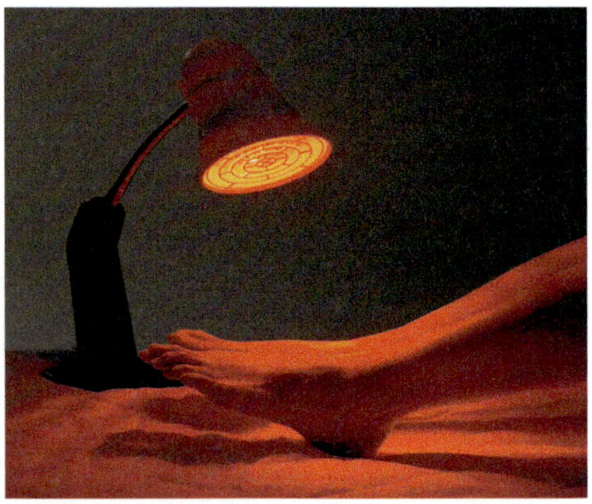

웰빙을 위한 발 관리(수기요법과 근적외선)

가. 웰니스 풋테라피 수행과정

➔ 풋테라피를 위한 준비물

풋크림, 족욕기/각탕기, 바이브레이터기, 트리베다, 지압봉, 소타월, 중타월, 유리볼 등

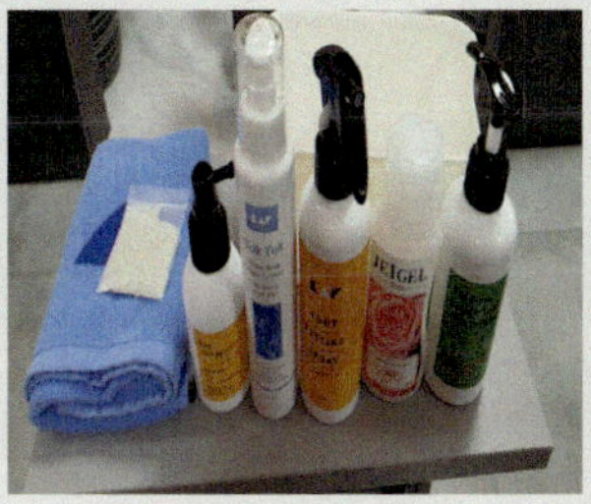

1) 고객 준비 사항

① 고객을 탈의실로 안내한다.

② 고객 가운(티셔츠와 반바지)을 착용하도록 안내한다.

③ 고객의 개인 소지품과 귀중품은 개인 사물함에 의복과 함께 보관하도록 안내한다.

2) 풋테라피를 위한 준비 사항

① 고객의 관리 부위에 맞는 소독된 도구(트리베다, 지압봉, 뱀부)를 준비한다.

② 가운을 착용한 고객을 베드 및 의자로 안내한다.

③ 고객이 금속성 액세서리를 착용하고 있는지 확인한다.

④ 고객에게 도구(트리베다, 지압봉, 뱀부)를 이용한 관리 시 금기 사항을 체크하며 주의사항을 알려 준다.

⑤ 풋테라피 관리 순서에 따라 적용할 수 있게 유의사항을 충분히 설명한다.

나. 웰니스 풋테라피 적용

1) 웰니스 풋테라피 적용순서 및 효과

풋스파테라피 적용 순서	효능 및 효과
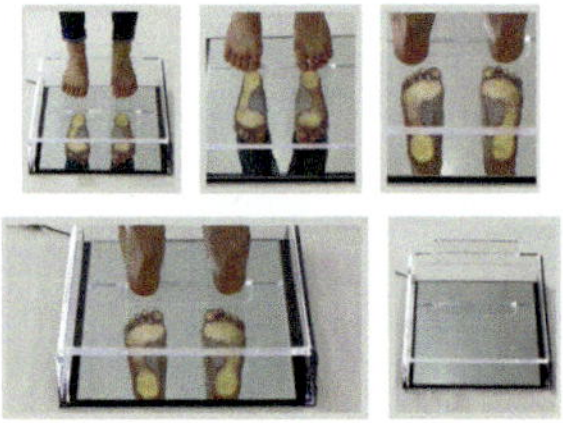 1) 발의 족문찍기 ① 발의 형태 및 모양을 관찰할 수 있다. ② 발의 이상 증후를 알아본다. ③ 결과를 분석하여 상담을 할 수 있다.	 2) 족욕기 및 각탕기 사용 효과 ① 발의 각질을 연화시켜 각질을 탈락시킨다. ② 혈액순환을 촉진시켜 노폐물을 배출시킨다. ③ 발의 온도를 높여 면역력을 향상시킨다. ④ 15분 정도 담근 다음 위생적으로 각질을 탈락시켜 온습포로 마무리한다.
 3) 바이브레이터기 ① 발의 혈액순환을 돕는다. ② 발의 부종을 완화시킨다.	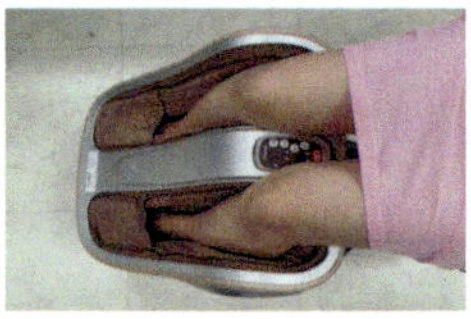 4) 풋 에어프레쉬 ① 발의 부종을 완화시킨다. ② 공기압 관리로 발의 혈액순환을 돕는다. ③ 발에 있는 노폐물과 독소를 배출시킨다.
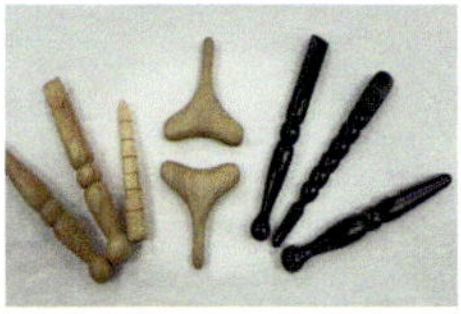 5) 발 반사구 지압봉 ① 발의 근육통을 없애준다. ② 발의 독소배출을 용이롭게 한다. ③ 자율신경계의 안정으로 스트레스를 해소시킨다.	 6) 건식족욕기 ① 백수정과 자수정의 파장을 이용하여 몸속의 독소를 배출시킨다. ② 보석의 온열이 혈액순환을 촉진한다.
 7) 반식욕 기기 ① 전신의 땀을 배출시켜 노폐물과 독소를 배출시킨다. ② 혈액순환을 촉진시켜 신진대사를 돕는다.	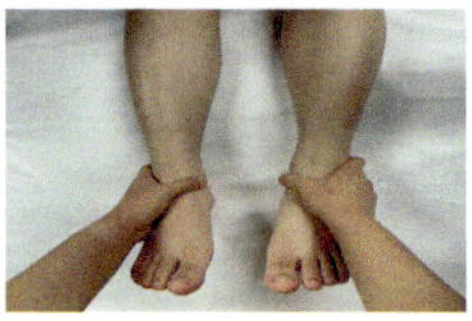 8) 풋스파테라피 실시 ① 수기요법을 이용하여 쓰다듬기하고 마무리한다. ② 심신의 안정과 편안함을 준다.

2) 자수정 건식 족욕기 사용 방법

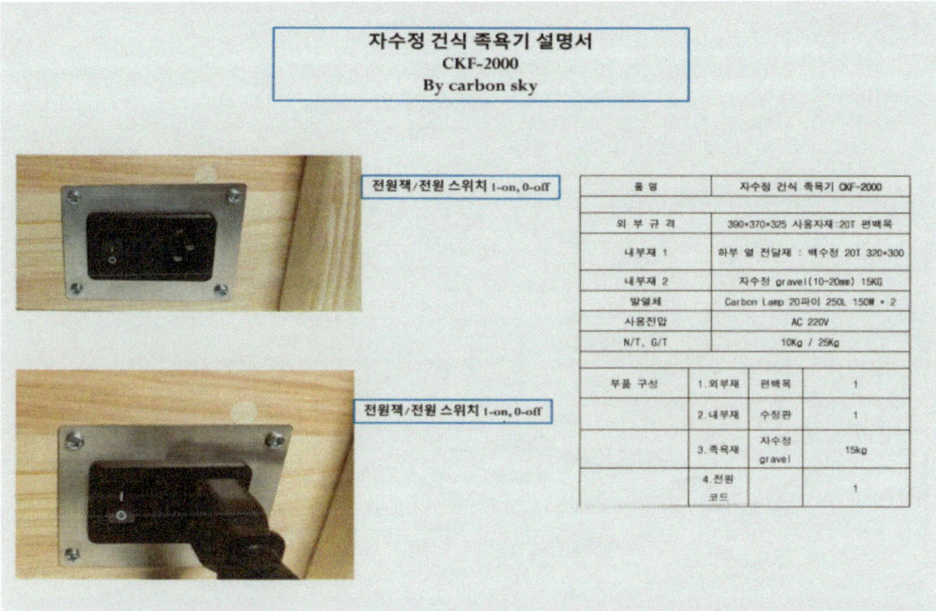

품 명	자수정 건식 족욕기 CKF-2000		
외 부 규 격	390*370*325 사용자재:20T 편백목		
내부재 1	하부 열 전달재 : 백수정 20T 320*300		
내부재 2	자수정 gravel(10-20mm) 15KG		
발열체	Carbon Lamp 20파이 250L 150W * 2		
사용전압	AC 220V		
N/T, G/T	10Kg / 25Kg		
부품 구성	1.외부재	편백목	1
	2.내부재	수정판	1
	3.족욕재	자수정 gravel	15kg
	4.전원 코드		1

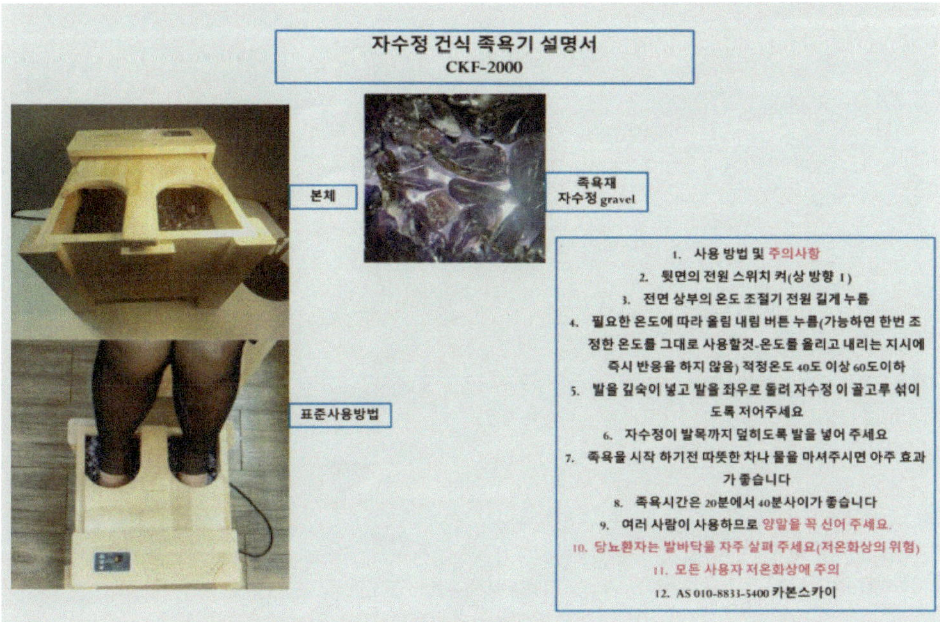

※ 사용하기 전 사용설명서에 따라 유의사항과 주의사항을 준수한다.

[그림 5-13] **자수정 건식족욕기**

다. 웰니스 풋테라피 적용 순서

1) 실습 준비

① 관리할 부위를 제외한 다른 부위는 깔끔하게 타월을 이용하여 잘 감싼다.

② 온습포를 이용하여 발을 닦는다.

③ 피부유형에 맞는 크림 또는 오일을 다리 전체에 도포한다.

④ 하체 전후면에 뱀부를 이용하여 리듬, 밀착, 속도, 강약을 조절하여 관리한다.

⑤ 온습포를 이용하여 전체를 깨끗이 닦는다.

⑥ 토너를 이용하여 피부를 정돈한다.

⑦ 피부유형에 맞는 바다로션으로 마무리해 준다.

2) 풋테라피의 적용

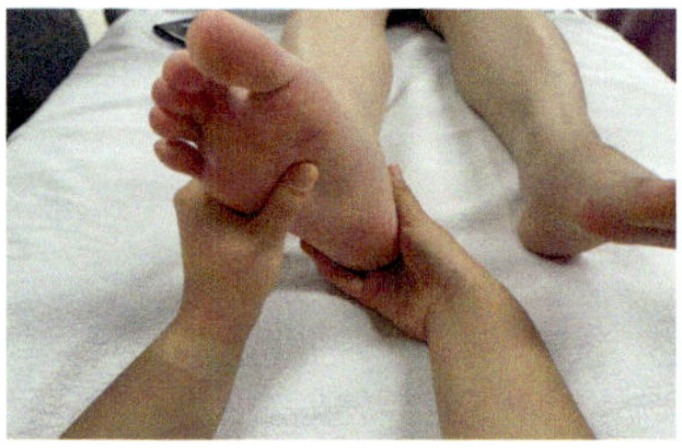

1) 다리 전체 오일 도포하기

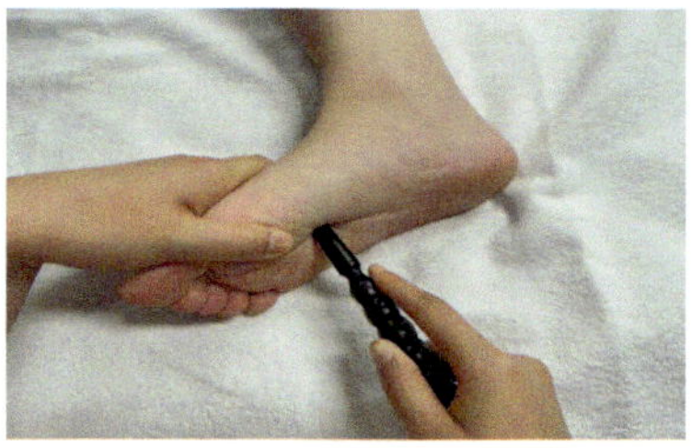

2) 발 전체 지압봉 관리하기
발바닥 → 발내측, → 발가락 → 발외측 → 발등 → 발목 → 다리 순으로 지압봉을 이용하여 발관리를 실시한다.

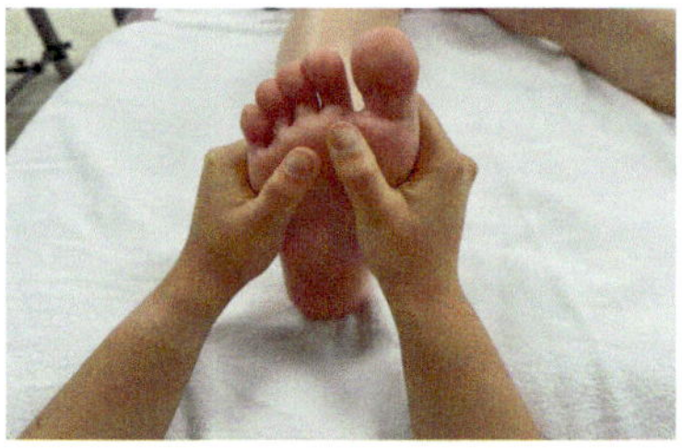

3) 발 전체를 수기요법
쓰다듬기 → 마찰하기 → 주무르기 → 두드리기 → 떨어주기 동작을 실시한다.

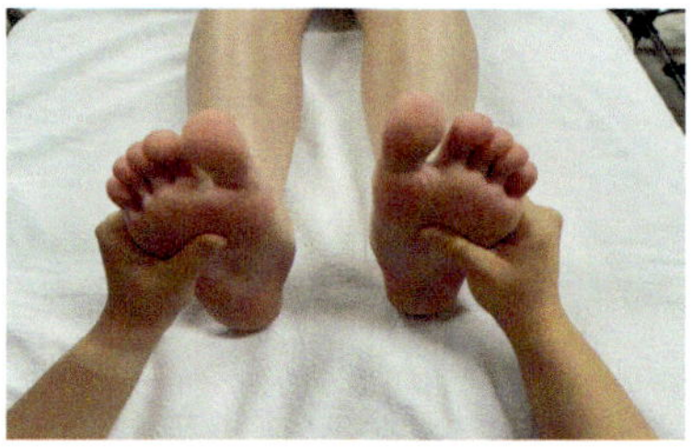

4) 발 전체를 비교하기
만져서 이상이 없는지 재확인한다.

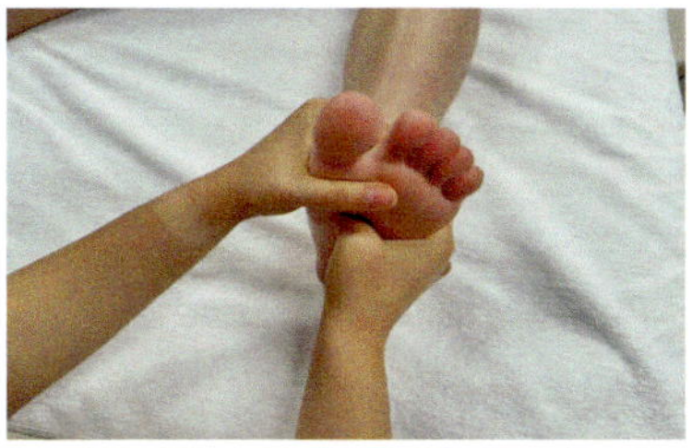

5) 이상이 있는 곳은 다시 한번 손으로 관리한다.

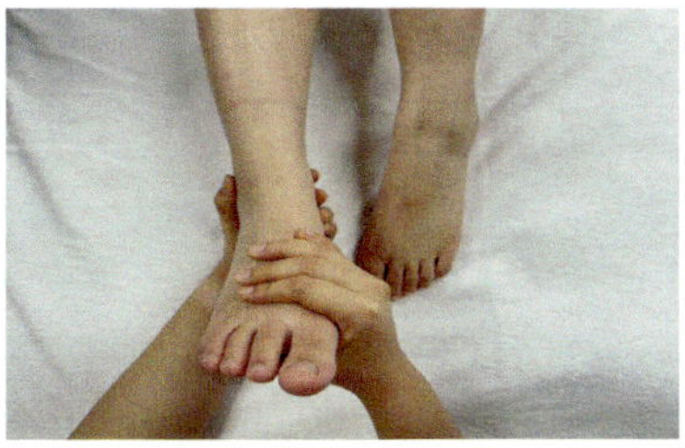

6) 발 전체를 쓰다듬고 마무리한다.

16

Chapter

웰니스 푸드테라피 실무

1. 약선음식 만들기

1) 회춘탕

■ 재료

닭 500g, 문어 100g, 전복 100g, 녹두죽 140g, 육수 1.5L, 수삼 1뿌리, 밤 2개, 대추 3개, 달걀 1개

• 한방 육수 재료

엄나무, 느릅나무, 당귀, 가시오가피, 칡, 헛개나무, 뽕나무, 황칠, 무, 다시마

■ 만드는 법

① 한방 육수를 끓인다.

② 찹쌀과 멥쌀은 2:8 비율로 혼합하여 물에 불리고 녹두는 한 번 삶는다.

③ 불린 찹쌀과 멥쌀 200g에 참기름 30mL를 넣고 볶으면서 ②의 삶은 녹두 100g을 섞고, 육수 500mL을 세 번에 나누어 부어가며 볶는다.

④ 닭 500g과 육수 750~1,000mL을 냄비에 넣고 삶는다.

⑤ 문어는 소금을 뿌려 씻어 육수 250mL를 부어 익히고, 문어가 익으면 전복, 밤, 대추를 함께 넣는다.

⑥ 뚝배기에 ③의 녹두죽을 깔고, ④의 닭을 올린 다음, ⑤의 문어, 전복, 밤, 대추를 얹고, ④와 ⑤의 육수를 부어 끓인다.

⑦ 달걀지단, 어슷 썬 대파를 고명으로 올려 상에 낸다.

■ 회춘탕 육수 약재 효능

재료	효능
엄나무	관절염, 피부병, 종양(암), 간경화, 신장 기능에 좋은 약초
느릅나무	비염 · 축농증, 종기, 종창 치료
당귀	피부노화, 잔주름 제거, 해독, 혈액순환 촉진, 진정작용, 혈액순환
가시오가피	간 기능 보전과 해독작용, 면역기능 강화, 스트레스 해소, 전립선질환 치료에 관여, 비만 예방
칡	생리불순과 생리통에 효과
헛개나무	알코올성 간염, 지방간, 간경화, 황달, 갈증해소
뽕나무	중풍 예방, 당뇨병 개선, 동맥경화 예방, 중금속 제거, 노화 억제와 암예방 효과
황칠	간경화, 중풍, 불면증, 치매, 암치료, 당뇨 예방
무	소화 개선, 감기, 인후통, 독감
다시마	배뇨작용, 얼굴 붓기 내림, 누창(피부병의 일종)과 영류(현대의 갑상선 질환의 일종) 치료

2) 두부피자

■ 재료

포두부 3장(20×20cm), 페퍼로니 20g, 양파 $\frac{1}{4}$개, 파프리카 $\frac{1}{4}$개, 슬라이스 블랙올리브 10g, 피자치즈 50g, 바질 2g, 피자소스 30g

■ 만드는 법

① 파프리카와 양파는 채 썬다.
② 팬에 포두부를 올리고 피자소스를 바르고, 채소와 페퍼로니를 올리고 피자치즈를 뿌린다.
③ 마지막으로 블랙올리브를 올린다.
④ 에어프라이어에 200℃, 15분 동안 굽는다.

■ 두부 효능

두부는 약 2천년 전, 중국 한나라 시대에 왕의 식생활 개선을 위해 개발되었다. 그만큼 오래전부터 맛과 영양을 인정받아 온 것인데, 두부는 신진대사와 성장발육에 꼭 필요한 아미노산과 칼슘, 철분 등의 무기질이 많은 단백질 식품이다. 성인병과 암을 예방하고, 노화를 막는 효과도 있다. 『본초강목』에 "두부는 속을 트이게 하여 기를 북돋고, 비위를 조화롭게 하며 창만(脹滿)을 사그라들게 하고 대장의 탁한 기운을 아래로 내보낸다"라고 기록되어 변비의 특효약이라고 한다. 변비 치료에 효과가 좋은 식이섬유가 많으며, 두부에는 올리고당이 풍부해 변의 양이 많아지면서 배변도 좋아진다.

3) 콩불고기샌드위치

■ 재료

식물성 불고기 200g, 양상추 20g, 양파 $\frac{1}{4}$개, 토마토 20g, 치즈 2장, 샌드위치 빵

- 불고기 양념: 간장 20g, 설탕 10g, 참기름 5mL, 깨 1g, 후추 조금
- 무 절임: 무 80g, 식초 15mL, 설탕 15g, 소금 1g
- 샌드위치소스: 마요네즈 30g, 스리라차소스 10g, 불닭소스 10g

■ 만드는 법

① 양상추와 양파, 토마토는 세척 후 물기를 제거한다.
② 팬에 기름을 두르고 양파는 살짝 볶는다.
*양파를 볶게 되면 매운맛, 아린 맛이 단맛으로 변한다.
③ 식물성 고기는 불고기 양념을 하여 볶는다.
④ 빵을 반으로 자르고, 마른 팬에 빵을 굽는다.
⑤ 분량의 소스를 섞어 빵에 바른 다음 양상추→무 절임→토마토→치즈→식물성 불고기를 올리고 빵을 덮는다.

■ 콩고기 효능

'밭에서 나는 고기'라 불리는 콩은 단백질 함량과 다양한 영양성분으로 육류를 대체하는 단백질 공급원이다. 콩에 들어 있는 단백질은 동물성 단백질과 달리 소화되는 과정에서 독소가 발생하지 않으며, 혈압을 낮춰 고혈압 예방에 도움을 준다.

4) 유자무떡

■ 재료(6개 분량)

습식 멥쌀가루 285g, 삶은 팥 143g, 유자가루 4g, 단호박가루 9g, 소금 2g, 설탕 29g, 무유자청 43g, 물 20mL

■ 만드는 법

① 멥쌀가루, 소금, 설탕을 넣고 체에 내린다.
② 멥쌀가루를 체에 내린 다음 멥쌀가루 $\frac{1}{3}$분량에 단호박 가루를 넣고 섞는다.

③ 멥쌀가루 $\frac{2}{3}$분량에 무유자청 건더기를 섞는다.
④ 시루에 으깬 팥고물을 깔고 단호박가루, 멥쌀가루 $\frac{1}{2}$분량을 깔고 무유자청액, 멥쌀가루와 남은 단호박가루, 으깬 팥고물을 깔고 15분 동안 찐다.

■ 유자 효능

유자는 목의 염증과 기침 완화에 효과가 좋아 흔히 '약이 되는 귤'이라 불린다. 고혈압과 신경통, 중풍 예방에도 도움이 된다. 유자는 과육과 과피를 모두 이용할 수 있으며, 향기가 좋고 신맛이 강하며 유기산과 비타민 A, 비타민 C가 풍부하여 항산화효능, 항암효과, 항균작용이 있다. 유자 과피의 나린진(naringin) 성분은 콜레스테롤 합성억제, 면역기능, 유방암 세포증식 저해작용, 천연 항균작용 등 우수한 생리활성 기능을 한다.

5) 베리물김치

■ 재료

오이 2개, 천일염(절임용) 1컵, 쪽파 10g, 청고추 1개, 홍고추 1개, 파프리카(노란색) $\frac{1}{4}$개, 파프리카(빨간색) $\frac{1}{4}$개, 무 50g, 마늘 2개, 생강 5g, 멥쌀풀 5g, 매실청 20mL, 베리물 2컵, 천일염 5g

■ 만드는 법

① 오이는 껍질째 소금으로 비벼 씻어, 양쪽 2cm 남기고 길게 칼질을 십(十)자로 넣고 천일염을 넣어 1시간 동안 절인 다음 물기를 뺀다.
② 쪽파는 2cm 길이로 썰고 청고추, 홍고추, 가늘게 썰어 천일염으로 간을 한다.
③ 베리물 2컵에 물 양념을 넣고 갈아 고운체로 걸러 매실청과 섞는다.
④ 오이 칼집에 부재료를 넣고 물 양념을 부은 다음 소금으로 간을 맞춘다.

■ 비트 효능

비트는 근채류의 한 종류로 독특한 빨간색은 홍색색소의 베타시아닌이 녹아서 나온 것이다. 빨간무라고도 불리는 비트는 풍부한 영양소를 함유하고 있고, 특유의 붉은색으로 물김치, 샐러드를 비롯해 다양한 요리에 사용된다. 비트의 붉은 색소는 베타인이라는 성분으로 세포 손상을 억제하고 항산화 작용을 해 암예방과 염증완화에 효과가 있다.

6) 더덕구절판

▪ 재료

쌈무 60g, 더덕 300g, 파프리카 20g, 맛살 20g, 오이 40g, 파프리카(노란색) $\frac{1}{4}$개, 파프리카(빨간색) $\frac{1}{4}$개, 미나리 40g

▪ 만드는 법

① 더덕은 껍질을 벗겨 5cm 길이로 썰어 소금물에 절여 두드려 결대로 찢는다.
② 오이와 파프리카는 저며 0.3×0.3×5cm 길이로 썬다.
③ 맛살은 5cm 길이로 가늘게 찢고 미나리는 데쳐 반으로 가른다.
④ 쌈무에 재료를 고루 넣어 미나리로 묶는다.

▪ 더덕 효능

더덕은 천연 인슐린이라고 불리는 이눌린 성분이 많이 들어 있어 혈당의 급격한 상승을 막아 주고, 혈당 조절에 도움을 주어 당뇨를 개선하는 효능이 있다. 더덕에 풍부하게 함유되어 있는 사포닌 성분은 폐기능을 건강하게 하고, 기관지 내 점막을 보호하는 데도 뛰어난 작용을 하여 기관지를 건강하게 하는 데 기능이 뛰어나다. 기침이나 가래에도 좋으며 겨울철이나 환절기에 감기를 예방하는 데 효과적이다.

2. 치유음식 만들기

1) 병아리콩 현미 잣스프

▪ 재료

잣 50g, 병아리콩 50g, 찰현미 100g, 물 300mL 죽염이나 볶은 소금

▪ 만드는 법

① 현미는 충분히 불려서 블렌더로 간다. 취향에 따라 곱게 갈거나, 알갱이가 조금 있게 분쇄해도 식감을 살릴 수 있다.
② 잣은 고깔을 따고 촉촉한 키친타월로 깨끗이 닦아 물을 넣고 블렌더로 간다.

③ 물에 불린 병아리콩은 30분 정도 압력솥에 부드러운 식감으로 익혀 블렌더로 간다. 씹는 식감이나 병아리콩의 맛을 살리고 싶을 때는 통으로 넣는다.
④ 세 가지 재료가 준비되면 물 100mL를 끓인다.
⑤ 물이 끓으면 갈아놓은 현미를 넣고 끈끈한 농도가 되도록 하여, 잣과 병아리콩 갈아놓은 것을 함께 넣고 끓인다.
⑥ 부드러운 수프 상태로 끓으면 소금으로 간을 한다.

■ 효능

병아리콩은 섬유질, 단백질, 불포화지방산 등이 풍부하여 변비와 혈중 콜레스테롤 수치를 낮추는 데 도움이 되는 건강을 위한 식재료이다. 아연은 체내 저장과 합성이 안 되어 음식을 통해 섭취해야 한다. 잣에는 아연이 풍부하고 성질이 따뜻하여 위 독소 배출, 정화에 도움을 준다.

2) 미역귀 연근 누룽지타르트

■ 재료

- 타르트 시트: 밀가루(박력분) 200g, 구운 누룽지가루 200g, 아몬드가루 54g, 설탕 134g, 잔탄검 3g, 버터 160g, 우유 68g, 미역귀 4g 또는 건조 연근 18g
- 타르트 필링: 호두 100g, 아몬드가루 48g, 설탕 24g, 바닐라파우더 또는 베이킹파우더 8g, 잔탄검 8g, 버터 32g, 올리고당 36g, 미역귀 4g 또는 건조 연근 18g

■ 만드는 법

① 미역귀와 건조한 연근을 입자가 보일 정도로 블렌더로 거칠게 간다.
② 박력분, 구운 누룽지가루, 아몬드가루, 설탕, 잔탄검, 분쇄한 연근과 미역귀, 버터, 우유를 넣고 잘 섞은 다음 30분~1시간 동안 냉장고에서 휴지시킨다.
③ 휴지된 반죽을 30~35g씩 떼어내 밀대로 얇게 편 다음 타르트 틀에 넣어 모양을 만든다.
④ 170℃ 오븐에 5분 동안 굽는다.
⑤ 타르트 필링 재료인 아몬드가루, 설탕, 베이킹파우더, 잔탄검, 버터, 올리고당, 분쇄 미역귀와 연근을 잘 섞은 다음 구워진 타르트 시트 위에 필링을 20~25g씩 채워 넣고 170℃ 오븐에 20분 동안 굽는다.
⑥ 호두를 끓는 물에 데친 다음 180℃ 오븐에 5분 동안 굽고 다진다. 물, 올리고당, 설탕을 섞고 끓여 시럽을 만든 다음 호두를 넣고 버무려 타르트 위에 장식한다.

■ 효능

밀가루 대신 구운 누룽지가루를 이용하여 제조하므로 소화가 잘되며, 아토피 또는 알레르기를 유발하는 것을 방지할 수 있다. 콜레스테롤 배설에 도움이 되고 혈관질환을 예방하는 미역귀와 혈압을 낮추고 칼륨이 풍부한 연근을 첨가하여 누구나 거부감 없이 즐길 수 있는 웰빙 간식이다. 달걀을 첨가하지 않아 알레르기가 있는 사람도 먹을 수 있으며, 콜레스테롤 함량이 낮다.

3) 무화과잎 치아바타

■ 재료

물 290g, 이스트 2g, 강력분 390g, 소금 10g, 무화과잎 오일(포도씨유 40g, 무화과잎 100g), 데친 무화과 잎 6장

■ 만드는 법

① 미지근한 물에 이스트를 풀어 녹인 다음 무화과잎 오일을 넣어 섞는다.
② 강력분과 소금을 넣고 섞는다.
③ 30°C 발효기에 50분 동안 발효한다.
④ 반죽을 펼쳐 열 번 접는다.
⑤ 25°C 발효기에 30분 동안 발효한다.
⑥ 다시 반죽을 펼쳐 열 번 접는다.
⑦ 25°C 발효기에 30분 동안 발효한다.
⑧ 반죽에 덧가루를 바르고 꺼낸 다음 분할하여 모양을 잡는다.
⑨ 둥근 바게트 틀에 천을 깔고 반죽을 놓은 다음 30°C 발효기에 30분 동안 발효한다.
⑩ 베이킹소다와 소금을 넣은 물에 데친 무화과잎을 반죽 위에 올린다.
⑪ 발효된 반죽을 틀에서 꺼내고 오븐용 팬에 놓은 다음 230° C로 예열한 210°C 오븐에서 20분 동안 굽는다.

■ 효능

무화과잎 특유의 단맛과 감칠맛, 향이 어우러져 빵만 먹어도 맛있게 즐길 수 있는 치아바타이다. 무화과잎은 폴리페놀 성분이 있어 항산화 작용에 효과적이다.

4) 모시쿠키

■ 재료

모싯잎 시럽 40mL(모싯잎가루 5g 함유), 밀가루 80g, 볶음 동부가루 20g, 홈버터 95g, 슈거 파우더 40g, 바닐라 파우더 3g, 달걀 흰자 15g, 아몬드가루 8g, 베이킹파우더 1g, 구운 소금 1g

■ 만드는 법

① 모싯잎 시럽은 모싯잎가루 70g, 설탕 100g, 레몬즙 50mL, 꿀 100mL, 물 200mL를 냄비에 넣고 5분 동안 끓여 식혀 만든다.
② 계량된 버터를 크림화한다.
③ 모싯잎 시럽, 슈거 파우더, 바닐라파우더, 달걀, 소금을 충분히 섞어 크림법(creaming method)으로 반죽한다.
④ 밀가루, 동부가루, 아몬드가루, 베이킹파우더를 혼합하여 가루를 체에 친다.
⑤ 6×2cm 크기의 직사각형 모양을 성형하여 4℃에서 1시간 동안 휴지시킨다.
⑥ 1cm 두께로 슬라이스 쿠키를 만들어 170℃ 오븐에서 15분 동안 굽는다.

■ 효능

모싯잎의 루틴 성분은 건강한 혈관을 유지하는 데 도움을 주는 것으로 알려져 있다. 『본초강목』에 "모싯잎은 나쁜 어혈을 풀어주고 뱀에 물려 지혈이 안 될 때 지혈제로 사용했다"라고 전해지고 있으며, "한방에서는 여성의 하혈과 뭉친 것을 풀어주는 데 좋다"라고 기록되어 있다. 아미노산과 철분 그리고 무기질이 풍부하며, 콜라겐을 생성하므로 피부미용에도 도움을 준다.

5) 수벌번데기젓갈을 첨가한 배추김치

■ 재료

절임배추 1kg, 고춧가루 50g, 육수 40g, 찹쌀죽 40g, 간마늘 30g, 생강즙 8g, 배즙 40g, 양파즙 20g, 무즙 20g, 수벌번데기(꿀데기)젓갈 50g, 쪽파 14g

■ 꿀데기 젓갈

수벌번데기 750g에 천일염 250g을 고루 섞어 용기에 담아 냉장보관하여 1개월 이상 숙성한 다음 사용한다.

■ 만드는 법

① 절임배추를 준비한다.
② 분량의 재료를 혼합하여 양념을 만든다.
③ 쪽파를 3cm 길이로 썰어 양념에 넣는다.
④ 절임 배추에 양념을 켜켜이 바른다.
⑤ 공기가 들어가지 않도록 겉잎으로 배추를 감싼다.

■ 효능

수벌번데기는 각종 아미노산과 무기질, 비타민, 저지방, 고단백질을 함유한 영양적 가치가 높은 곤충이다. 또한 성장기 아동과 청소년, 환자, 근육량이 적은 노인들을 위한 식품이다. 특히 수벌번데기의 아미노산은 체내에서 합성되지 않는 필수아미노산 9종을 포함해 총 18종이 함유되어 있으며 특히 감칠맛을 내는 글루탐산 함량이 가장 높고, 3대 필수영양소인 탄수화물, 단백질, 지방이 고르게 들어 있다.

6) 베리베리 나이스주스

■ 재료

블루베리 100g, 딸기 200g, 올리고당 20mL, 요거트파우더 15g, 우유 100mL, 식소다/식초 약간

■ 만드는 법

① 블루베리, 딸기는 식소다 또는 식초를 조금 넣고 흔들어 흐르는 물에 깨끗이 씻는다.
② ①에 올리고당, 요거트파우더, 우유를 넣고 블렌더로 곱게 간다.

■ 효능

껍질째 간편히 먹을 수 있는 블루베리는 세계 10대 헬스푸드로 뇌세포 노화방지에 좋은 안토시아닌이 껍질에 고농도로 축적되어 있다. 눈 건강, 장운동, 혈압개선, 면역력 향상, 당뇨병 예방에 도움이 되는 식품이다. 냉동상태로 보관하면 안토시아닌 성분의 농도가 짙어진다는 연구결과가 있으므로 냉동 블루베리를 구매하여 섭취하는 것도 좋다.

3. 힐링음료, 커피 만들기

1) 무화과스무디

■ 재료

무화과 5개, 우유 200mL, 얼음 100g, 꿀 30g

■ 만드는 법

① 무화과를 씻어 꼭지를 반으로 가른 다음 껍질을 벗긴다.

② 재료를 모두 혼합하여 블렌더에 간다.

■ 무화과 효능

무화과는 고대 이집트 여왕 클레오파트라가 즐겨 먹었다고 해서 여왕의 과일이라고도 한다. 『동의보감』에 "맛이 달고 음식을 잘 섭취하게 하며 설사를 멈추게 한다"라고 기록되어 있고, 중국에서도 무화과를 불로장수의 과일이라고 한다. 무화과는 단백질 분해 효소인 피신이 들어 있어 위를 보호해 주고 소화에 도움이 되며 칼로리도 낮고 식이섬유가 풍부해 다이어트에도 좋다. 또한 셀레늄과 레스베라트롤, 안토시안, 폴리페놀 등의 성분이 들어 있어 항산화 작용을 한다. 특히 레스베라트롤은 해충을 이기는 천연 항생제인데, 체내에서 항암 물질로 전환되어 암세포를 공격하고, 염증을 유발하는 유전자를 조절하는 항염 효과가 있다고 알려져 있다.

2) 구기자에이드

■ 재료

구기자청 50mL, 탄산수 150mL, 얼음 150g

■ 만드는 법

구기자청에 얼음과 탄산수를 넣고 저어 시원하게 마신다.

■ 효능

구기자는 진시황이 불로장생을 위해 찾던 불로초라고 알려졌다. 『동의보감』에는 "오래 복용하면 몸이 가벼워지고 늙지 않으며 더위와 추위를 타지 않고 장수한다."라고 기록되어 있고, 『본초강목』에는 "정기를 보하고 폐니 신장의 기능을 촉진해 시력이 좋아진다"라고 했으며, 『신농본초경』은 "구기자는 상약 중의 상약이라 오래 먹으면 몸이 거뜬해지고 가히 늙음을 이길 수 있다"라고 기록하고 있다.

구기자 속에 풍부한 아미노산의 일종인 베타인이 혈전의 주요 원인인 콜레스테롤 관리에 도움을 주어 심뇌혈관 질환 예방에 도움을 주고, 신경 독성물질인 베타아밀로이드 생성과 축적을 억제하여 치매 예방에도 도움을 준다. 또한 눈 건강에 필수 영양소인 베타인과 지아잔틴이 풍부하여 장기간 복용하면 망막 건강과 황반에도 도움이 되며 비타민 A도 풍부하여 눈과 피부 점막을 건강하게 유지하고 저항력을 강화시켜 눈 건강에 도움이 된다. 구기자에 풍부한 제아잔틴과 베타인 성분이 인슐린 분비를 촉진하여 혈당을 강하시켜 주어 당뇨 개선에도 도움이 된다.

3) 고구마커피라테

■ 재료

고구마 1개, 에스프레소 1샷, 우유 200mL, 꿀 30g

■ 만드는 법

① 부드러운 솔로 고구마 껍질을 깨끗이 씻는다.
② 찐 고구마는 토핑을 할 소량만 껍질을 까고 따로 남겨놓는다.
③ 고구마와 우유 70mL, 꿀을 넣고 블렌더에 간다.
④ 컵에 에스프레소 샷을 넣고 우유 100mL 섞는다.
⑤ 그 위에 ③을 올린다.
⑥ 거품기에 찬 우유를 넣고 우유 거품을 만든다.
⑦ ⑤에 거품을 올리고 토핑용 고구마를 올린다.

■ 고구마 효능

채소류 중에서도 발암억제 효과가 뛰어난 고구마는 강글리오사이드를 함유하고 있는데, 이는 대장암의 원인인 담즙 노폐물이나 콜레스테롤, 지방을 흡착해 체외로 배출하는 작용을 한다. 고구마 껍질에는 암 예방 효능이 있는 식이섬유나 안토시아닌 색소 등 항산화 성분이 풍부하기 때문에 껍질까지 먹는 것이 좋다.

4) 아메리카노

■ 재료

핫컵, 에스프레소 1샷, 뜨거운 물

■ 만드는 법

① 핫디스펜서에서 뜨거운 물을 컵에 $\frac{2}{3}$ 정도 담는다.
② 에스프레소 머신을 이용하여 에스프레소 샷을 추출한다.

③ 추출한 에스프레소 1샷을 뜨거운 물이 담긴 컵에 붓는다.

HOT 아메리카노

ICE 아메리카노

■ 재료

아이스컵, 에스프레소 2샷, 얼음, 차가운 물

■ 만드는 법

① 아이스 컵에 얼음을 가득 채운다.
② 얼음을 채운 컵에 차가운 물을 $\frac{2}{3}$ 정도 채운다.
③ 에스프레소 머신을 이용하여 에스프레소 샷을 추출한다.
④ 추출한 에스프레소 2샷을 얼음과 물이 담긴 컵에 차례로 붓는다.

■ Tip

높은 열과 압력으로 추출한 에스프레소에 적당한 양의 물을 넣고 희석하여 마시는 음료로 집중력 향상, 다이어트 효과 등으로 현대인들에게 가장 인기 좋은 메뉴이다.

5) 카푸치노

■ 재료

카푸치노 컵, 에스프레소 1샷, 스티밍된 우유 200mL, 시나몬파우더

HOT 카푸치노

■ 만드는 법

① 에스프레소 머신을 이용하여 에스프레소 샷을 추출한다.
② 스팀피처에 우유 200mL을 넣고 스팀을 하며 우유를 65~70° C로 데운다.
③ 스팀 된 우유를 에스프레소가 담긴 잔에 살며시 붓는다.
④ 우유의 흰 거품을 풍성하게 올린 다음, 기호에 따라 시나몬파우더를 뿌린다.

■ 재료

아이스컵, 에스프레소 2샷, 우유, 얼음, 거품기, 시나몬파우더

■ 만드는 법

ICE 카푸치노

① 잔에 얼음을 채우고 차가운 우유를 절반가량 붓는다.
② 에스프레소 머신을 이용하여 에스프레소 샷을 추출한다.
③ 거품기에 찬 우유를 넣고 우유 거품을 만들어 놓는다.
④ 추출한 에스프레소를 잔에 부은 다음, 거품기를 이용하여 만든 부드러운 거품을 잔 위에 올린다.
⑤ 기호에 따라 시나몬파우더를 뿌린다.
잔의 크기와 모양에 따라 들어가는 얼음과 우유의 양은 차이가 있을 수 있다.

■ Tip

카푸치노는 이탈리아의 대표적인 커피 메뉴로, 카페라테와 함께 인기 있는 메뉴이다. 라테에 비해 입술에 닿는 감촉이 부드럽고 커피 맛이 진하며 고소한 것이 특징이다. 기호에 따라 시나몬파우더나 코코아파우더를 뿌려 마신다.

6) 캐러멜 마키아토

■ 재료

핫컵, 캐러멜 소스 15mL, 캐러멜 시럽 30mL, 에스프레소 2샷, 스팀우유 260mL

■ 만드는 법

HOT 캐러멜 마키아토

① 잔에 캐러멜 소스와 캐러멜 시럽을 넣는다.
② 에스프레소 머신을 이용하여 에스프레소 샷을 추출한다.
③ 추출한 에스프레소를 ①의 잔에 넣고 잘 섞어 소스와 시럽을 녹인다.
④ 우유를 스팀 피처에 넣고 거품을 생성하며 서서히 데운다.
⑤ 스팀 된 우유를 ③의 잔에 넣고 섞으면서 붓는다.
⑥ 마지막에 캐러멜 시럽을 드리즈하여 예쁜 모양을 내어 완성한다.

■ 재료

아이스컵, 캐러멜 소스 30mL, 캐러멜 시럽 30mL, 에스프레소 2샷, 우유 150mL, 거품기

■ 만드는 법

① 잔에 캐러멜 소스와 캐러멜 시럽을 넣는다.
② 에스프레소 머신을 이용하여 에스프레소 샷을 추출한다.
③ 추출한 에스프레소를 ①에 넣고 잘 섞어 소스와 시럽을 녹인다.
④ ③의 잔에 얼음을 채운 다음 우유를 $\frac{2}{3}$가량 채운다.
⑤ 거품기에 우유를 소량 넣어 거품을 낸 다음 ④의 잔 위에 흰 거품을 올린다.
⑥ 거품 위에 캐러멜 시럽으로 드리즈하여 예쁜 모양을 내어 완성한다.

ICE 캐러멜 마키아토

■ Tip

캐러멜로 흔적을 남긴다는 의미를 지닌 커피음료로 친숙한 캐러멜 향과 적당한 단맛으로 지친 하루를 활기차게 바꿔주기 좋아 많은 사람들에게 사랑받는 메뉴이다. 생크림을 얹어 마시면 더욱 부드럽고 달콤한 맛을 느낄 수 있다.

7) 아포카토

■ 재료

아포카토컵, 아이스크림, 에스프레소 2샷, 초코파우더, 데코용 견과류나 과자 종류

■ 만드는 법

① 에스프레소 머신을 이용하여 에스프레소 샷을 추출한다.
② 아포카토 잔에 아이스크림을 스쿱을 사용하여 담는다.
③ 각종 데코용 견과류나 과자를 이용하여 아이스크림 주변에 곁들인다.
④ 추출한 에스프레소를 먹기 직전에 ③의 잔에 붓는다.

■ Tip

차가운 아이스크림과 그 위를 뜨겁게 채우는 에스프레소의 궁합은 사계절을 불문하고 큰 사랑을 받는 메뉴이다. 아이스크림 맛의 종류에 따라 에스프레소와의 만남은 미묘한 맛의 차이를 선사한

다. 간단한 레시피이지만 고객들에게 맛이 좋다는 반응이 가장 큰 음료이다.

8) 흑임자카페라테

■ 재료

아이스컵, 흑임자 리얼 베이스(페이스트) 20g, 우유 120g, 연유 20g, 생크림 30g, 흑임자 파우더 약간, 에스프레소 2샷, 얼음

■ 만드는 법

① 흑임자 베이스 20g에 연유와 생크림을 넣고 거품기로 잘 섞는다.
크림이 너무 단단해지지 않게 한다.

② 아이스컵에 얼음을 절반 채우고 우유를 $\frac{2}{3}$가량 채운다.

③ ②의 잔에 흑임자 리얼 베이스를 붓는다.

④ 크림 위에 에스프레소를 천천히 부으면 우유와 크림 사이로 에스프레소가 자리를 차지하게 된다.

⑤ 그 위에 흑임자 파우더를 뿌려 데코를 완성한다.

■ Tip

흑임자(검은 깨)는 우리나라에서 건강과 장수의 음식 중 하나로 맛이 달고 강력한 항산화 작용이 있는 식품 중 하나이다. 에스프레소와 달달한 흑임자 베이스와의 만남은 우리가 알고 있던 흑임자의 맛을 한층 풍미있고 고소하게 만들어 준다. 아이스크림을 올려 함께 음용하는 방법도 좋다.

9) 초코프라푸치노

■ 재료

아이스컵, 에스프레소 2샷, 코코아 파우더 40g, 초코소스 15mL, 우유 120mL, 얼음 12조각, 휘핑크림, 데코용 초코칩

■ 만드는 법

① 블렌더에 얼음, 우유, 코코아파우더, 초코소스, 에스프레소를 넣고 1분~1분 30초 동안 충분히 간다.

② 얼음이 완전히 갈아지면 블렌딩을 멈추고 컵에 담는다.

③ ②번 잔 위에 휘핑크림을 꼬깔콘 모양으로 올리고 초코소스로 드리즈한 다음, 데코용 초코칩으로 장식한다.

■ Tip

입 안 가득 퍼지는 초콜릿의 달콤함이 기분을 좋게 만드는 음료이다. 얼음이 곱게 갈려서 부드러운 질감의 아이스 음료를 즐길 수 있는 남녀노소 인기있는 메뉴이다. 응용 메뉴로 녹차프라페, 쿠키프라페, 캐러멜프라페 등 파우더를 바꿔가며 다양한 메뉴로 즐길 수 있다.

10) 녹차샷라테

■ 재료

아이스컵, 녹차파우더 35g, 우유 160g, 얼음 100g (8~9조각), 에스프레소 1샷

■ 만드는 법

① 약간 뜨거운 물로 녹차파우더를 녹인다.
② 아이스컵에 얼음을 담고 그 위에 액상녹차를 붓는다.
③ ②에 우유를 붓는다.
④ 에스프레소 1샷을 조심스럽게 위에 붓는다.

■ Tip

녹차파우더를 첨가한 음료로 항암효과와 피부미용에도 좋으며, 녹차베이스의 떫은맛과 에스프레소의 진한 커피 맛이 조화를 이룬다.

11) 달고나카페라테

■ 재료

아이스컵, 얼음 100~150g, 우유 150~200g, 에스프레소 2샷, 달고나 35g

■ 만드는 법

① 아이스컵에 얼음을 담는다.
② 우유를 붓고 그 위에 에스프레소 2샷을 붓는다.
③ 에스프레소 위에 달고나 35g을 얹는다.

■ Tip

추억의 먹거리 달고나가 주는 달콤한 맛과 시각적인 효과, 그리고 에스프레소의 쌉쌀한 맛과의 조화로 인해 젊은이들에게 가장 인기 좋은 메뉴이다.

17

Chapter

웰니스 마음챙김 실무

1. 호흡명상

- 허리를 세우고 편안한 자세로 앉는다. 지금-현재의 호흡에 주의를 기울이겠다는 의도를 가지고 코로 숨이 들어가고 나가는 것에 집중하도록 한다.
- 들숨에 배가 부풀어 오르고, 날숨에 배가 들어가는 것에 의식을 모은다.
- 원한다면 배에 손을 얹고 들숨과 날숨을 느껴도 좋다.
- 호흡은 몸과 마음이 편안할 때 쉬듯이 자연스럽게 쉬면 된다.
- 계속해서 호흡을 있는 그대로 알아차린다.

2. 마음챙김 스트레칭

- 모든 동작은 천천히 신체감각과 마음의 변화를 알아차리며 합니다.
- 과하게 스트레칭하지 않도록 합니다.

발바닥을 바닥에 안정되게 붙이고 균형을 유지할 수 있도록 발을 벌려 제 자리 서 있는 동안 신체감각을 느낀다.	손을 뒤로 모아 깍지를 끼고 뻗고, 고개를 뒤로 젖혀 가슴을 활짝 펴며 숨을 들이마신다.	두 손을 모아 앞으로 뻗고 등을 말아 숙이며 숨을 내쉰다.

선 자세에서 양손을 천천히 들어 올린다.	양손을 뻗어 하늘 위로 스트레칭하고 내리며 감각의 변화를 알아차린다.	팔을 옆으로 뻗고 손끝을 안쪽으로 당기며 손바닥을 양옆으로 민다. 그리고 감각의 변화를 알아차린다.

	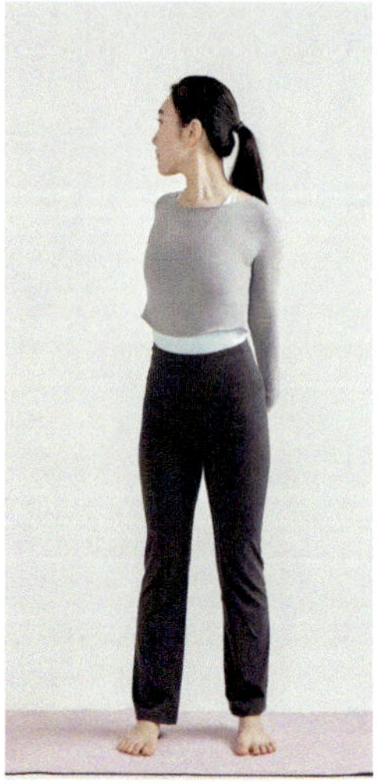	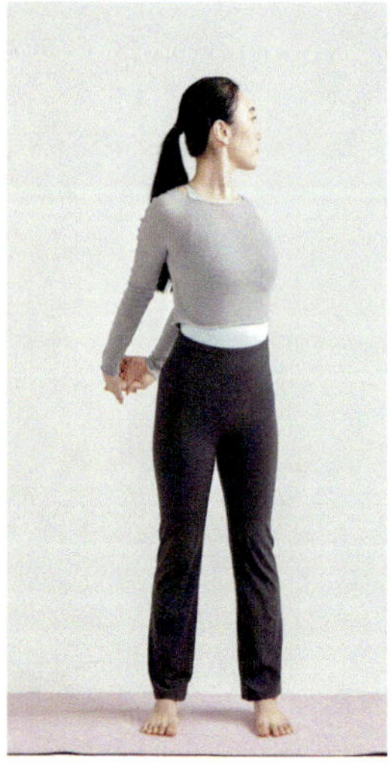
선 자세에서 양손을 뒤로 모아 깍지 낀다.	깍지 낀 손을 뒤로 뻗은 상태에서 목과 허리를 오른쪽으로 돌려 어깨 너머를 바라본다.	깍지 낀 손을 뒤로 뻗은 상태에서 목과 허리를 왼쪽으로 돌려 어깨 너머를 바라본다.

선 자세에서 양손으로 양 팔꿈치를 감싸 쥐고 머리 위로 올린다.	양손으로 반대 손 팔꿈치를 잡고 오른쪽으로 상체를 기울인다. 고개를 들어 기울인 반대쪽 천장을 바라본다.	양손으로 반대 손 팔꿈치를 잡고 왼쪽으로 상체를 기울인다. 고개를 들어 기울인 반대쪽 천장을 바라본다.

목과 어깨에서의 감각변화를 알아차림하며 앞쪽 반원으로 돌린다.	목과 어깨에서의 감각변화를 알아차림하며 뒤쪽 반원으로 돌린다.	선 자세로 돌아와 호흡을 들이 쉬고 내쉬며 신체감각을 가만히 알아차림한다.

3. 걷기 명상

① 앉은 자리에서 발에 주의를 보낸다. 다리를 펴고 발을 물끄러미 바라본다. 발 모양은 어떤지, 발가락들은 잘 있는지 주의를 보낸다.

② 자리에서 천천히 일어나 발을 편안하게 모으고 선다. 발바닥에 주의를 기울이며 앞뒤로, 좌우로 천천히 움직이며 발바닥에서 느껴지는 압력의 변화를 알아차린다.

③ 천천히 한쪽 발을 들었다 내리며 제자리걸음을 한다. 이때 어느 쪽 발을 먼저 들었는지 알아차리고, 다른 쪽 발도 들었다 놓으며 발바닥 감각의 변화에 주의를 기울인다.

④ 다시 한 발을 뒤꿈치부터 들고 앞쪽으로 내디디며 몸에 일어나는 균형의 변화를 느껴본다. 같은 식으로 계속해서 한쪽 발을 들어 앞으로 내디디며 걸어간다. 걷는 동안 일어나는 감각의 변화를 놓치지 않겠다는 의도를 가지고 주의를 기울인다. 방향을 바꿀 때는 바꾸기에 앞서 멈추고, 방향을 바꾸겠다는 의도를 알아차린 후 천천히 방향을 바꾸어 걸어간다. 계속해서 천천히 걸어가며 몸에서 느껴지는 감각의 변화에 주의를 기울인다.

⑤ 걸음을 잠시 멈추고 주변을 천천히 둘러 본다. 이 방에서 내가 자주 가지 않는 곳을 찾아 의도를 알아차리고 감각의 변화에 주의를 기울이며 그곳으로 천천히

이동한다. 그곳에 편안히 기대거나 앉아 주변을 천천히 둘러본다. 소리는 어떤지, 풍경은 어떤지, 어떤 물건들이 있는지, 냄새는 어떤지, 몸의 감각을 활짝 열고, 나에게 일어나는 생각, 감정, 감각을 알아차린다. 과거의 기억이 떠올랐다면, 기억이 떠올랐음을 알아차리고, 현재 느껴지는 감각, 감정, 생각에 주의를 기울인다.

⑥ 그곳에 머물고 싶은 만큼 머물러도 좋고, 원래 자리로 천천히 돌아와 걷기명상이 주는 여운을 음미하며 실습을 마친다.

4. 일상에서의 마음챙김

■ 준비

- 수업에 앞서 주의를 기울일 사물을 찾아 선택한다.
- 사진, 학용품, 반려동물, 식물, 인형, 창문 밖 풍경, 조명, 음악 등 다양한 대상을 선택한다.
- 필요하다면 야외에서 나뭇잎, 돌, 가지, 꽃과 같은 대상을 찾아볼 시간을 줄 수도 있다.
- 줌 환경에서는 사진을 찍어 채팅창이나 단톡방에 공유할 수도 있다.

■ 실습

① 지금 현재 주변에서 5분 동안 주의를 기울일 수 있는 사진, 학용품, 반려동물, 식물, 인형, 창문 밖 풍경, 조명, 음악 등을 찾아 하나를 선택한다.

② 오감과 마음을 모아 선택한 대상에 주의를 기울인다.

③ 몸과 마음에서 일어나는 경험을 판단 없이, 처음 경험하는 것처럼 알아차린다.

④ 다시 대상에 주의를 기울인다.

[안내문구]

- 시각, 청각, 촉각, 미각, 후각 그리고 마음에서 느껴지는 것을 알아차린다.
- 마치 오늘 내가 이 대상을 처음 만난 것처럼 호기심 어리고 따뜻한 마음으로 경험해 본다.
- 만약 생각이 떠오른다면 생각이 떠올랐음을 알아차리고, 좋은 느낌이나 좋지 않

은 느낌이 들었다면 그런 느낌을 알아차린다.

- 습관을 알아차릴 수도 있고, 기억이 떠오를 수도 있다.
- 그럴 때마다 나에게 이런 습관이 있었구나, 이런 기억이 떠올랐구나 하고 알아차리고 다시 그 대상에 주의를 기울인다.
- 바람이 떠올랐으면 바람을 알아차리고 다시 그 대상에 주의를 기울인다.

5. 선택없는 알아차림

① 안정감이 느껴질 때까지 호흡 알아차림
② 호흡에서 소리로 주의를 이동함
③ 최선을 다해서 모든 소리에 알아차림을 열어둠
④ 가까운 곳, 먼 곳, 앞 뒤, 옆이나 위 또는 아래로 이동하며 주의를 기울임
⑤ 주의를 생각으로 돌림
⑥ 퍼레이드 보듯이, 영화 스크린을 보듯이, 지나가는 구름 보듯이 감정 바라보기, 그냥 그대로 두기, 지나가도록 물끄러미 바라보기
⑦ 신체에서 잘 느껴지는 곳 살펴보기
⑧ 호흡으로 돌아와 정리하기

6. 부정적인 정서와 신체의 연결성 알아차림

■ 준비

① **스트레칭 동작:** 동작을 하면서 자신에게 일어나는 몸의 감각이나 마음을 하나하나를 알아차림
② **몸의 자세:** 허리를 바로 세우고 어깨를 펴고 몸에 긴장되는 부분을 의식적으로 이완

■ 실습

① 불편한 상황에서 일어나는 정서 알아차리기
② 부정적인 정서와 연결된 신체적 감각 알아차리기
③ 신체적 감각을 통해 정서를 객관화하기

7. 치유요가 자세 익히기

■ 송장자세 & 바람빼기 자세(심신안정과 복부 독소제거)

① 편안하게 누운 상태에서 두 발을 골반 너비로 벌린다.
② 눈을 감고 전신의 힘을 빼준다.
(3분 정도 심신의 안정을 유지)

③ 두 손을 가볍게 복부에 가져가 복식호흡 하면서 모든 의식을 단전에 집중한다.
들숨 5초, 날숨 8초를 한 세트로 5회 반복해 준다.

④ 천천히 두 다리를 붙여준다.

⑤ 호흡을 들이쉬면서 오른쪽 다리를 구부리고 양손으로 무릎 아래 부분을 잡는다.
⑥ 호흡을 내쉬면서 무릎 부분을 가슴 쪽으로 서서히 당겨준다.
⑦ 자세를 유지하고 복식호흡을 한다.

⑧ 반대쪽도 동일한 방법으로 실시한다.

⑨ 두 무릎을 구부려 두 팔로 무릎을 감싸 가슴까지 당겨준다.
날숨으로 괄약근을 열어주면서 북부에 있는 가스를 배출시켜 준다. 이때 골반은 바닥에 떨어지지 않게 유지해 주고 허벅지가 복부를 눌러주는 느낌으로 자세를 유지한다.(1분 정도 유지)

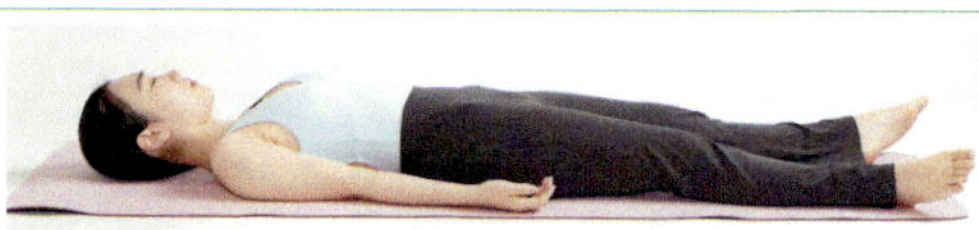

⑩ 호흡을 내쉬면서 천천히 다리를 펴준다.

▶ 효과

- 심신 안정과 몸의 피로를 풀어준다.
- 숙변을 제거하는 데 도움을 준다.
- 독소를 방출해 준다.
- 요통 완화 효과가 있다.

■ 코브라 자세(불면증 해소 요가)

① 엎드려 누운 상태에서 이마를 바닥에 붙이고 두 다리는 가지런히 모아 준다. 팔꿈치를 구부려 손을 가슴 옆에 둔다. 양손의 위치는 초급자는 얼굴 옆에, 중급자는 가슴 옆에, 상급자는 허리 가까이에 둔다.

② 천천히 들숨으로 머리부터 들어 올려 상체를 뒤로 젖히고 하늘을 바라본다. 이때 괄약근을 조이면서 두 다리는 모아준다.(20~30초 유지)

③ 처음 자세로 돌아갈 때 배, 가슴, 이마 순서로 바닥에 잘 안착시키면서 상체를 내려놓는다.

④ 고개를 한쪽으로 돌려 휴식한다.
⑤ 3회 반복해 준다.

▶ **효과**

- 전신의 군살 제거 효과가 있다.
- 전신의 피로를 해소해 줌으로써 숙면을 유도한다.
- 어깨, 목, 등 근육을 튼튼하게 해준다.
- 굽은 등을 펴줌으로써 허리의 컨디션이 좋아진다.
- 팔 안쪽 처진 살에 탄력을 줄 수 있다.

■ 쟁기자세(혈액순환 개선)

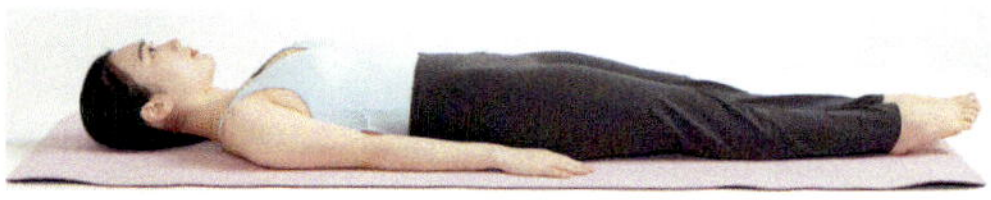

① 누운 상태에서 두 다리를 붙이고 손바닥이 바닥을 향하게 몸 가까이 붙여준다.

② 호흡을 들이마시면서 두 다리를 90°로 들어 올린 다음 호흡을 내쉬면서 두 다리를 머리 뒤로 넘겨 발끝이 바닥에 닿도록 한다.

③ 자세를 유지하고 50초간 복식호흡을 한다.

④ 내쉬는 호흡에 등, 허리, 그다음에 다리를 바닥에 내려놓는다.

⑤ 제자리 돌아와서 가볍게 고개를 좌우로 움직이면서 목을 풀어 준다.

⑥ 완전 휴식 자세로 휴식을 취한다.
⑦ 3회 반복해 준다.

▶ 효과

- 척추 교정에 도움을 준다.
- 어깨결림 예방에 효과가 있다.
- 머리를 맑게 해주는 효과가 있다.
- 오래 앉아서 근무하거나 서 있는 사람들의 하지부종을 예방해준다.
- 고혈압과 손발 냉증이 있는 사람에게 좋은 동작이다.

■ 나비자세(생리통 완화)

① 가슴과 허리를 곧게 펴고 앉는다.

② 두 발바닥을 마주 붙이고 양손으로 발을 잡아 회음부 가까이로 당긴다. 이때 아랫배를 내밀면서 척추를 곧게 세우고 가슴을 쭉 편다.

③ 길게 호흡을 내쉬면서 천천히 이마가 바닥에 닿도록 상체를 숙인다.

④ 내려갈 때 아랫배부터 천천히 내려가 머리가 나중에 닿도록 한다.(30초 유지)

⑤ 호흡을 들이마시면서 천천히 상체를 일으킨다.
⑥ 3회 반복해 준다.

▶ **효과**

- 골반과 고관절을 자극해 준다.
- 생식기능과 방광의 기능을 향상시켜 주는 효과가 있다.
- 목과 어깨의 피로를 해소하고 가슴을 확장시켜 준다.
- 어깨와 허리의 유연성을 증가시킨다.
- 갑상선을 자극하고 위하수증 예방하는 데 도움이 된다.

■ 고양이 자세(척추 유연성 강화)

① 고양이가 기어가는 자세에서 두 팔은 어깨너비로 두 무릎은 골반 너비로 벌려준다.

② 호흡을 들이마시면서 상체를 둥그렇게 말아준다. 이때 시선은 배꼽을 바라본다.

③ 호흡을 내쉬면서 상체를 들어 가슴을 펴준다. 시선을 위를 향하게 한다.

④ 정면 보고 호흡을 들어마셨다가 내쉬면서 최대한 양팔을 앞으로 뻗어 가슴과 어깨, 턱이 바닥에 닿을 만큼 상체를 내린다.

⑤ 엉덩이는 최대한 하늘로 올라가게 하고 등이 곧게 펴지도록 한 후 30초간 자세를 유지한다.

⑥ 엉덩이를 뒤꿈치에 내려 놓으면서 상체를 천천히 당겨준다.

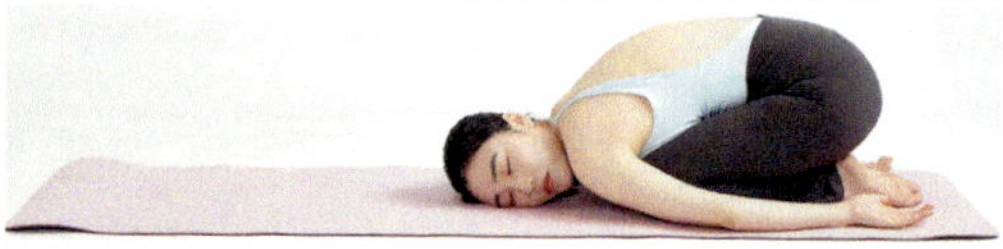

⑦ 두 팔을 몸 옆에 편하게 두면서 아기자세로 휴식을 취한다.

⑧ 2회 반복해 준다.

▶ **효과**

- 골반과 고관절을 자극해 준다.
- 생식기능과 방광의 기능을 향상시켜 주는 효과가 있다.
- 목과 어깨의 피로를 해소하고 가슴을 확장시켜 준다.
- 어깨와 허리의 유연성을 증가시킨다.
- 오십견을 예방하는 데 효과가 있다.
- 갑상선을 자극하고 위하수증 예방하는 데 도움이 된다.

■ 토끼자세 응용(목과 얼굴선을 작게)

① 두 무릎을 꿇고 앉아 손은 몸 뒤로 하여 깍지를 낀다. 호흡을 길게 들이마신다.

② 호흡을 내쉬면서 상체를 천천히 앞으로 숙여 척추를 살짝 둥글게 하여 이마가 무릎에 닿게 하고 정수리가 바닥에 닿도록 한다.

③ 호흡을 들이마셨다가 내쉬면서 두 팔은 위로 들어 올리면서 엉덩이를 천천히 들어 올려 정수리에 자극을 준다.

④ 자세를 유지하면서 몸의 균형감각을 잡아준다.(20~30초 유지)

⑤ 복식호흡을 반복하면서 전체적으로 척추에 자극을 느껴 본다.

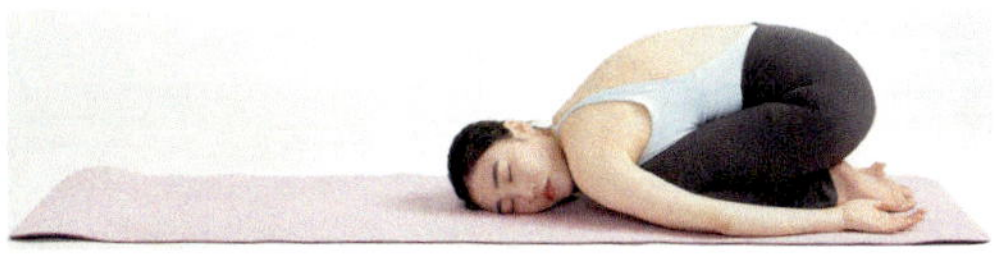

⑥ 호흡을 내쉬면서 천천히 엉덩이를 발뒤꿈치에 붙여 아기자세에서 휴식한다.

⑦ 천천히 상체를 일으켜 세워 정면을 보면서 호흡을 정리한다.

⑧ 2회 반복해 준다.

▶ **효과**

- 목과 얼굴선을 갸름하게 다듬어 준다.
- 뒷목, 어깨 결림 예방 효과가 있다.
- 척추 노화 예방에 도움이 된다.
- 탈모 예방에 효과가 있다.

■ 낙타자세(굽은 등을 펴주기)

① 무릎과 발등은 바닥에 붙이고 무릎은 골반 너비만큼 벌리고 선다.

② 두 손을 허리에 대고 호흡을 들이마신다.

③ 호흡을 내쉬면서 머리를 먼저 천천히 뒤로 젖히고 상체를 뒤로 넘긴다. 이때 최대한 골반과 가슴을 앞으로 밀어준다.

④ 두 손으로 발목을 잡고 몸을 완전히 젖힌다. 30초간 자세 유지하면서 전체적으로 상체의 자극을 느껴 본다.

⑤ 숙련자의 경우 두 손을 바닥에 대고 최대한 상체를 뒤로 젖혀준다.

⑥ 숙련자의 경우 상체를 완전히 바닥에 내려놓고 두 팔을 머리 위로 올린 상태를 유지한다.

⑦ 두 손을 천천히 허리를 받쳐 상체를 일으킨다. 정면을 보면서 호흡 정리한다.

▶ 효과

- 굽은 등을 펴서 키가 커지는 효과를 볼 수 있다.
- 엉덩이의 탄력을 강화시켜는 효과가 있다.
- 허리 다이어트 효과에도 도움이 된다.
- 평상시 움츠러진 어깨나 앉아서 일하는 사람의 후굴을 유도하는 자세로 허리 피로를 완화시켜주고 가슴 확장을 도와주는 효과가 있다.
- 여성에게는 아름다운 바디라인을 만들어 주어 등의 군살을 제거해 주는 효과가 있다.
- 유연성이 부족하거나 남성의 경우 6번 자세를 익힐 때 주의가 필요하다.

■ 어깨로 선 자세(혈액순환 & 손발 냉증 완화)

① 누운 상태에서 두 다리를 붙이고 손바닥이 바닥을 향하게 몸 가까이 붙여준다.

② 호흡을 들이마셨다가 내쉬면서 두 다리를 머리 뒤로 넘겨 발끝이 바닥에 닿도록 한다. 이때 발목을 최대한 꺾어주어 아킬레스건을 늘려준다.

③ 두 손으로 허리 받쳐 주고 팔꿈치를 몸 안쪽으로 모으면서 몸의 균형을 잡아준다.

④ 엉덩이와 복부에 힘을 주고 무릎을 편 상태로 오른쪽 다리부터 위로 들어 올린다.

⑤ 두 발끝이 위를 향하게 하면서 몸의 균형을 잡아준다. 1분간 유지한다.

⑥ 왼쪽 다리부터 천천히 머리 위 바닥에 내려준다. 몸의 균형감각을 유지한다.

⑦ 내쉬는 호흡에 머리 위에서 두 다리를 모아주고 턱을 당겨준다.

⑧ 두 손을 바닥에 내려놓으면서 등을 바닥에 내려놓는다.

⑨ 등과 허리, 힙 순으로 척추가 완전히 바닥에 닿을 때까지 복부에 긴장감을 유지하면서 두 다리를 바닥에 내려놓는다.

⑩ 제자리 돌아와 호흡을 내쉬면서 가볍게 고개를 좌우로 움직여 긴장을 풀어 준다. 완전 휴식 자세로 휴식을 취한다. 2회 반복해 준다.

▶ **효과**

- 혈액순환에 도움을 준다.
- 어깨결림 예방에 효과가 있다.
- 머리를 맑게 해주는 효과가 있다.
- 고혈압과 손발 냉증이 있는 사람에게 좋은 자세이다.

8. 오피스 요가

다음의 오피스 요가는 의자에 앉아서 할 수 있는 스트레칭에 관한 것이다. 마음챙김 요가는 신체의 강인성과 유연성을 기르는 데 1차적 목적이 있는 것이 아니라 신체 움직임을 통해 감각에 대한 알아차림을 1차 목적으로 하고 있다. 따라서 신체가 불편할 정도로 스트레칭하기보다 자신의 신체상태에 맞추어 스트레칭하면서 신체의 움직임에 따른 감각의 변화에 집중하는 것이 필요하다.

양발을 바닥에 붙이고, 의자의 등받이에서 떨어져 허리를 펴고 앉는다	허벅지 위에 손과 팔을 앞으로 밀면서 등을 말고 고개를 숙이며 숨을 내쉰다.	팔꿈치를 몸통으로 당기면서 가슴을 펴고 숨을 들이쉰다.

손을 머리 뒤로 깍지를 끼고 등에 힘을 빼고 손으로 머리를 가볍게 앞으로 밀며 고개를 숙인다.	숨을 들이쉬며 가슴을 열고 허리는 뒤로 펴면서 숨을 들이마신다.	양손을 귀 뒤쪽에 붙이고 오른쪽과 왼쪽 순서대로 45도 방향으로 위쪽을 바라본다.

왼팔을 천천히 들어 뻗어 올린다.	원을 그리며 왼쪽 사선으로 팔을 회전시키며 내리는 동안 시선을 왼쪽 어깨 너머로 바라보며 따라간다.	같은 방식으로 오른팔을 천천히 들어 올린 다음 원을 그리며 오른쪽 사선으로 회전시키며 내리는 동안 시선을 오른쪽 어깨 너머로 바리보며 따라간다.

양팔을 천천히 들어 뻗어 올린다.	시선은 정면을 향하고 원을 그리며 양쪽 사선으로 팔을 회전시키며 천천히 내린다.	팔을 늘어뜨리고 신체 감각을 알아차림 한다.

양손을 깍지 끼고 숨을 들이마시며 머리 위로 뻗어 올린다.	숨을 내쉬면서 오른쪽으로 팔과 함께 상체를 기울인 다음 숨을 들이쉬며 제자리로 돌아온다.	숨을 내쉬며 왼쪽으로 팔과 함께 상체를 기울인 다음 숨을 들이쉬며 제자리로 돌아온다.

등받이에서 떨어져 앉는다.	오른쪽 다리를 뻗고 발끝을 당긴다. 허리를 펴고 무릎을 지긋이 눌러준다. 15초 동안 유지한다.	원래 자세로 돌아온 후 왼쪽 다리를 같은 식으로 눌러준다.

바로 앉은 자세에서 왼쪽 다리를 오른쪽 다리 위로 꼬고 앉는다.	오른쪽 팔꿈치가 왼쪽 무릎에 X자 모양으로 오게 한 다음, 왼팔은 팔걸이나 엉덩이 뒤 의자 바닥을 짚고 숨을 내쉬며 무릎을 오른쪽으로 지긋이 밀고 상체는 왼쪽으로 비튼다.

숨을 들이쉬며 정면으로 돌아온 후 다리와 팔을 반대로 바꾸고 숨을 내쉬며 무릎을 왼쪽으로 밀고 상체는 오른쪽으로 비튼다.	맨 처음의 자세로 돌아와 호흡에 주의를 모으고 신체감각을 알아차림 한다.

9. 자신에게 친절하기

① 종이와 펜을 준비하고 편안한 자세를 찾아 몸이 의자의 지지를 받도록 앉습니다.

② 눈을 감고 의자와 닿아 있는 몸의 감각을 직접 알아차립니다.

③ 복부나 가슴에 손을 얹고 부드럽게 들숨과 날숨에 주의를 기울입니다.

④ 호흡에 주의를 기울이며 자신에 대해 우호적인 감정을 불러일으키는 대상에 대

한 시각적인 이미지나 기억을 떠올립니다.

⑤ 그 대상이 자신에게 우호적인 따뜻함을 보내는 것을 상상합니다.

⑥ 이제 자신을 향해 행복, 건강, 성장 등의 자애나 자기연민의 염원을 떠올려보고, 자신에게 작은 소리로 또는 마음속으로 말해 봅니다.

⑦ 눈을 떠 준비된 용지에 자신을 위한 친절의 문구를 손 글씨로 써봅니다.

10. 반영과 나눔

1) 반영과 나눔의 목적

마음챙김 동안에는 경험을 되새길 만한 시간이 없습니다. 계속 현재 순간에 주의를 기울여야 하기 때문입니다. 그러나 경험만으로 끝내버리면 마음챙김의 체험이 기억으로 축적되지 않습니다. 따라서 마음챙김 실습 후에는 일정시간 동안 자신의 경험에 머물면서 어떤 경험을 했는지 떠올려보는 시간을 가지는 것이 좋습니다. 자신의 경험을 되돌아 보는 과정에서 마음챙김을 재경험하고, 마음챙김 과정에서 발생한 사고와 감정, 감각의 경험들에 대한 통찰이 일어나게 됩니다. 이러한 통찰은 자신에 대한 성찰과 경험의 통합으로 이어지게 됩니다.

2) 반영과 나눔의 방법

반영 동안에도 마음챙김, 즉 있는 그대로의 알아차림을 계속 유지합니다. 그 순간에 떠오르는 실습 동안의 경험에 그대로 판단없이 주의를 기울입니다. 너무 길지 않게 몇 분간의 시간이면 충분합니다.

나눔은 필수사항은 아니지만 나눔 동안에 각자가 경험한 것을 나눕니다. 지도자는 나눔을 촉진하기 위해 어떤 경험을 했는지 묻고 답을 듣는 기회를 가집니다. 나눔에서 나온 얘기들은 절대 비밀을 유지해야 하며, 새롭게 알게 된 것이나 강하게 경험한 것 등 어떠한 경험도 괜찮습니다. 경험이 어떠해야 한다는 정답은 없습니다. 따라서 각자의 경험이 정답이며 어떤 경험이든 존중받아야 합니다. 나눔은 말하는 이와 듣는 이들 모두에게 경험을 명료화하고 재경험하게 하는 효과를 가집니다. 또한 나눔을 통해 마음챙김 듣기와 말하기를 연습할 수도 있습니다.

참고문헌

저서

강수경(2000). 에스테틱개론. 청구출판사.

고혜정 · 김연주 · 김현주 · 이현화(2005). 살롱 트리트먼트. 정담미디어.

교육부(2017). 피부미용 특수관리(LM1201010221,22,23,24,25,26,27). 세종: 한국직업능력개발원.

권혜영 · 김영주 · 김민선 · 박경선 · 송선영 · 윤미숙 · 정영애(2007). 스톤&뱀부테라피. 메디시언.

김경미(2016). NCS를 기반으로 한 기초피부미용관리학. 메디시언.

김봉인 · 김명숙 · 장태수 · 최성임 · 강신옥(2006). 스파뷰티테라피. 정담미디어.

김봉인 · 김선옥 · 장태수 · 김해남(2017). 메디컬 에스테틱. 메디시언.

김진호 · 한태륜(2013). 재활의학. 군자출판사.

김홍석(2021). 화장품전문가 과정.

박상화 · 이혜원 · 김미연(2020). 뱀부학개론. 구민사.

박은경 · 이정희(2017). NCS 기초피부관리. 구민사.

오정숙(2018). 스톤테라피. 에듀컨텐츠 · 휴피아.

이영이 · 김경란 · 한채정 · 곽인실(2014). K-아라리 보석테라피. 도서출판 정담.

이윤경(2010). 우리가 스킨케어 할 때 이야기하는 모든 것. 성안당.

이정숙 · 윤동화 · 최숙경 · 이명선 · 최미옥(2014). 기초 안면관리. 수문사.

장태수(2008). SPA(스파테라피 서비스 산업 프로를 위한). 메디시언.

전국물리치료과 교수협의회(2013). 타이디 질환별 물리치료. 군자출판사.

조수경 · 황미서 · 박은숙 외(2007). 피부미용실기교본. (사)한국피부미용사회중앙회.

조수경 · 김정숙 · 김기영 · 김주연 · 김현서(2019). 얼굴관리 국가직무능력표준. 메디시언.

최미옥 · 박주아(2011). 기초 피부미용 이론 및 실기. 수문사.

키스너 콜비. 운동치료총론(2010). 영문출판사.

학술논문 및 보고서 자료, 기타자료

국가직무능력표준 학습모듈

남예니 셰프(광주요리학원 대표)

류명주 이유식 연구가((주)지니온 대표)

박옥진 바리스타(카페 모임 대표)

이철승 바리스타(모카디벨로 대표)

정연진 영양사(웰빙음식연구소 소장)

웹사이트

국가직무능력 표준 https://www.ncs.go.kr/index.do
구글 지식백과 https://www.google.co.kr
네이버 지식백과 https://terms.naver.com/
법제처 국가법령정보센터 http://www.law.go.kr
보석 사진 https://t1.daumcdn.net/cfile/blog/115AAB354F693C2633
고구마 효능 http://www.mkhealth.co.kr
구기자 효능 https://blog.naver.com/ppury99/222925364135
두부 효능 https://junhealth.tistory.com/217
모싯잎 효능 https://blog.naver.com/ghkdakfqhr/222898087537
무화과 효능 https://blog.naver.com/juegrazia/222852998466
비트 효능 https://terms.naver.com/entry.naver?docId=4368446&cid=42776&categoryId=59916
콩고기 효능 https://blog.daum.net/nhicblog/4098
회춘탕 약재 효능 윤경원 · 김무열(2021). 한국약용 식물도감, 해진미디어

저자 약력

김지현

관광학 박사
광주여자대학교 식품영양학과 교수
(사)한국음식관광협회 부회장

김경란

미용학 박사
광주여자대학교 미용과학과 교수
한국미용학회 이사/감사

여순심

관광학 박사/체육학 박사
광주여자대학교 항공서비스학과 교수
(사)한국건강운동관리협회 광주·전남 지부장

박지훈

심리학 박사
광주여자대학교 교양과정부 교수
MSC(Mindful Self-Compassion) 국제 공인지도자

저자와의
합의하에
인지첩부
생략

웰니스 관광학

2023년 1월 15일 초판 1쇄 인쇄
2023년 1월 20일 초판 1쇄 발행

지은이 김지현 · 김경란 · 여순심 · 박지훈
사 진 김정원(인스튜디오) · 임정옥(무등일보) · 류정미(광주여자대학교)
펴낸이 진욱상
펴낸곳 (주)백산출판사
교 정 박시내
본문디자인 오행복
표지디자인 오정은

등 록 2017년 5월 29일 제406-2017-000058호
주 소 경기도 파주시 회동길 370(백산빌딩 3층)
전 화 02-914-1621(代)
팩 스 031-955-9911
이메일 edit@ibaeksan.kr
홈페이지 www.ibaeksan.kr

ISBN 979-11-6567-597-4 93980
값 29,500원